世界の言語は元ひとつ

言霊と神代文字による21聖紀人類への最終メッセージ

安藤妍雪

今日の話題社

上古第二代造化気万男身光天皇ご作成ツクリ文字

著者肖像

天照大御神（天地創造神スノカミ）御神璽：天照主文字

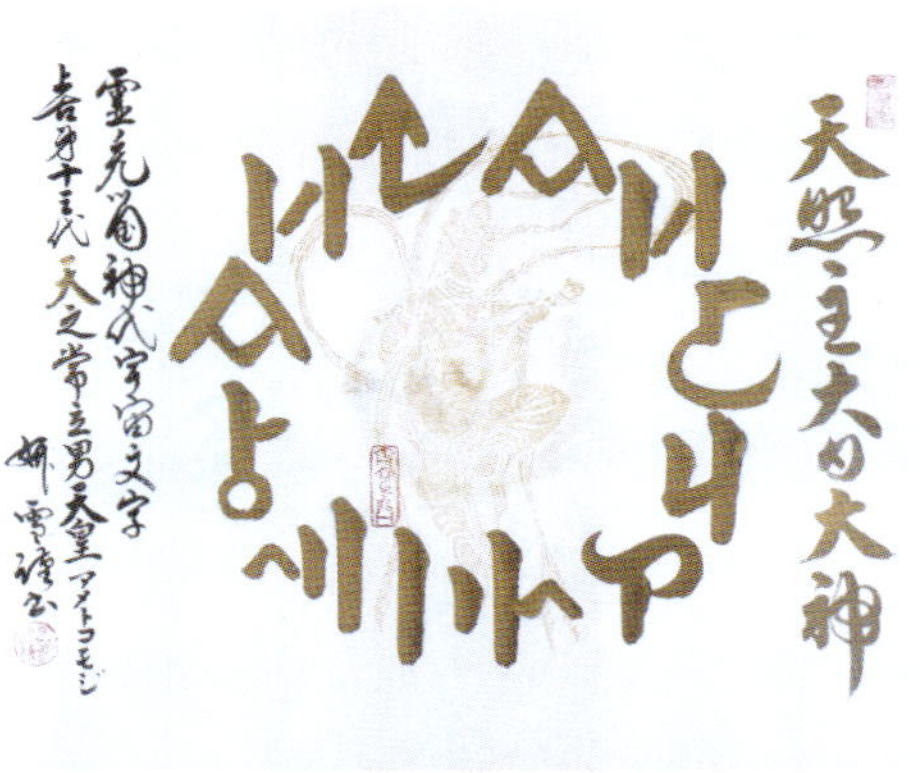

天照主大日大神：
アメトコ文字

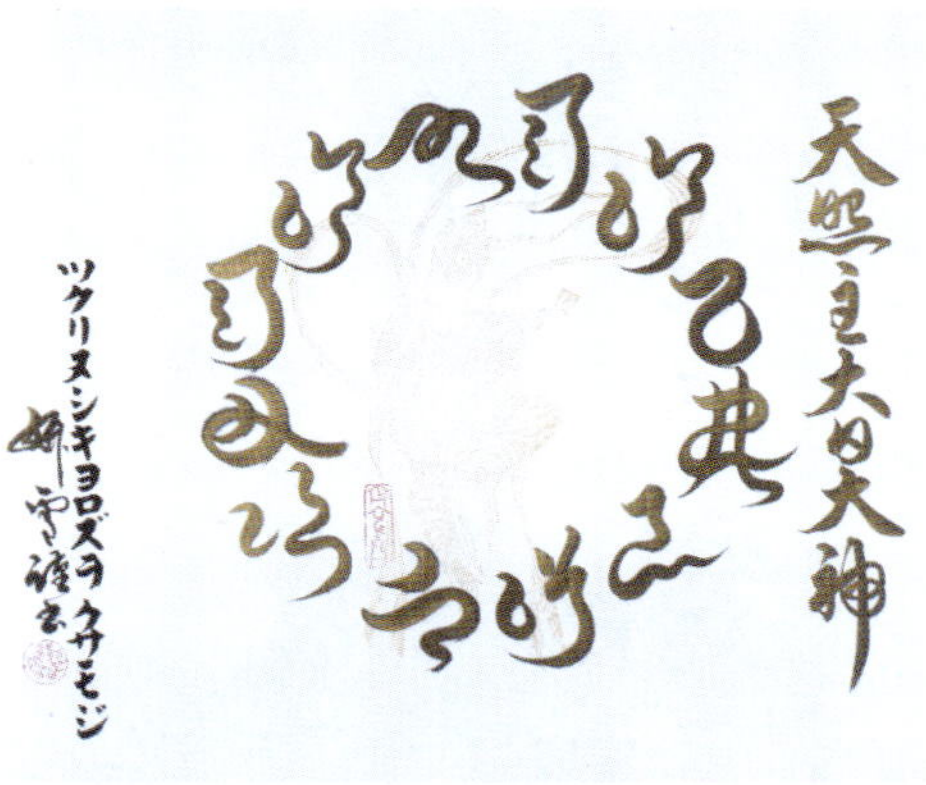

天照主大日大神：
クサ文字

天照主大日大神：
アイヌ文字

聖観音：
天照主文字

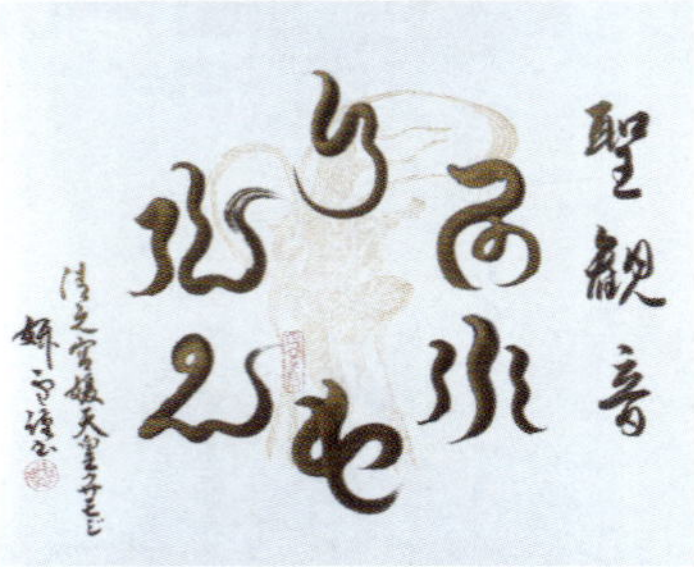

聖観音：
クサ文字

聖観音：
ホツマ文字・ボリビア文字

聖観音：
アヒル文字

他力　自力：アヒル文字・クサ文字

他力　自力：龍踊文字・ホメミ文字

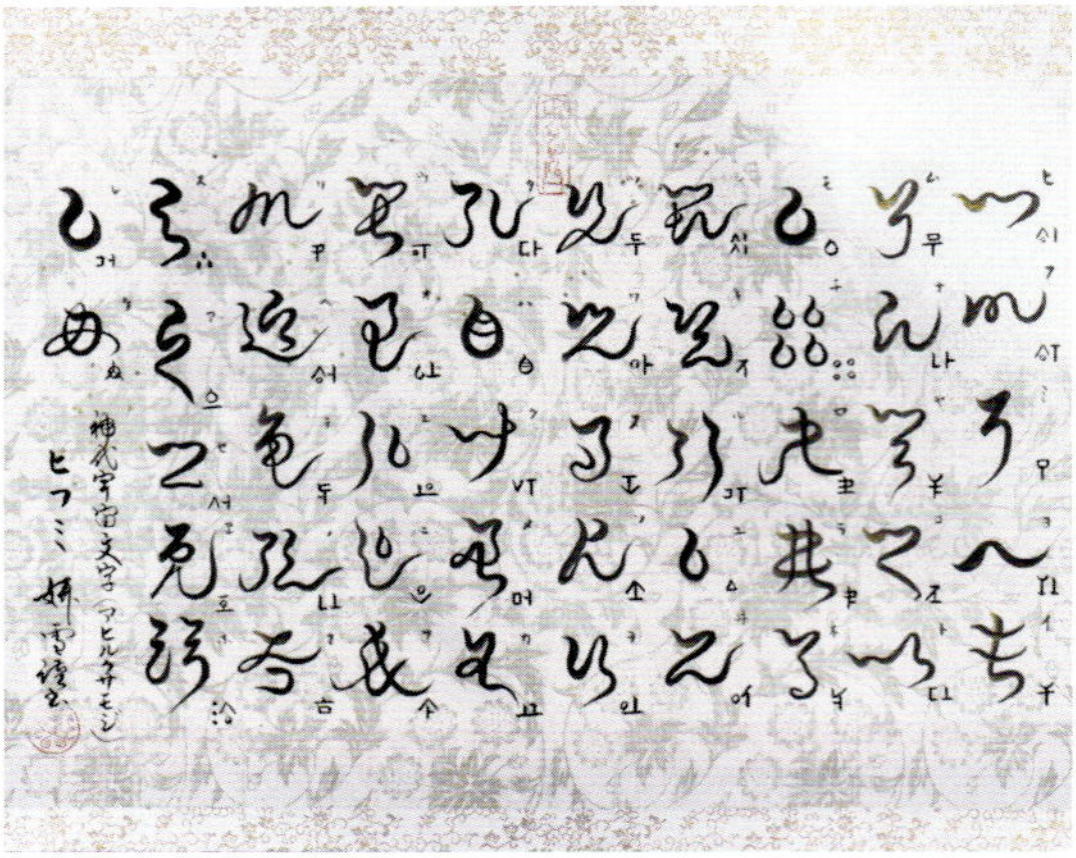

アヒルクサ文字のヒフミ祝詞

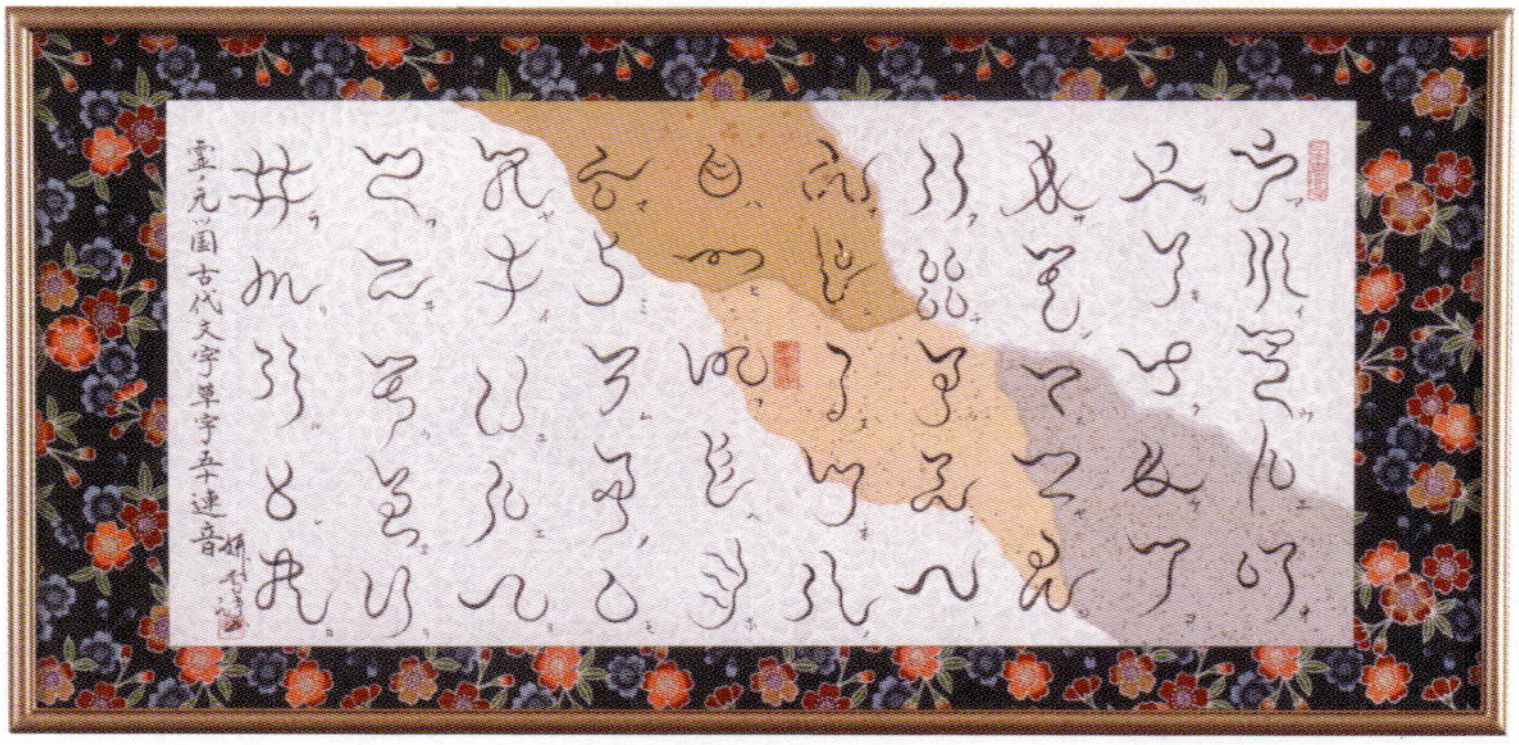

アヒルクサ文字の五十連音

火水（かみ）：幽界文字

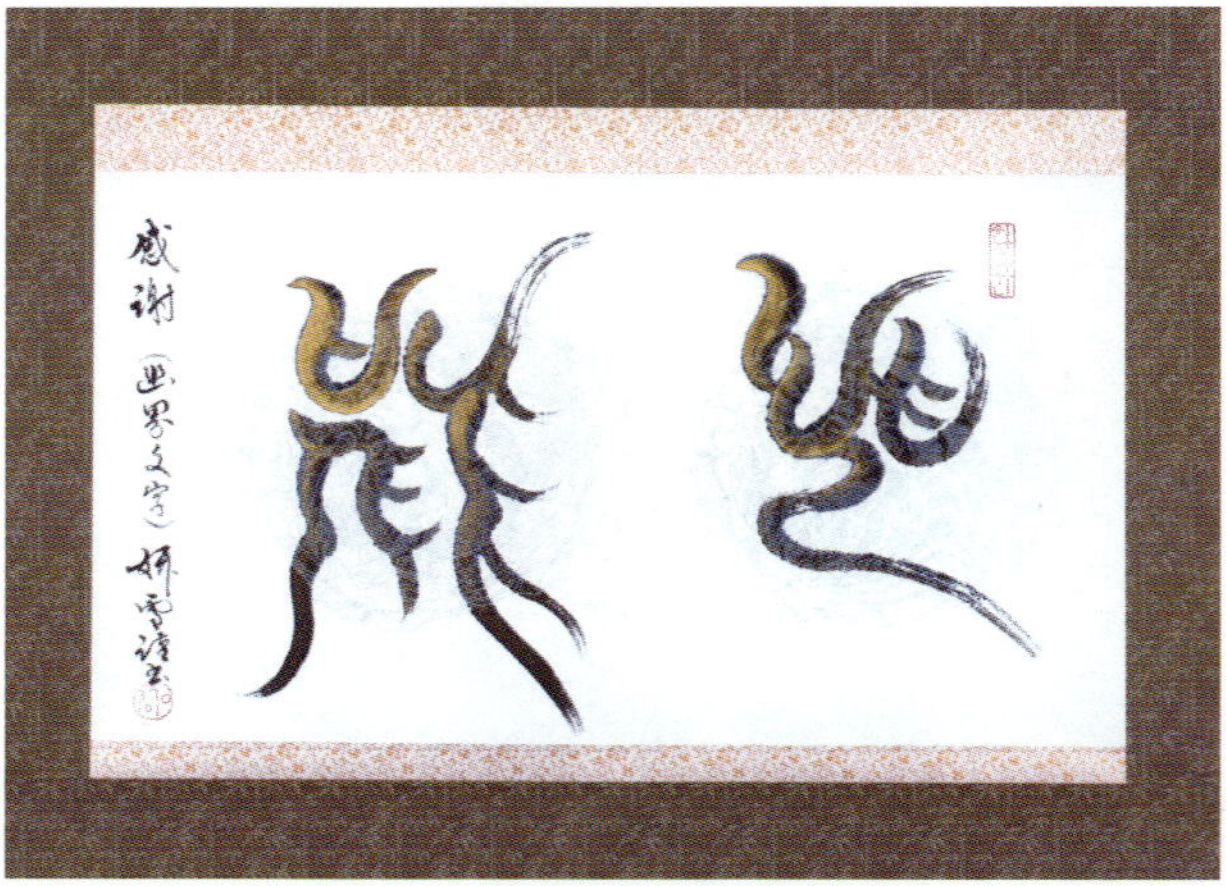

感謝：幽界文字

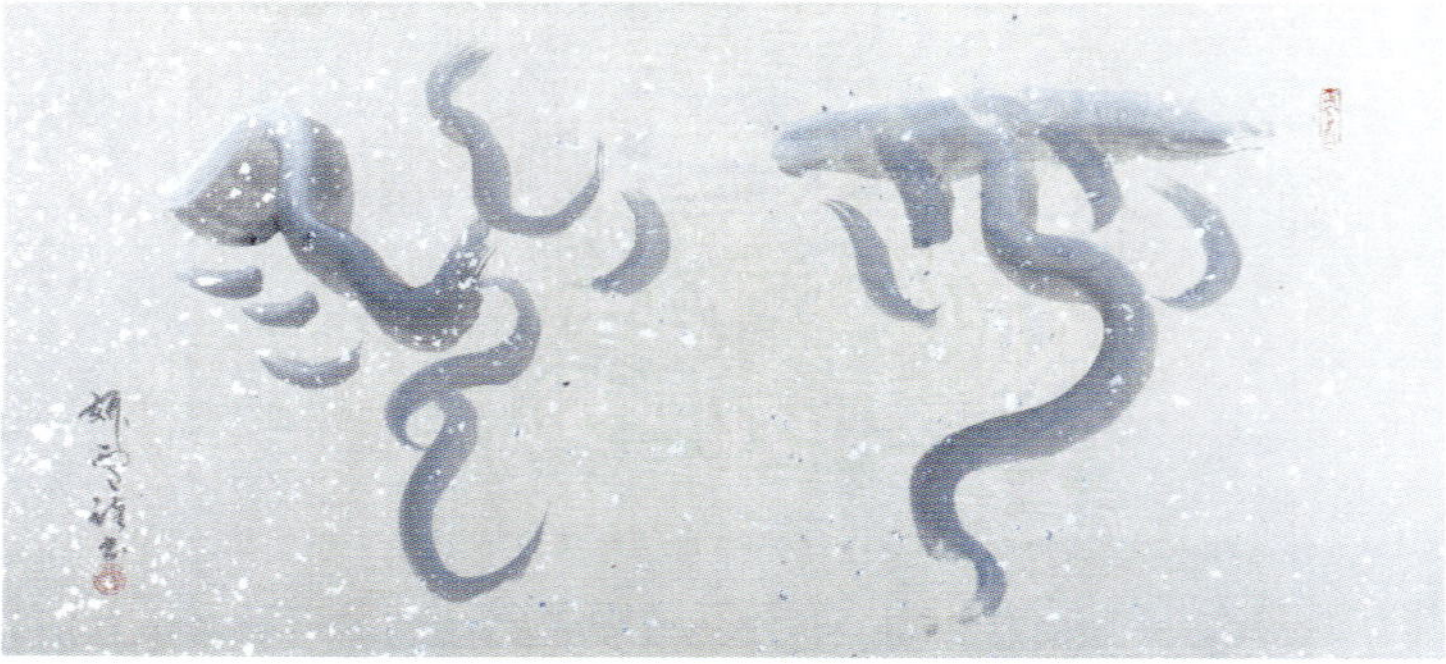
慈悲：幽界文字

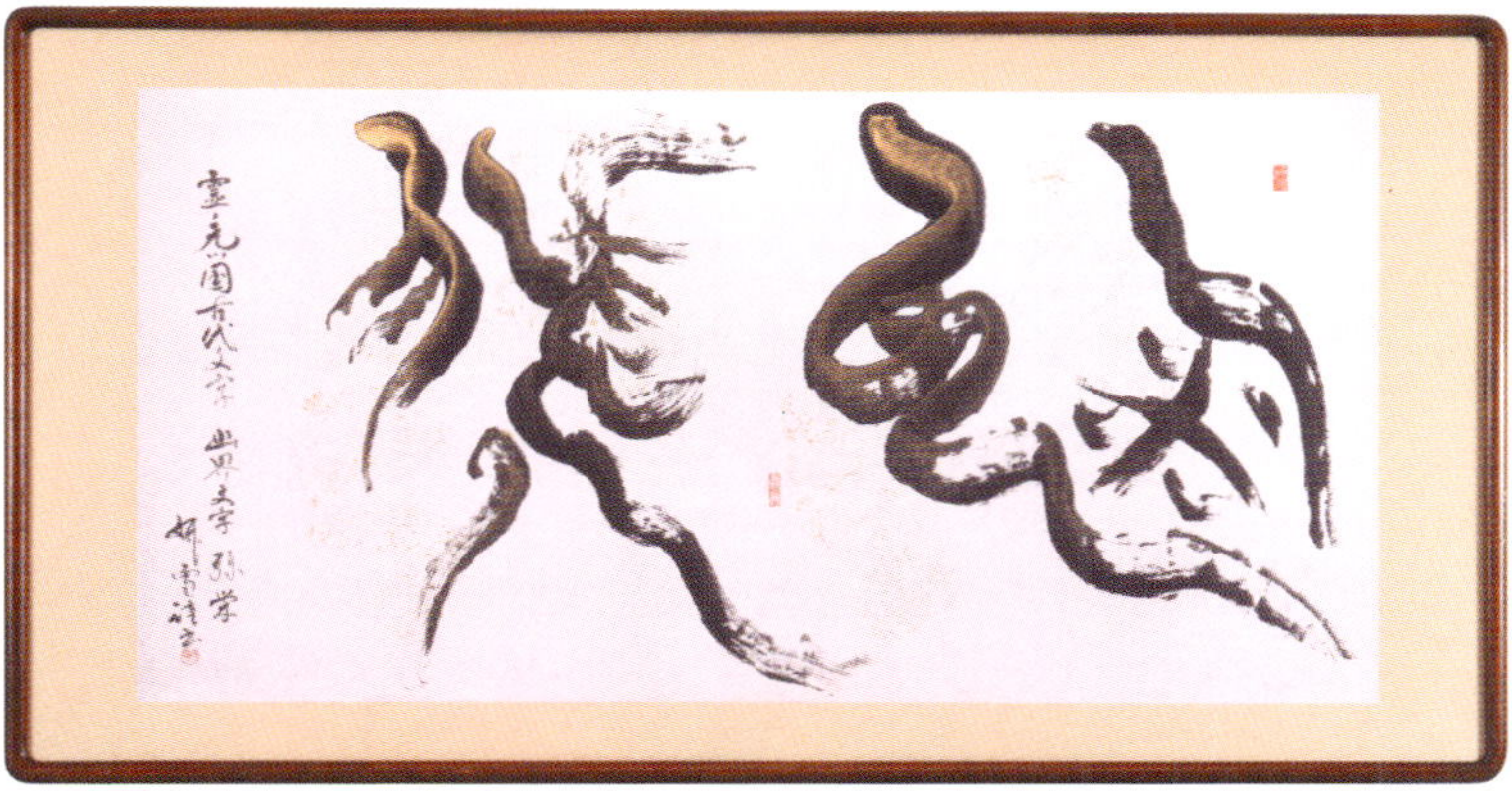

弥栄：幽界文字

行雲流水（ス直な姿）：
幽界文字

龍

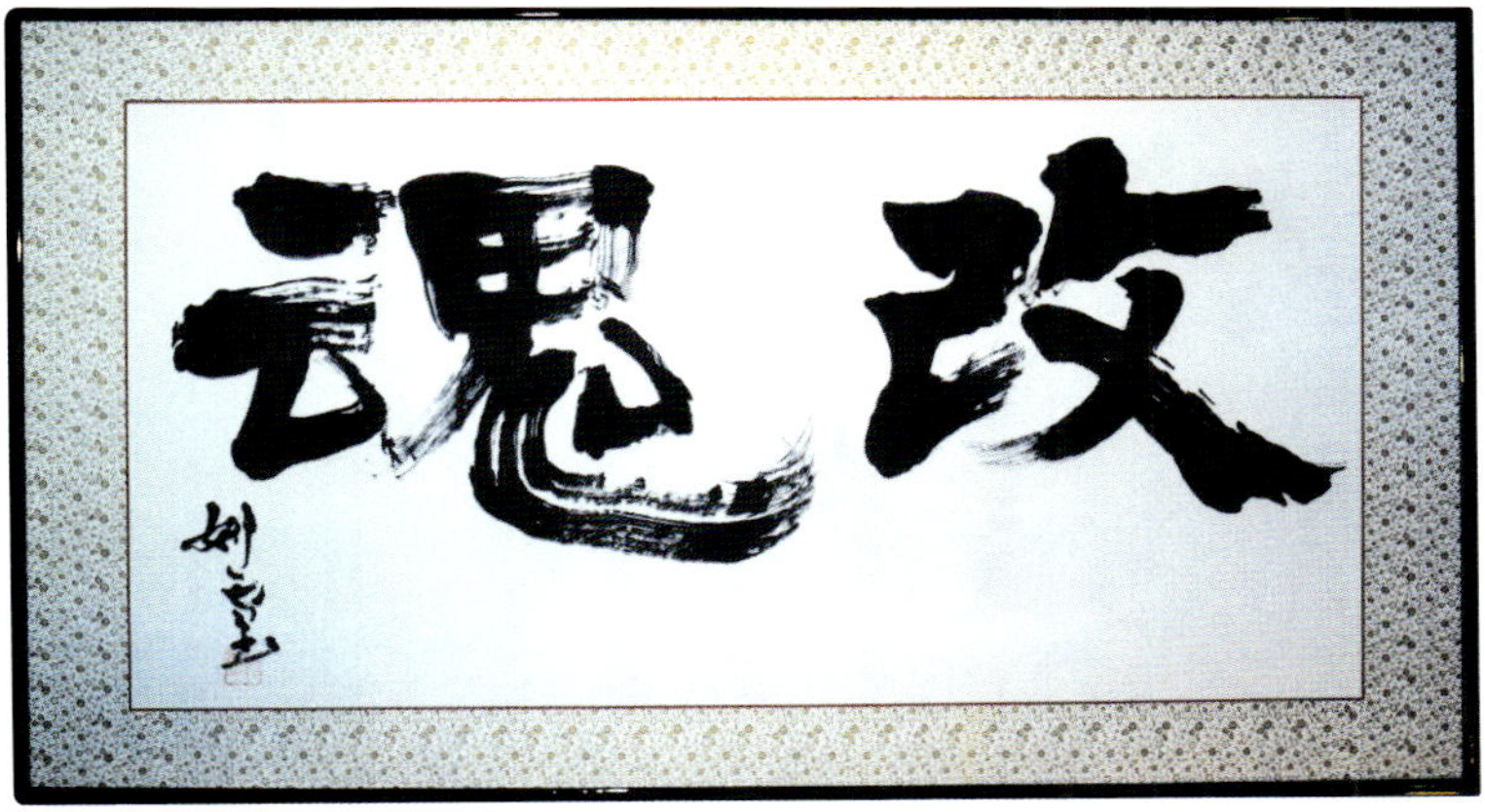

改魂

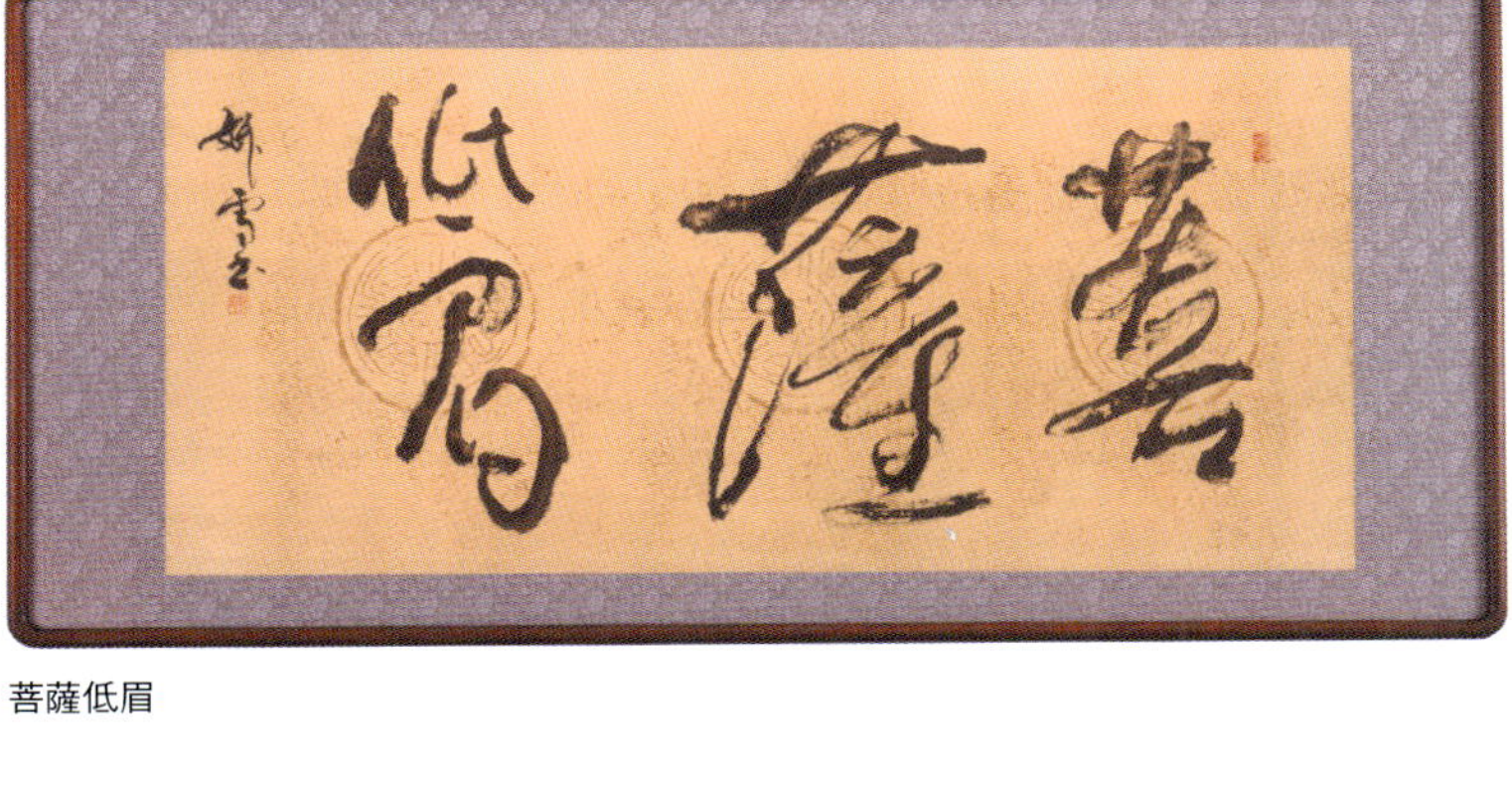

菩薩低眉

吾心在太古

舞

きみまつと　わが恋おれば　わがやどの　すだれうごかし　秋の風ふく

星河不動天如水　風露無聲月満楼
（星河動かず天水の如く　風露聲無く月楼に満つ）

澄心

発刊によせての言葉

日本大学名誉教授・法学博士　鵜澤　義行

アリストテレスは、「人は言葉《ロゴス》（logos）の動物なり」といい、『聖書』にも「初めに言葉ありき。言葉は神と共にあり。言葉は神なり」（「ヨハネ伝」）とあります。柿本人麻呂は、日本を「言霊《ことたま》の幸《さきは》ふ国」（『万葉集』巻十二）と歌っています。

洋の東西を問わず、私たちの祖先は、言葉には神性と霊性が宿るものと考え、それを言霊と称して子孫に伝えました。

明治天皇は、言霊の働きを次のように詠ぜられました。

あめつちも動かすばかり言の葉の
　まことの道をきはめてしがな

安藤妍雪先生は、言葉には言霊の霊動が内在し、文字とは、その言霊を息吹《いぶ》かせる神霊的形象であり、文字に神の波動のエネルギーありと述べられ、ひと筆、ひと文字に精魂をこめて、真の書道、すなわち「書の霊智《みち》」に精進されておられます。安藤妍雪先生は、長年にわたって日本の古文書や古代（神代）文字を究明され、漢字伝来以前の日本に「未だ文字有らず」（『古語拾遺』）とした当時の強引な政治的計略の説を見事に覆し、神代文字の歴史的変遷を解明し、「日本は霊《ひ》の元つ国」であり、世界・人類は元ひとつであるとし、世界の平和と共存共栄を祈念しつつ、書を通じての活動を各地で展開されております。

安藤妍雪先生とその「書の霊智《みち》塾」グループの書展を拝観するたびに、私は書や神代文字の門外漢ではありますが、展示された文字から放射される言霊の波動を浴びて、厳粛さとともに魂のやすらぎを覚え、大きな感動を受けております。

二十一聖紀を迎えた今日、安藤妍雪先生の『世界の言語は元ひとつ』が発刊されたことは、まさに千載一遇の好機であり、宇宙の真理と人びとの生き方を示す救世・必読の書として快哉を叫び、ここに心から慶祝の意を表する次第であります。

推薦の言葉

大倭五十鈴会主幹　小林　美元

わが国の最初の書物とされる『古事記』（七一二年）は、天武天皇の勅命により、元明天皇の御代に編纂上表された。序文（「上表文」）にも明らかなように、それ以前の古文書である『帝紀』（『帝皇《すめらみことの》日継《ひつぎ》』）と『本辞』（『先代旧辞』『上古諸事』）という現在残存していない成書に基づき編纂されたもので、漢字以前にこのような古文書群が存在していたことが確認される。

日の本の国は「言霊《ことたま》の幸《さきは》ふ国」（『万葉集』巻十一）と称えられてきた。「日」は太陽であり、火であり、霊《ひ》である。神霊《かみ》は地球上の生きとし生ける万有万物に「ひ」を授け与え、それぞれその所を得せしめて生かしめられている。「やまとことば」は「日《ひ》」の「神霊《かみ》」から生命エネルギーを賜り、これを「賜《たま》わりし霊《ひ》」、すなわち「たましひ」と称した。「ひと」は「かみ」の「霊《ひ》」が「と」どまる意から、「人《ひと》」として太陽エネルギーや地球エネルギーを享受し、男は「ひこ」、女は「ひめ」として人生を営み人類は栄えてきた。そして、その人の発する言語を言霊《ことたま》と称した。言霊は宇宙の摂理による波動から生まれ、神秘な霊力を発揮し、日の本つ国の人々の「たましひ」の働きや文化の源泉となった。天地をも動かし、人びとを深く感動せしめる「ことたま」はやがて形象化し、太古の時代から宇宙の神理を表現するために用いられ、神と人との感応道交の記号として発達した。この神霊《かみ》の霊威によって神名《かんな》が表現され、図象文字となり、これが「かな」となり、さらに「カタカナ」と形象されたのである。中国から漢字が伝来する遥か以前、悠久の太古からの事実である。

先年来、昭和天皇の大御心により、伊勢の神宮文庫に古代から秘蔵されてきた古文書、その神代文字を拝観された安藤妍雪女史は、天啓により、この神代文字を詳しく研究、討覈《とうかく》(たずねしらべて事実を明らかにする)なされ、歴史的・具体的に例証、解説を加えられ、自《みずか》らも筆を執って習熟なさって、言霊の息吹きがそのまま神代文字として、神霊《かみ》の波動的エネルギーとして霊威を発動していることを体感、体得され、書の霊《みち》智塾を創設されて後学を指導して来られ、先に発刊された『元ひとつ』という稀有の著書を、さらにわかりやすく平易に書きあらため、日の本の国民のみならず、世界の人々にも広く知らしめようと『世界の言語は元ひとつ』を上梓なされた。

生産の根源としての「産霊《むすび》」の神業《かむわざ》、無限のエネルギーを放射提供して頂く太陽・月・

星・地球、この大自然に対する畏敬の意識から生まれたわが国の文学、芸術、その他すべての文化、さらには日本の歴史は、この神代文字と言霊《ことたま》をぬきにしては本質諦視《ていし》はできない。まことの日本及び日本人を知る上で、太古に展開され来った「言霊《ことたま》」と「神代文字」こそが、「神と自然と人間の共存共生」の生き方を学ぶ道であり、安藤妍雪先生に師事し、霊智《みち》を学び、今からの二十一聖紀の高次元地球文明を開き、天然の摂理に順応した神ながらなる道が地球に蘇《よみがえ》ることを中核としなければならない。今こそ地球の輝かしい未来を築くことが緊要事であることを確信せしめられる。よろしく広く深く味読学習されんことを希うものである。

はじめに

日本の国は、かつて「言霊《ことたま》の幸《さきは》ふ国」といわれてきました。そしてまた、「言挙《ことあ》げせぬ国」ともいわれてまいりました。

しかし現在、言霊の本義はしだいしだいにわからないようになり、言葉が主体になってしまいました。

言霊というものは、本来が想念、すなわち思想のもう一つ奥のもの、秘められた心とでもいえるものであり、「想い」そのものであるのです。

私たち人間をお創りになりました神の想いが言霊になったり、音霊《おとたま》や色霊《いろたま》にもなって、宇宙の霊界に響き、それが万物物質化現象、自然現象化し、人間の幸不幸にさえ影響を与えるという、重大な意味をもっております。

神代に創造されました文字は、正しい言霊の吹き上げられたもの、つまりエネルギーの源であったわけです。

しかし現代では、言葉が主になり、それにともなった文字ができあがり、いわゆる「言霊の秘め事」がわからなくなってしまったのです。

したがって、神理がわかりませんから、人間の哲学が主になり、本質に迷いと惑いがつきまとうものを学問としてしまったといえます。

真理が真如となり、精神文明も文化となり、偽りの世ができあがってしまった地球全体は、末法末世などと表面的にはいっておりましても、想念の世界を転換しない限り、神のご意志からいよいよ離れ、神の子、ヒトの存在すら、何の価値もなさなくなるでしょう。

この宇宙のなかの地球は何のために存在しているのでしょうか。そして、そのなかに生かされている人々は何のために必要なのでしょうか。人に願いのあるごとく、神にも願いがあるはずです。どのような分野からでも、真理の峰は、見ようと努力しさえすれば、いつかは到達することができるものだと思います。

五体というこの肉体のなかに魂があり、その隅々にまで神のご意志は入り込んでおります。その証拠に、眠っている時でも心臓は動き、さまざまな体験を通して育てて下さっているのです。

そのみ祖《おや》のご恩に、どのようにおこたえすればよいのでしょうか。

それは、教理・教義によって哲学化してしまっております宗教活動をすることではないはずです。

今、自然界の様子から察しましても、人間は早急に人（霊止《ひと》）に元帰《もとがえ》りし、少しでもお許しを賜れますよう考えなくてはならない時だと思います。

世界の人は元《もと》ひとつであったことに気づき、地底はひとつの地球の上で、無対立愛和の世界をお造りしていくのだという、強い想念に一日も早くもどっていただかねばなりません。

そのような想いをこめて、このたび、文字の世界から元ひとつであったことをご理解していただきたく、ご協力して下さる方々とともに、拙著を世に問うことにいたしました。

二十一聖紀を生きぬくための、またみなさま一人ひとりがより充実した人生を生きるための、気づきの書としていただければと思います。

平成十三年二月四日

安藤　妍雪

「元ひとつ」の由来について

ここで「元ひとつ」という書名の由来についてご説明しておきます。

今から百年前、この現世に誕生された、人類救済の教え主・岡田聖凰師の教えのなかに、「地球は元ひとつ、世界は元ひとつ、人類は元ひとつ、万教の元またひとつ」と、ありました。

そして、「この教え（正法）の法《のり》は、一つの教団のためのものに非ざるなり、崇教なるかな」と、宇宙的視野から神理（真理）を説いて下さいました。

私は、その教えにふれたときから、魂がゆり動かされ、止むに止まれぬ想いで、より一層理解を深めるため、数十か国を歴訪し、「元ひとつ」の神理を探ってまいりました。

湘南学園理事長・岡崎功先生、大倭五十鈴会主幹・小林美元先生をはじめとする古神道伝受者、またアメリカ合衆国航空宇宙局（ＮＡＳＡ）の科学者をはじめとする多くの科学者のお導きも賜りました。

しかしながら私は、宗教家でも科学者でもありません。

ただ一つ、神から与えられた書芸の才能を、いささかなりとも無駄にすることなくお役に立ちたいという願いから、さまざまな交流が生まれはじめた訳です。それは、今から約三十年前のことでございました。

昭和天皇との出会い、伊勢神宮の神代文字の出現、そして神界・幽界への探訪も体験させていただくことにより、神・幽・現のなかに生かされている神の子であるヒトの重要性を説かれました岡田聖凰師のお教えは、何ひとつ余分な言霊がなく、シンプルに宇宙の神理（真理）を説かれておられたことがよくわかりました。

「元ひとつ」という文字のエネルギーに師の教えと私の体験をのせ、一字一句間違えることなく、自らの思想も入れることなく、ただただ二十一聖紀が世界人類の神の子への甦りの時代であることを祈りつつ、「元ひとつ」という言霊を使わせていただいた次第でございます。なお、最後になりましたが、本文中の諸図のうち＊を附したものは、先師はじめ先学の方々のご成果から引用させていただいたものであることをおことわりしておきます。（著者）

世界の言語は元ひとつ●目次

第一章　文字の源流

第二章　文字の進化とその背景

序章　日本語の始源

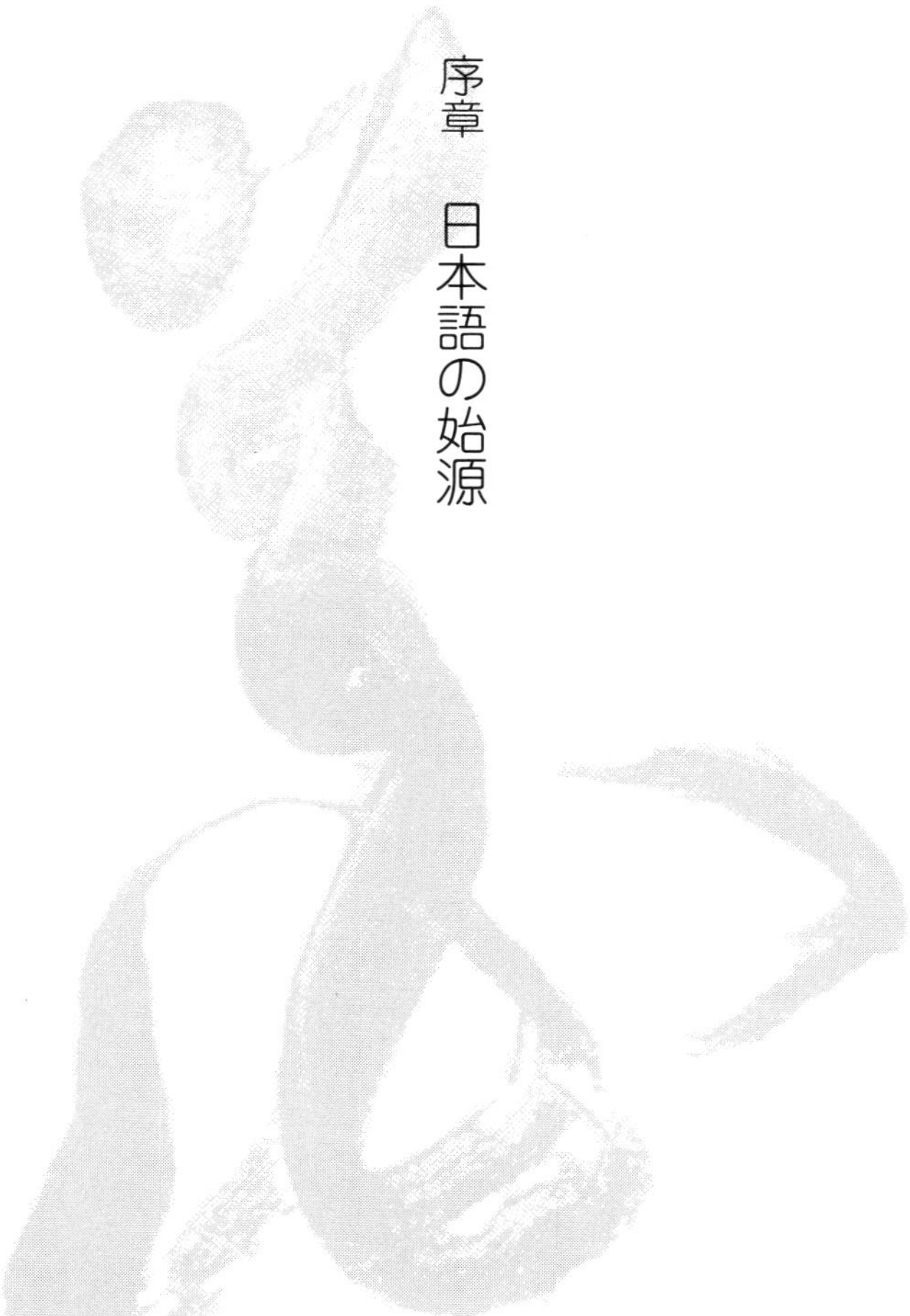

言霊について

言霊とは一体何なのでしょうか？

言霊とは、言葉が出る前の、想念（心を動かしているところ。魂に一番近い部分）の波動といえます。

その波動である「言霊」は何によって作られたのですか？

言霊は、第六次元界（カゴリミ神界＝国万造主《くによろずつくりぬし》神霊界）に坐《ま》します、天《あめ》日《ひ》言文造主《ことふみつくりぬし》大神によって作られたのです。したがって、天地創造の時、「言葉は神なり」「初めに言葉ありき」といわれたのも、こうしたことからなのです。

ですから、言霊学とは、神様のいろいろなみ働き（宇宙の大法則）を研究する学問であるといえます。釈尊やイエスもこの言霊を使い、そのみ働きで祈りをささげたのです。

ところで、柿本人麻呂（『万葉集』を代表する宮廷歌人）は、『万葉集』の中で日本を「言霊の幸《さきは》ふ国」と表現しています。

日本と言霊に何か深いかかわりがありそうですね？

そうです。深い関係があるのです。

●柿本人麻呂

天武・持統天皇の時代は、律令国家として天皇が大きな権限を持った絶頂期で、宮廷歌人たちは競って天皇への讃歌《さんか》を作っています。柿本人麻呂はその中でも傑出した歌人で、後世、聖歌として、また『万葉集』を代表する歌人として、最高の評価を受けています。

人麻呂が宮廷歌人として登場したのは、持統三年（六八九年）草壁皇子が没した時の挽歌《ばん》が最初です。そして、文武四年（七〇〇年）明日香皇女の死を悼《いた》む挽歌を最後として、十年間ほど活躍しました。この間に、讃歌、挽歌、叙景歌、相聞歌を多数作り、特に私的な歌に優れた作品が数多く残されています。同時代に高市黒人《たけちのくろひと》も活躍していますが、黒人は叙景歌のみ十八首が『万葉集』に載っています。人麻呂は『万葉集』に五七三首も収録されており、一世を風靡《ふうび》した歌人として屹立《きつりつ》しているのです。

人麻呂の生年没年は不明です。宮廷に仕えている間に、官命で筑紫国（九州）に赴任し、やがて石見国（島根）に国司として転任します。そして何年目かに石見の鴨山で死んだといわれているのですが、死因や場所などに異論があり、流刑されたという説もあります。柿本人麻呂の辞世を掲げておきます。

鴨山の　石根《いはね》ましける　我れをかも
知らにと妹が　待ちつつあるらむ

言霊と文字の関係

言霊と文字にはどんなかかわりがあるのでしょうか？

言語というものは、言霊の働きから出ています。それが言葉になるわけで、言葉には言霊の霊動《れいどう》（言葉になる前のエネルギー）が投影されているということになります。したがって、言霊とは想念が物質化されたものでもあるのです。

文字とは、その言霊を「吹き上げる」、あるいは「息吹《いぶ》かせる（エネルギーの発動）」ということなのです。

本来「言霊」には、「物を創造する力」があります。まず、このことを十分に心得ておかなくてはなりません。言霊の使い方一つで、人生の幸不幸が決定してしまいるわけでございます。

数と文字の関係

数と文字とはどんなかかわりがあるのでしょうか？

数理とは、数の霊動《れいどう》で作られます。たとえば、酸素（O）一つと、水素（H）二つが一緒になって、水（H_2O）ができます。このように、数霊《かずたま》によって万象の生成は規制されており、言霊と数霊が万象の元になっているのです。万象が物象化し、それが生成化育していくのは、みな数霊が元になっているのです。

「スウ」（数）というのは、万象を統一されている元の力である、「ス」の働きが現れ、万象を産むということです。

スは、一つの元から生じますから、数では「一」が一番元になり、その奥に霊《れい》（0）があります。

ところで、漢字の元はすべてカタカナに帰一します。そして、カタカナは言霊と音霊に帰一します。

五十音図の、前の五行（アカサタナ）を言霊学では霊音といい、神界の神のみ名としています。つまり、高天原《たかあまはら》に坐《ま》します神のみ名ということになっているのです。

そこで、五十音の配列を見てもわかりますように、霊音の中央に「ス」という文字が置かれています。神代《かみよ》において、天皇《すめらみこと》がこのカタカナを生み出されたのですが、そこまで注意して配列をしておられます。

霊《たま》のかたち

霊には言霊《ことたま》・音霊《おとたま》・数霊《かずたま》・型霊《かたたま》・色霊《いろたま》などがあります。

ここで言霊の実験をいたします。

ナムアミダブツを続けて唱える。

次第に声が静まります。

ナンミョウホウレンゲキョウを続けて唱える。

すると、次第に声が高まってきます。

これが言霊の効果であります。

太陽を拝する。

大自然はエネルギーに満ちていますが、最も手近なものは太陽ですので、太陽を拝する時にアマテラスオオヒオホカミと唱えるのは言霊を働かせることになるのです。

音霊

祝詞《のりと》を唱えるとき、長棒《おさぼう》、鈴《りん》、拍手などを使用するのが音霊です。なお、礼、拍手は神に対して無防備であることを示しているのです。

数霊

すべてのものは数からなります。

型霊

十字の神のシンボルや、神社のイコンのことをいい、それらはエネルギーをもっているのです。

色霊

意識により好みの色が変わってくるのは、エネルギーを無意識に働かせているからです。

このように、それぞれのエネルギーを活用することが大切になるのですが、それでは具体的にはどうすればよいのでしょうか。

それは、「大自然をもって教典となす」ことでございます。それには、感受性を豊かにし、霊性《れいせい》を高めることが必要となります。

神代《かみよ》文字とは

神代文字とはどんなものでしょうか？

四二頁の図にあります、「振動数＝波長」と「粒子数：メタ・メカ」を息吹かせたものであります。

「アカサタナ……」の順序は、天地創造のためにご出現になられた神様の順番であり、神代文字のスタイルもそのつど変化しているのです。

宇宙絶対の法則によれば、万物はエネルギー粒子の集中によって、数と型《かたち》で表わされます。そして、エネルギー粒子の集中の仕方がそれぞれ違い、その最小単位の表現の仕方が、文字と発音になったと教えられています。

したがって、数組織と発音は図（四二頁参照）のように普遍なのです。

神代文字発生図

濁音					陰の正音					陽の正音				
パ 71	バ 66	ダ 61	ザ 56	ガ 51	ワ 46	ラ 41	ヤ 36	マ 31	ハ 26	ナ 21	タ 16	サ 11	カ 6	ア 1
ポ 72	ボ 67	ド 62	ゾ 57	ゴ 52	ヲ 47	ロ 42	ヨ 37	モ 32	ホ 27	ノ 22	ト 17	ソ 12	コ 7	オ 2
プ 73	ブ 68	ヅ 63	ズ 58	グ 53	ウ 48	ル 43	ユ 38	ム 33	フ 28	ヌ 23	ツ 18	ス 13	ク 8	ウ 3
ペ 74	ベ 69	デ 64	ゼ 59	ゲ 54	ヱ 49	レ 44	エ 39	メ 34	ヘ 29	ネ 24	テ 19	セ 14	ケ 9	エ 4
ピ 75	ビ 70	ヂ 65	ジ 60	ギ 55	ヰ 50	リ 45	イ 40	ミ 35	ヒ 30	ニ 25	チ 20	シ 15	キ 10	イ 5

【顕】
アイウエオ
天津神菜木《アマツカナキ》
色霊
光・音・色
振動数＝波長

【合】
（集中）
アオウエイ
天津数和祖《アマツスガソ》
数霊・音霊
電気・磁気
粒子数：メタ・メカ

【潜】
アエイオウ
天津太祝詞《アマツフトノリト》
言霊
気理・事物
息吹き

日本語の始源は超太古に求められますが、超太古の神々は、その意志と活動を生命エネルギー粒子の集中および息《い》吹湧出《ぶきゅうしゅつ》する氣の数として示し、核から球面に遠心放射状に配置し、その後、文字と発音を創出したものと考えられます。神人神星《しんじんしんせい》像形《かた》カナ文字を基調とし、時の流れと共に数百種類の神代文字がつくられてきたのです。数組織と発音は不変で、文字のみが変化し、今の文字にいたったものと考察されます。

中臣の大祓《おおはらえ》宣言

日本の超太古は、今から二十三万年前、プレアデスのテーラー太陽系のリラ星から地球に入植した、イシュヴィシュヤワエを長とする集団、すなわち私たちがいうところの神々からはじまりました。

「中臣の大祓宣言」は、紀元前六〇〇〇年頃、ヨブ一族（南ユダヤ）に対して、ブジバ（天照大神）の眷族であるアメノコヤネノミコト（天物梁命）がエネルギー粒子集中、つまり息吹湧出の氣を数をもって示し、球体核から遠心放射状に配置し、その後で文字と発音を配置したものです。上古の「タマ＝球＝霊」の思想は、いいかえれば、「大自然の言葉は数と形」であるという考え方を始原とした、現象論・生命エネルギー本質論に共通した言語的パラダイムであります。

「音霊数」は、上古に作成されたものと考えられます。それは、「神人神星像形《かた》カナ五十一文字」（四十七文字五十音・上古第一代天日豊本葦牙氣皇主天皇《あめひのもとあしかびきみぬしすめらみこと》作成）によって知ることができます。

日本古代の言葉

日本古代には「言霊《ことたま》・数霊《かずたま》・音霊《おとたま》」というものがあり、神霊《かんたま》とされる神々は次の通りです。

興台産霊神《こごとむすびのかみ》
一言主神《ひとことぬしのかみ》
八心思兼神《やごころおもいかねのかみ》
八重事代主神《やえことしろぬしのかみ》
太祝詞命《ふとのりとのみこと》

本来、一字一音が多義を含むといわれ、生命の源である魂魄から湧き出る言葉には、生命の本質が宿り、霊能としての働きがあります。

「言葉＝コ（七）ト（一七）バ（六六）＝九〇＝九十波《ことば》＝九」のように数循環波動でもあり、生命エネルギーの湧出であり、言葉と数は基底根深くつながっていることがわかります。

第一章　文字の源流

日本古来の文字はなぜ抹殺されたか？

「中国から漢字が伝えられるまで日本には文字がなかった」と、日本人の大多数はそう信じ込んでいます。義務教育の小・中学校はいうまでもなく、高等教育の場でも繰り返し、そう教えられてきたからです。

しかし、平成三年七月、佐賀県大和町の東山田一本杉遺跡から出土した弥生前期末の甕棺《かめかん》から、「古代南インドの象形文字」が発見されました。

日本人考古学者が見逃していたものを、たまたま調査に訪れた、インド人考古学者ポンナムバラム・ラグパティ博士が発見したのです。

意味は不明ですが、甕棺の側面に、縦十五センチ、横十九センチの大きさで、十字に引かれた線の先端が熊手《くまで》状の文字が描かれていました。ラグパティ博士は、「紀元前三世紀頃まで南インドの土器に描かれていたグラフィティという古代文字と同じだ」と語り、驚きの声を上げました。

しかし、この程度のことで驚いてはいけないのです。紀元前二五〇〇年から紀元三〇〇年左図は日本古代文字が消え去っていった経過を文化史的な観点から表したものです。大陸文化（文字）が国家規模から民衆規模へと浸透するにつれ、日本古代文字は衰微の一途をたどりました。日本古代文字が再認識されたのは、江戸時代も中期になって、国学者の日本古代文化研究が盛んになってからのことです。とくに、平田篤胤とその門人たちは日本古代文字を丹念に発掘研究し、明治時代の落合直澄《なおずみ》に引き継がれ、今日の日本古代文字研究の基礎がかためられました。

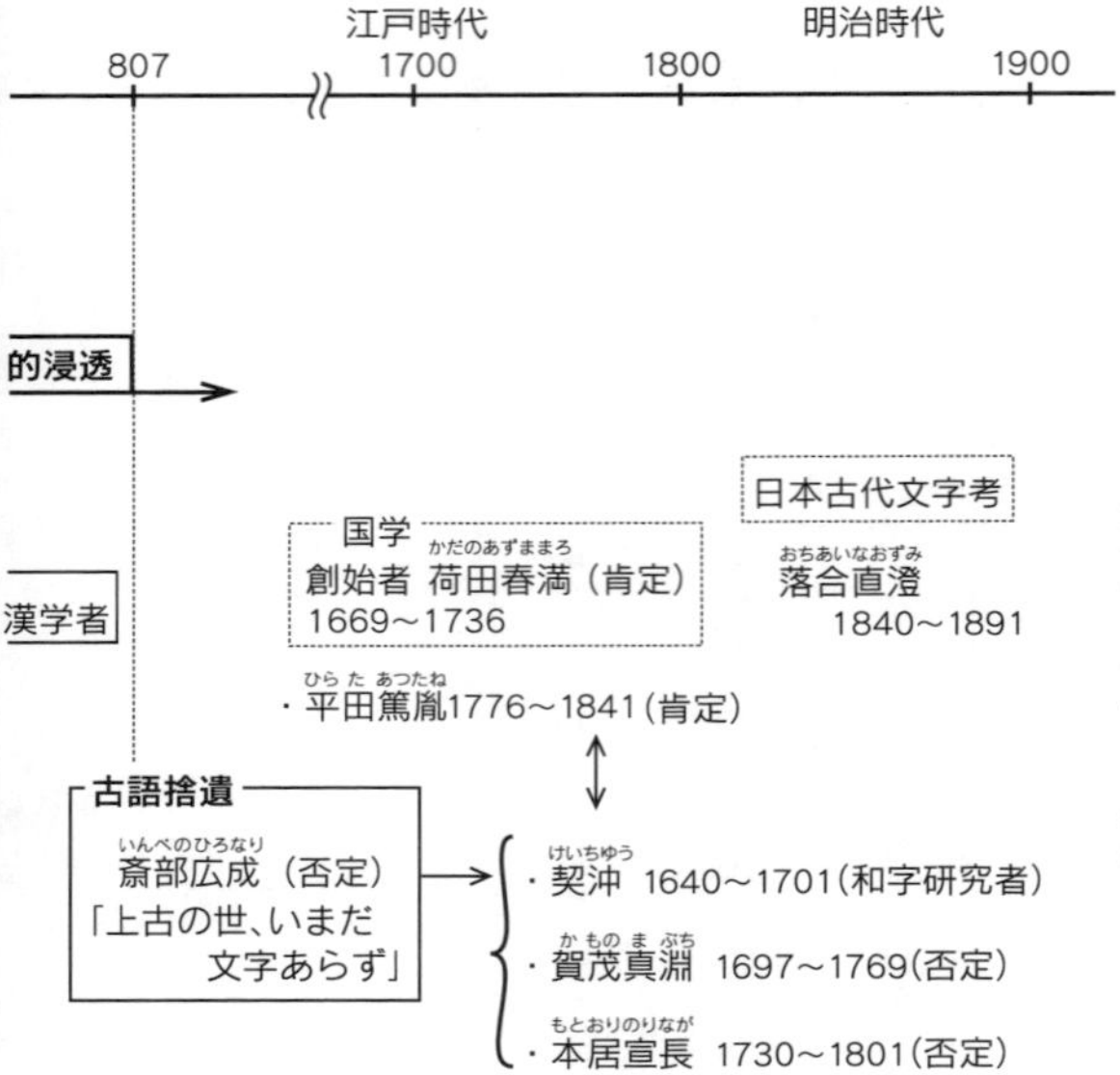

●古事記

和銅四年（七一一）九月十八日、元明天皇の勅を太安万侶が奉じ、稗田阿礼に誦習（書物をそら読みさせた）させていた、「旧辞」および「帝紀」を撰録し、翌五年正月二十八日撰上しました。上巻は天地開闢から鵜茸草茸不合命まで、中巻は神武天皇から応神天皇まで、下巻は仁徳天皇から推古天皇までの神話・伝説・歴史を記してありますが、なぜか太古史を省いて編纂されているのです。

第四十代天武天皇（六七二〜六八

日本古代文字が消え去った歴史的流れ

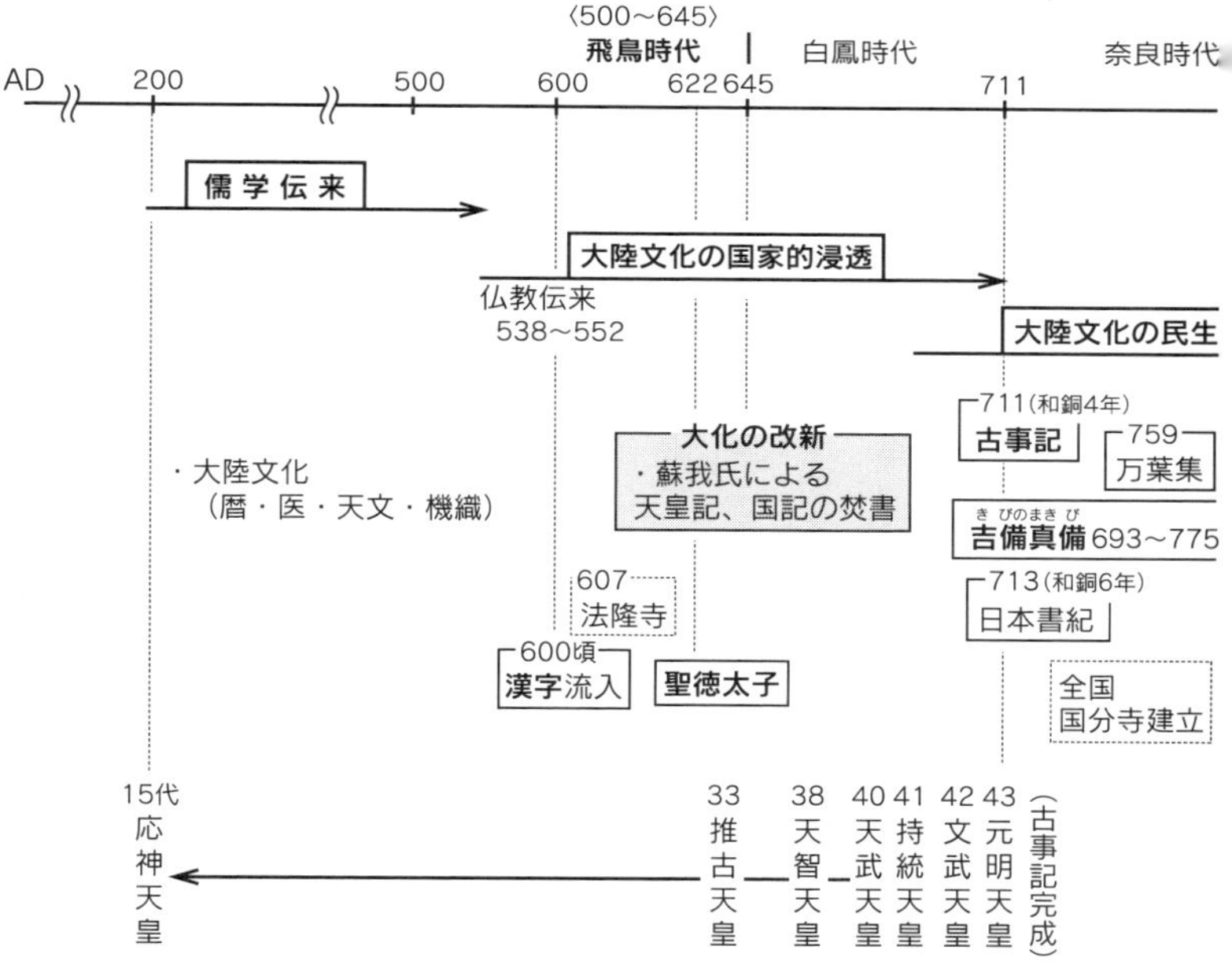

六）の時、「天之御中主天皇」以後の天皇系譜（神代文字で書かれていた）を稗田阿礼に詔して、『古事記』の編纂を命じました。約三十年の歳月をかけてその草案をまとめ、和銅五年太安万侶に引継がれて完成したのが『古事記』であり、元明天皇（女帝）の時でありました。稗田阿礼はその後暗殺されています。

※太安万侶とは、秦の始皇帝の子孫で、蘇我イルカの孫にあたり、日本を恨んでいた一族の血を引いています。したがって作成したのは第三国人であり、日本人ではありません。

※稗田阿礼とは日枝ノ阿礼であり、支那の霊媒者であったのです。したがって、『古事記』を良く見ますと、「この先一七九万年の歴史あり」となっていますが、要するに「それだけの歴史は抹殺したよ」ということなのです。

頃に使われていたと思われる古代シュメール文字やバビロニア文字、ギリシャのピロス文字、中国の甲骨《こうこつ》文字のルーツと思われる文字などが、西日本一帯において、続々と発見されているのです（日本ペトログラフ協会調べ）。

つまり、インドどころの騒ぎではなく、超古代の日本人が世界各地と交流していた形跡が見られるのです。ただし、それらの発掘物が、世界各地から古代文化を伝えた部族が集団で日本列島に渡来し、それぞれのルーツを伝える文字を岩に刻み込んだものなのか、逆に日本で発明された古代文字が世界各地に伝えられ、そして定着し完成するに至った形跡を示すものなのか、この辺については今のところ定かではありません。

いえることは、いずれの文字も、超古代文明の遺産とされる巨石文化遺跡の大岩に刻まれた状態で残っているところを見ると、紀元前二五〇〇年どころか、その起源はずっと古くまでさかのぼる可能性もあるということであります。

そして、日本列島が、古代文字の発祥《はっしょう》の地だった可能性があるということなのです。

それにもかかわらず、漢字伝来前の日本に文字はなかった、という嘘が定着してしまったのはなぜなのでしょうか。それは、斎部広成《いんべのひろなり》という人の書いた『古語拾遺《こごしゅうい》』という古文書に、「蓋《けだ》し聞く、上古の世、未《いま》だ文字有らず。貴賤《きせん》老小、口々相伝へ、前言往行、存して忘れず」と記されてあったからなのでした。

おそらく、漢字に象徴される中国文化を伝えた渡来人たちが超古代文明の遺産を抹殺《まっさつ》し、それを隠蔽《いんぺい》するために、「文字がなかった」と斎部広成に記録させたのでしょう。後世の学者たちは、その佞智《ねいち》にまんまと一杯食わされたというわけです。

しかし、真実は決して消されることはありません。いま、鮮やかに蘇《よみがえ》りつつあるのです。

●秦の始皇帝と徐福について

秦《しん》の始皇帝は、琅邪《ろうや》の方士徐福に命じて、童男三千人、童女三千人とともに日本へ派遣し、不老長生（不死）の薬を求めさせました。徐福は日本に残り、紀州の熊野に没しましたが、童児たちは和薬と和方を秦に持ち帰ったといわれています。

神倭《かむやまと》朝七代孝霊《こうれい》天皇の頃（紀元前二五九～二一〇）、秦の始皇帝の使として徐福が来朝したという記録があります。彼は日本に神代から伝えられてきた不老長生の薬を採集に来たと主張しましたが、本当は文字と歴史の調査に来たのです。

秦の始皇帝は世界統一国家を作る野望をもっていました。支那という枝の国（分家）を本家にするため、東の方（本家＝日本）に関する書物は全て焼き、日本の歴史を完全に収奪しつくす必要があったのです。それで徐福を来朝させたのですが、天皇は徐福に略された歴史書を写させました。それが『古事記』であります。徐福は日本の真価をさとり、自分の間違いを恥じて支那に戻りませんでした。これを知った始皇帝は、日本に関する史書や学者をことごとく抹殺しました。これが「焚書坑儒《ふんしょこうじゅ》」という事件です。

村山節著『波動進化する世界文明』より

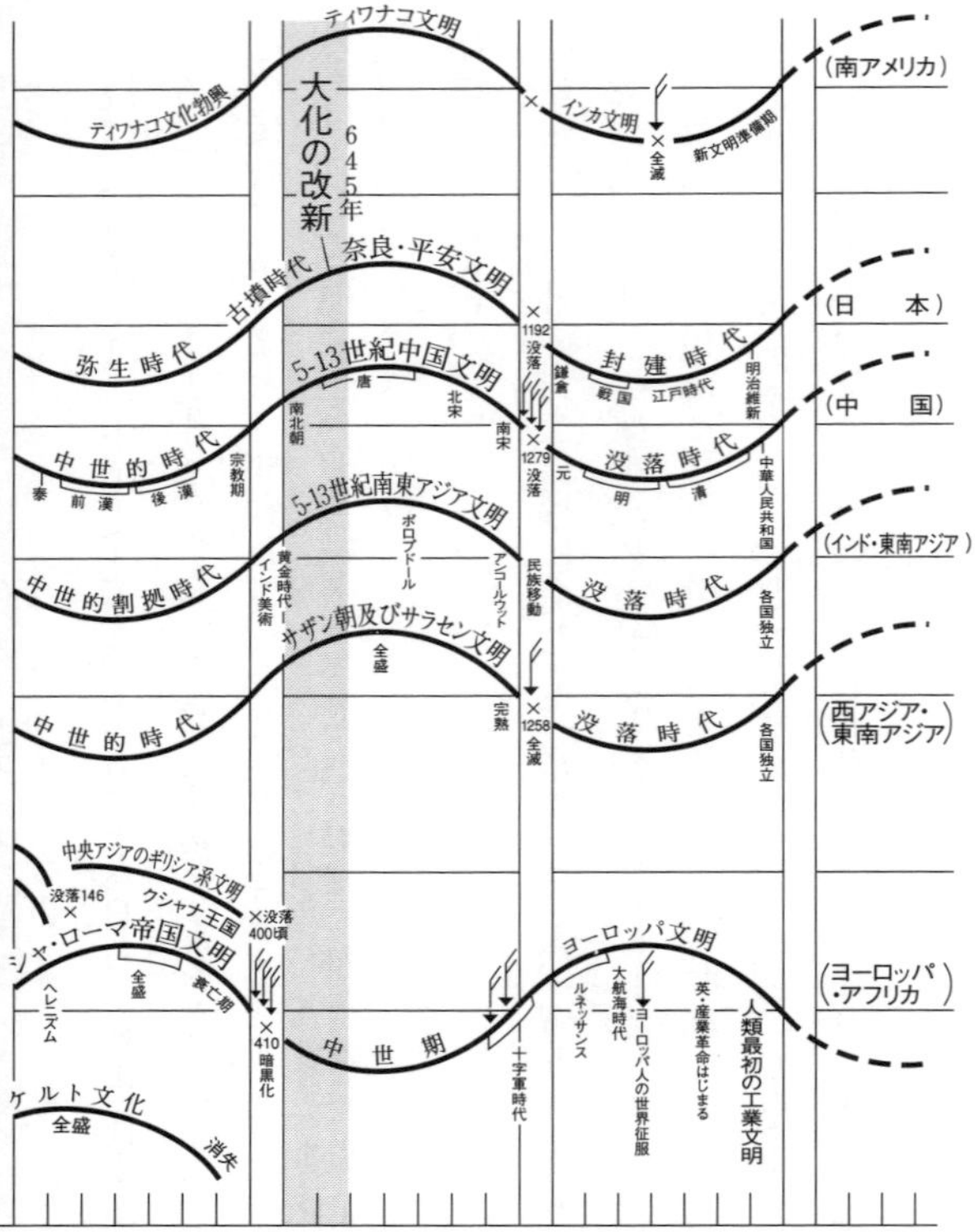

日本の文字が消された時期

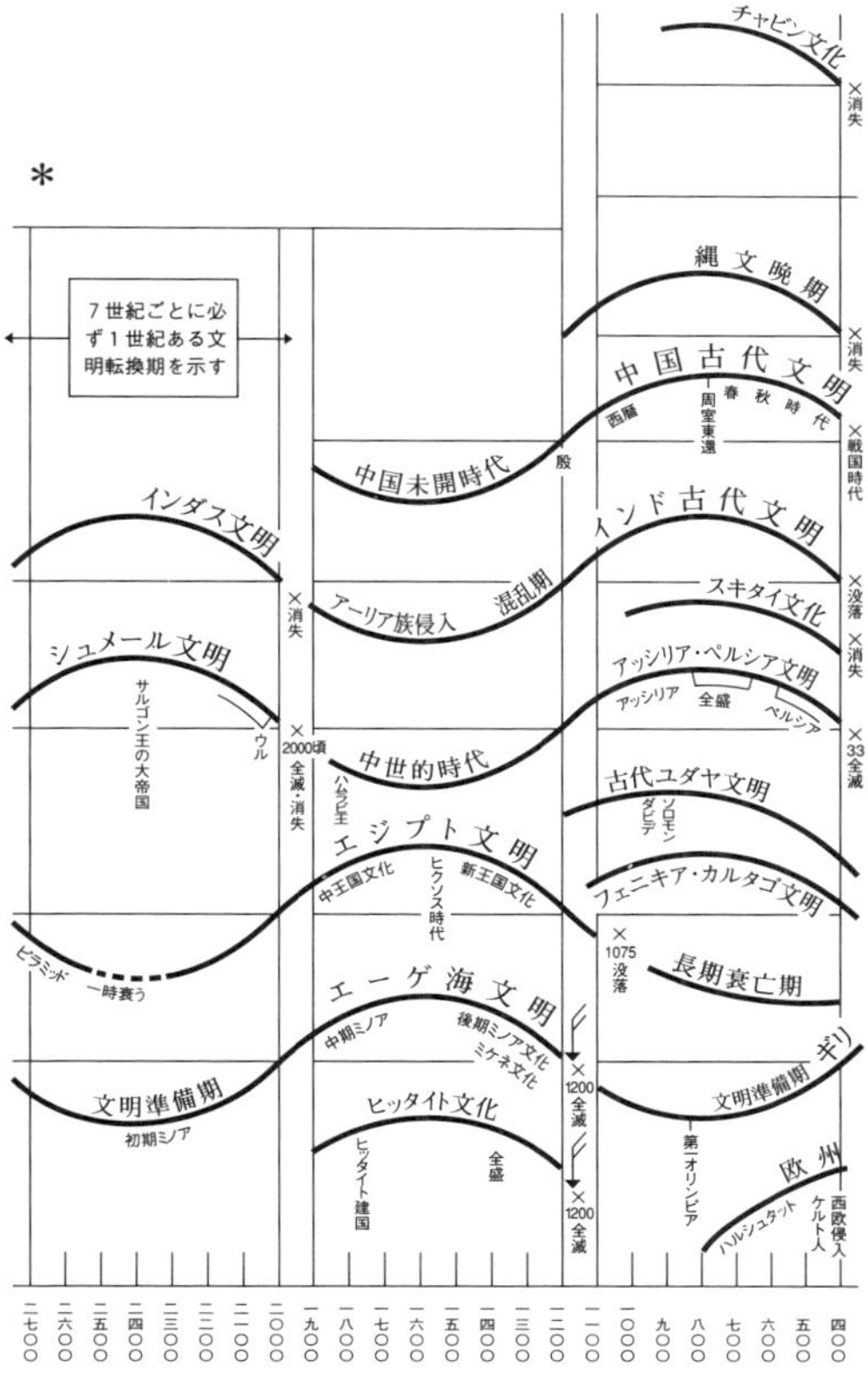

↓文明と社会に大影響を与えるほど大規模の民族大移動を表示する。北半球では北方民族の軍事的大移動が多い。
×ひとつの文明社会の終末、滅亡、崩壊を表示する。

大化の改新を中心に、その前後の世界の文明の生起消長を図示してみると、文明の終末・滅亡・崩壊のサイクルが一望できます。日本古代文字の消滅と復興が、諸文明の消滅と復興に関連していることがわかります。

ボリビアから出たおもしろい文字

次頁に興味深い写真を掲げておきました。ボリビアの山中で発掘された遺物で、左下部に文字プレートがあります。ボリビア政府は中国へ持って行って調べてもらいましたが、中国の考古学者ではその文字の意味がわからなかったということです。

それで、日本の外務省へ持ってまいりました。しかし、外務省でもわからないので、古代史研究家が、超古代のある天皇《すめらみこと》のお書きになった神代文字のアイウエオと照合してみたら、はっきりと「アイウエオ、カキクケコ、サシスセソ、タ」と十六柱の神の名が書いてあるのがわかったということです。これは、十六羅漢の神名でもあります。

中国の岐山県で唐代の十六羅漢の彫刻が発見されておりますが、その羅漢がもっている経文の文字も、中国人ではわかりませんでした。しかし、日本の神代文字と照合してみると、「アイウエオ、カキクケコ」と書いてあるのがわかりました。このように、文字の文化一つ考えてみても、「霊《ひ》の元《もと》つ国」（＝日本）から出ていることがわかります。

＊　ボリビアで発見された神代文字

左側の二体は、男神像（左）と女神像（右）と推察されます。台座に問題の文字が彫られていますが、このままでは読めません。つまり縦書きに書かれたものが、横倒しにして彫られているのです。右に90度回すと、右端の図のように解読できます。

日本の文字とは

はじめ、文字は神自らが作成し、神が自らの意志を伝えるために使用しておりましたが、のちに天皇《すめらみこと》によって、人と人の間でも使用することが許されたのです。したがって、文字には神の波動が光とともに入り、それを書くことによって、相手によい影響を与えていたのです。

しかし、漢字が入ってきてから、言霊の意味と文字がくいちがうことが多くなり、現在に至っているのです。

文字は次の様な順序ででき上がっています。

＝天意《あい》（神のみこころ）＝言霊《ことたま》によって伝えられる＝型霊《かたたま》（神代文字）で示す（吹き上げる）※

※カ＝火・日・陽・霊・男
ミ＝水・月・陰・物・女

※神とは宇宙すべてのものを創造されるエネルギーをいいます。
※型霊とは、神符《しんぷ》・護符《ごふ》など神の言霊をそのまま型《かたち》にしたものをいいます。

神が文字を作られたといわれましたが、その神とは人格神なのでしょうか？

神とは、宇宙のすべてのものを創造されるエネルギーをいいます。人格でも物でもありません。神とは前頁の図のようになっています。そして、「カ＋ミ」の交差する世界を「高天原《たかあまはら》」（カミのエネルギーが充満している所）、「タカ・ア・マ・ハ・ラ」、すなわち真理充満界というのです。


神がエネルギーなら文字もエネルギーなのでしょうか？

文字には、神の波動（エネルギー）が光とともに入り、それを書くことによって、相手によい影響を与えることができました。ですから、のちに天皇によって、人と人の間でも使用することが許されてきたのです。


神のみ意《こころ》が型になったものが日本の文字ということなのですね？

そうです。それが神代文字なのです。

文字の欺瞞

『日本書紀』や『古事記』（記紀といっております）をみますと、これがまた極めてあやふやなものであります。事実の部分もありますが、最も大切な古代の記述は大幅に縮められ、抹殺改竄《かいざん》されてしまっており、ひどいものであります。したがいまして、歴史自体が、あるいは『古事記』『日本書紀』自体が、日本の太古史については非常に曖昧模糊としており、突然日本という国ができたかのようになっています。

『古事記』と『日本書紀』をくらべてみると、たとえば神様のみ名にしても、それに対する当て字にしても、互いに異なっています。どちらが本当なのかわかりません。本当にわかっていたのであれば、当て字にしてもどこかが共通していなくてはならないはずなのです。

つまり、文字というものだけをみましても、文字そのものが欺瞞に満ちているのです。さらに、一番大きな欺瞞は、「日本には文字がなかった」という定説であることを、もう一度強調しておかねばなりません。

これは、そういってきた歴史の方が嘘であるということです。一般に、日本の文字の元は漢字であり、漢字は中国から輸入されてきたもので、それではじめて日本に文字ができたといわれています。たしかに、今私たちが用いている漢字は、中国で文化的に大変発育練成されてきたことは認めます。しかし、その漢字の元というのは、実は日本に発しているのです。また、現今では梵字や朝鮮文字《ハングル》は日本に輸入されてきた、ローマ字も輸入されてきた、というのが定説になっておりますが、それならばそういった文字の元はどこから出ているかということになりますと、いずれも日本から出ていることが、多くの文献から判明しはじめているのです。

天日草文字、アヒル文字、あるいはイエス・キリストが使った文字、モーゼの書いたイスキリス文字、エジプト文字など、こういった文字すべてが、日本の神代文字なのです。

この神代文字が次第に発育して、何千万年かの後に複雑な文字となり、全世界でますます異形化し、日本に逆輸入されるようになったのです。したがいまして、「日本には文字がなかった」などという言説は、真っ赤な偽りであるといわねばならないのです。

今から七千年くらい前の、甲骨文字というものが中国で発掘されています。また、これは二千年くらい前のものになりますが、世界最古の文献（今ではそう古いものではなくなっていますが）といわれてきた『契丹古伝』が山海関で発掘されています。

『契丹古伝』は中国人が書いたものです。この書物には、漢字の源になったものが何であ

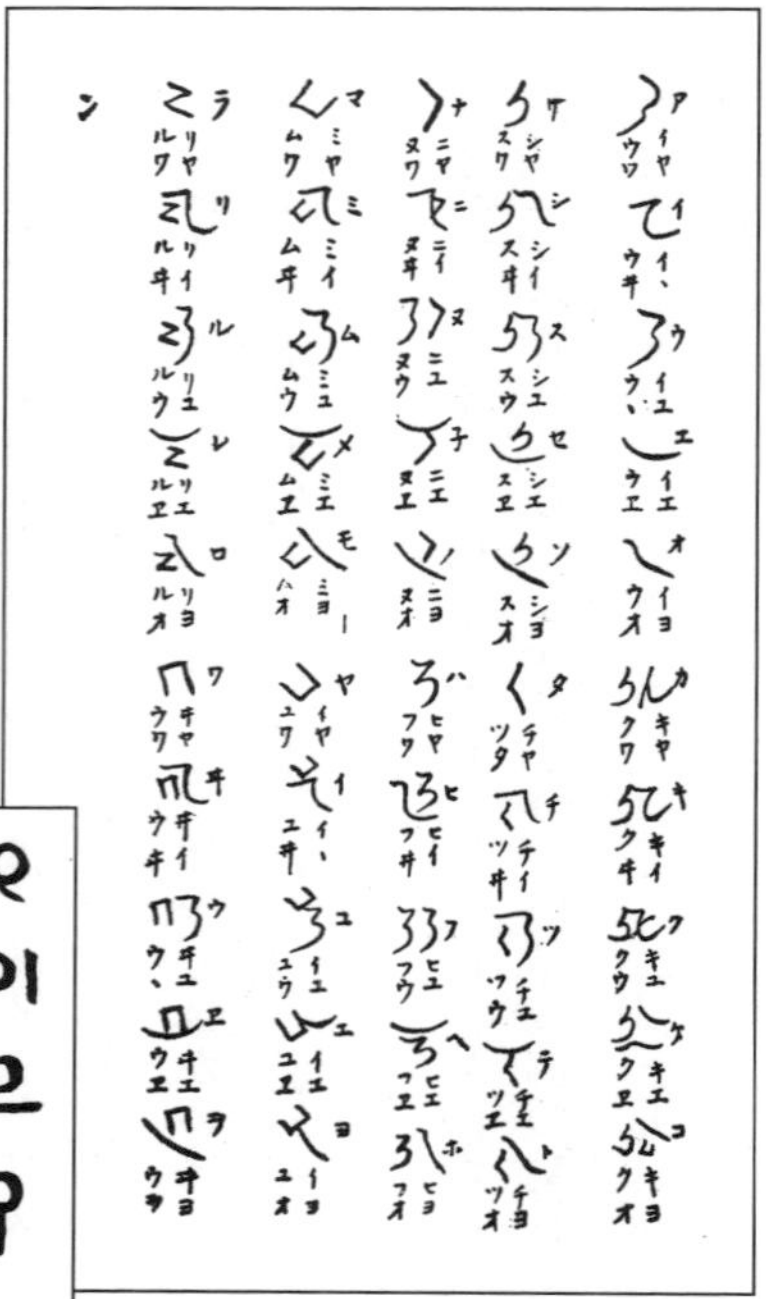

梵字のもとになったモリツネ文字の五十音図。これらの梵字源が結合したり、組み合わされたりして梵字が成立しました。

ハングルのもとになった神代文字。上古第十六代一世宇比地煮身光天日嗣天皇が作成されたもので、後に朝鮮と中国に伝えられました。それが朝鮮でハングルになったのです。『竹内文献』所収。

ったかということが記されています。それによりますと、漢字以前の文字は天字《てんじ》といい、天字の前が卜字《ぼくじ》で、卜字というのは殷字、すなわち象形文字であるとされています。

そして最も重要なことは、『契丹古伝』に「殷、もとこれ倭国」と明記されているという点です。昔、中国では日本のことを「倭国」と呼んでいました。ですから、殷字の元は倭国の文字、すなわち日本の文字であるということは、疑いようのないことであるといわねばなりません。

これ以前の日本の文字といえば、すぐにカタカナ（象神名《かたかな》）が思い浮かびます。ところが、このカタカナは二千何百種にもおよぶ多くの種類が、太古から造られてきているのです。今のところ、それぞれの種類のカタカナができた年代を、個々に特定することは困難です。この点につきましては、今後、新真《しんしん》文字の研究者に参集していただいて、徹底的に討議してもらいたいものだと思っています。

古文献に出てくる年代については、今後の研究に俟《ま》つとしても、どの天皇がどういう文字を考え出されたかについては、明瞭にわかります。その中のほんの一例を以下に掲げておきました。

神代文字の一例（出典は六四頁参照）

R　皇(XX)アヒル文字「ヒフミ歌」

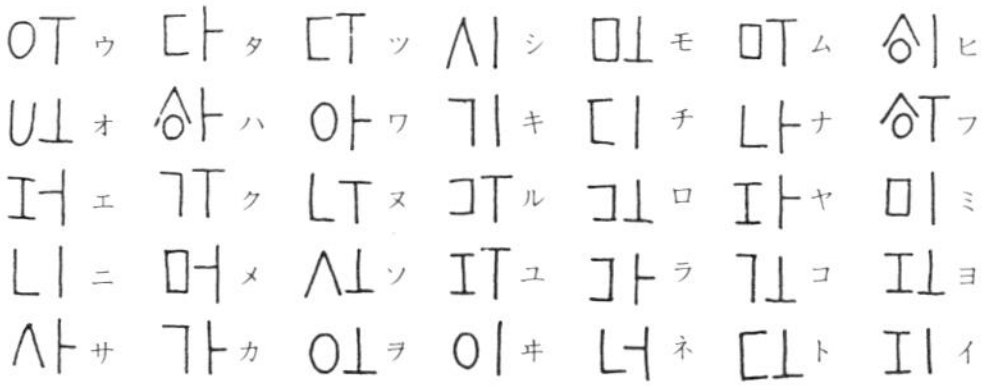

S　皇(XX)天日字・天日草形文字

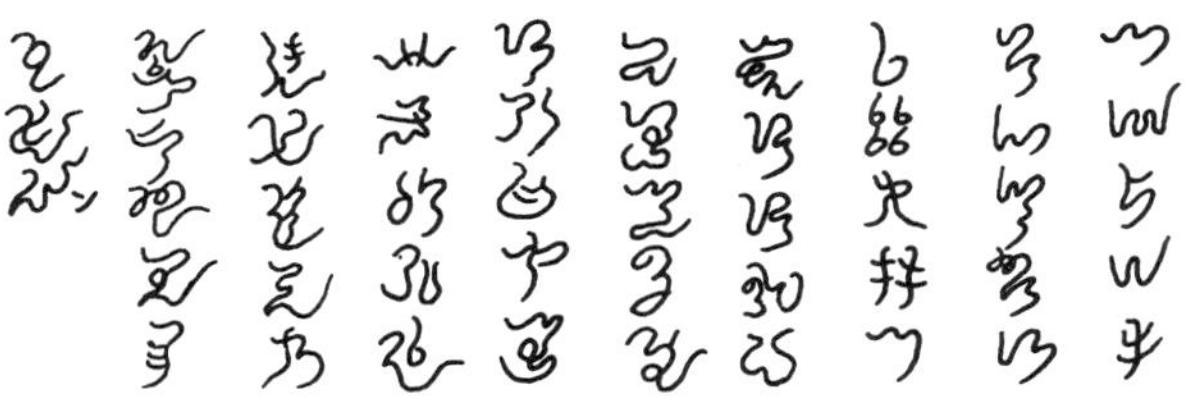

A 上古第一代二十一世天日豊本葦牙氣天皇御作成の神人神星人像形仮名文字（五十一字）。
B 上古第二十二代十一世天疎日向津比売天皇御作成のサカリヒミ文字。
上古第二代一世造化氣万男身光天皇御作成のツクリ文字。
上古第四代天之御中主神身光天皇御作成の数文字。
C アヒル文字の基本形。
D 草文字の一種で記された「ヤ」の字。
E 上古第九代二十二世天八十万魂天皇が即位八万年ミナツ月に作成されたヤソヨロツ文字。
F 上古第十代二十世高皇産霊天皇が即位百万年カナメ月に作成されたメモスビ文字。
G 上古第十代二十世高皇産霊天皇が即位八万八千八百八十八年ハヤレ月円一日に作成されたコソナ文字。
H 上古第十一代一世神皇産霊身光天津日嗣天日天皇御作成の神代文字。
I 上古第十二代十八世宇麻志阿志訶備比古遅天皇が即位八百万年ムツヒ月に作成されたウマシ文字。
J 上古第十五代十八世豊雲野根天皇が即位百億十万年ムツヒ月に作成されたテントヨ文字。
K 上古第十八代一世大斗能地王身光天津日嗣天日天皇御作成の像形仮名字・天日草体文字（部分）。
L 上古第二十代一世惶根王身光天津日嗣天日天皇が即位五十億年イヤヨ月円五日、詔して作成させた神代文字による四十七音文字言歌（部分）。
M 上古第二十一代一世伊邪那岐身光天津日嗣天日天皇が即位八千万年フクミ月に作成されたモモノ木文字。
N 上古第二十二代十一世天疎日向津比売天皇御作成のサカリヒミ文字。
O 上古第二十三代七世天之忍穂耳天皇が即位千三百年カナメ月立十日に作成されたホメミ文字。
P 不合朝第四代玉噛彦天津日嗣天日天皇が即位二万五十年ケサリ月籠七日、詔して作成させたクサビ文字。
Q 上古第十八代一世大斗能地王身光天津日嗣天日天皇御作成の像形仮名字・天日草体文字。
R 上古第二十代一世惶根王身光天津日嗣天日天皇が即位五十億年イヤヨ月円五日、詔して作成させた神代文字による四十七音文字言歌（全文）。ヒフミ伝のはじめ。
S 上古第二十代一世惶根王身光天津日嗣天日天皇御作成の天日字・天日草形文字。

以上のような文字がカタカナの一つの源になっておりますが、このようないろいろな文字が二千数百種も考案されて使われていたのです。モウシェ（モーゼ）の十戒石文字とか、イエスの作りました文字は、今日の学者が神代文字と照合することによって、はじめて意味がわかるようになってきたのです。

イエスが神代文字を学習して故国へ持って帰った文字は、「イスキリス文字」と呼ばれております。また、釈尊が日本から持って帰った梵字はサンスクリットになりました。

日本の古文献からいえば、一切の文字の源はカタカナです。そして、カタカナの本体は何かというと、これは四十八《よとや》の神のみ働きを象神名《かたかな》としたものです。今日定着している「アイウエオ……」の五十音も、やはり実体は四十八音字なのです。この神のみ働きに由来する文字を、弘法大師空海がいろは四十八文字に表現し、それが今も通用している平仮名となったのです。

四十年間にわたってアルファベットの研究をしてきたアメリカの言語学者が、結論が出せぬままついに匙を投げ、起源は不明と公言しました。アルファベットの起源につきましても、日本の神代文字、特に草文字を研究してみればわかることなのです。神代文字を研究すれば、ローマ字の元にたどりつくのです。『契丹古伝』から逆にたどっていくと、アルファベットはやはり日本の草文字が伝播して成立した、あるいはアヒル文字やイスキリス文字が元になってアルファベットができたと考えるべきなのです。

最近知られてきた甲骨文字をみましても、種類は約三千種ほどありますが、それらはほとんど日本の神代文字から発していると思われます。チャーチワード氏のムー大陸研究で紹介されている、一万五千年から七万年前の石板・石碑も、マヤ族の先祖である太陽族、すなわち「霊《ひ》の元つ国」=「日の本つ国」の神代文字とぴたりと符合します。このように、世界のあらゆる文字は、何億年も前から二千数百種あった神代文字のどれかに、必ず当てはまるのです。

ムー大陸自体は、一万五千年前から一万八千年前に沈没しておりますが、ムー大陸当時、地表に存在していた石板・石碑に刻まれている文字は、日本の神代文字に発していることが、いずれは実証されることになるでしょう。

ですから、「日本には文字がなかった」という言説は真っ赤な偽りなのです。歴史の趨勢として、漢字も、アルファベットも、サンスクリットも、みな日本の神代文字に発祥しているということを、否定できなくなる日が近い将来必ずくるでしょう。

インドのパームリーフ・ブック

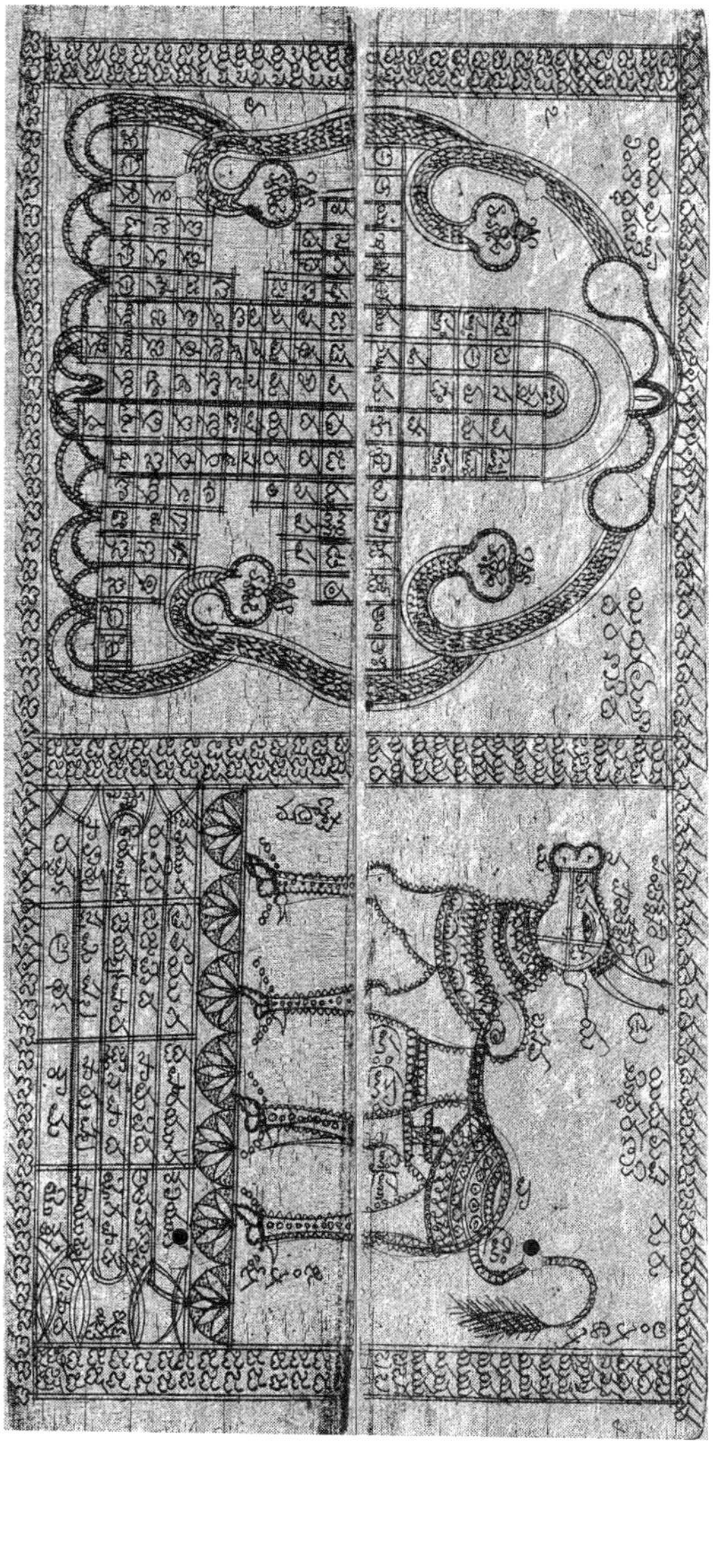

パームリーフ・ブックとは、インドの聖者たちが生涯をかけて獲得した最高のヴェーダの叡智を、椰子の葉に刻みつけて本の形にしたものです。聖者の弟子たちによって受け継がれてきました。ここに掲げたものは、呪文（マントラ・真言）ばかりを記した特殊なものです。呪文を覚え、使いこなせば、無限の恩恵を享受できるといわれ、西遊記の三蔵法師もパームリーフ・ブックを入手しています。刻まれている文字と日本の神代文字を比較してみて下さい。文字のルーツを探る上で参考になるはずです。

文字の種類

神代《かみよ》文字

天津第一代（天神）から第七代までの間に作られた文字。

太古文字

人祖《くにつかみ》第一代天皇《すめらみこと》（上古）から同二十二代天皇までの間に作られた文字。

古代文字

鵜草《うがや》朝第一代天皇（不合朝《ふきあえず》）から同七十二代の神武天皇までの間に作られた文字。

※現行のカタカナは本節のトヨクニ文字が祖形です。ひらがな文字はアヒルクサホ文字から発生したわが国固有の古代和字で、カタカナ同様空海以前から存在する古代文字の一種です。

大分県国東郡国東町で発見されたペトログラフ。「ミヨウケンヤワタコジ」と記されています。現在、このような文字が沢山見つかっているのです。（写真提供・岡崎正義）

●古代文字分類表

神代文字（三種）
- アヒル文字（肥人書に相当し楷書体）
- アヒルクサホ文字（薩人書に相当し草書体）
- 像《ぞう》形《かた》仮《か》名《な》文字（象形文字にして豊国文字の古体象字はこの一種）

太古文字（十六種）
- アヒルモジ（アヒルモジの組み合わせがアメコアヒル文字）
- イムベモジ
- アコシモジ
- アメコシネモジ
- アメコシアヒルモジ
- ツクシモジ
- イヨモジ（ホツマモジ）
- クサキネモジ
- アイヌモジ
- コレタリモジ
- タネコモジ
- モリツネモジ
- ムサシモジ（アナイチモジ）
- ツシマモジ
- アジチモジ
- アメコシカズモジ

古代文字（三種）
- 豊国文字（新体象文字）
- ひらがな文字
- 新形仮名文字（現在使用の片仮名）

神代文字

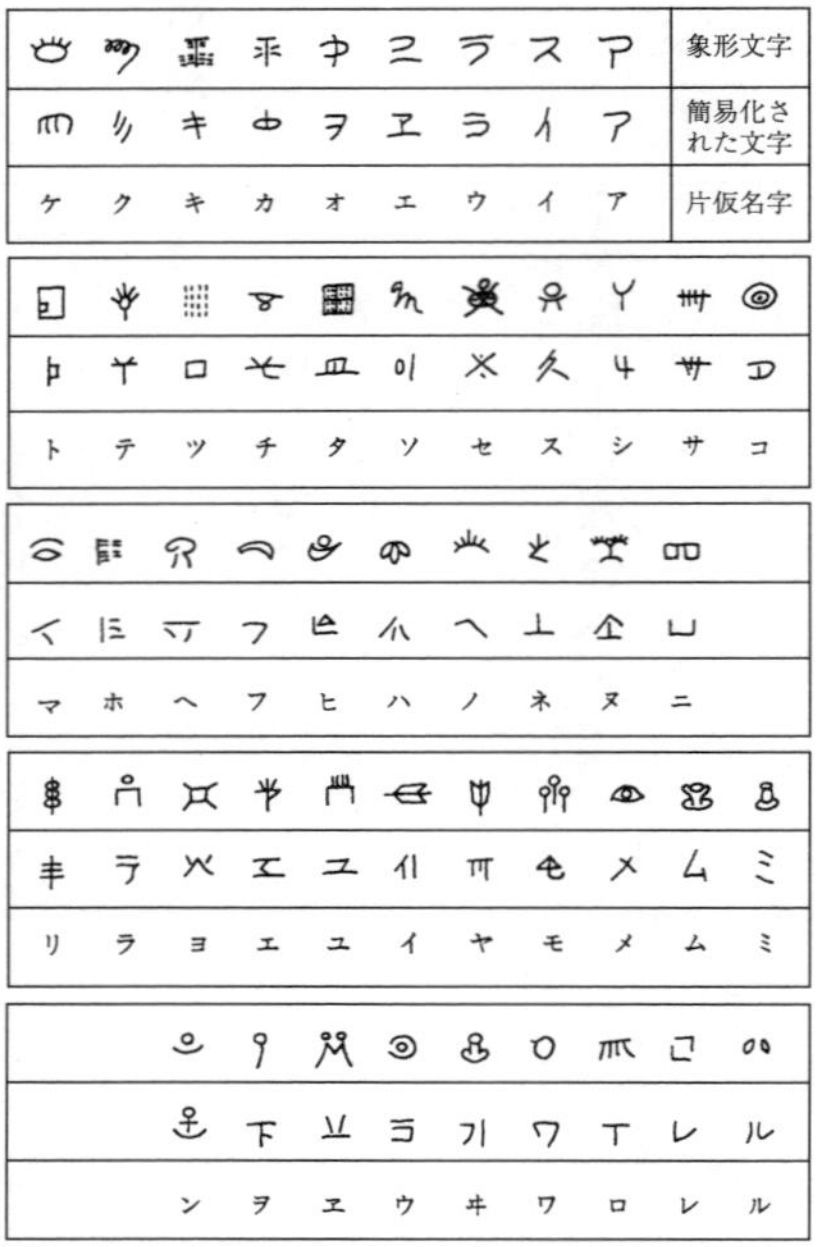

現在、私たちが用いているカタカナは豊国《とよくに》文字を基に誕生しました。豊国文字には古体象形《かな》と新体象形《かな》があり、古体象形→新体象形→カタカナという文字の変遷を表示してみました。（上図）

平田篤胤は神代文字を研究していく過程で、肥人の書と薩人の書、古き字《みな》と新字《あたらしきみな》、真字と草字の相違の解明に苦しみましたが、出雲大社に伝わる真草両体を併記した神代文字文献によって、それらの違いを明瞭にすることができました。出雲大社の古文書とは、薩人の書（草体）に肥人の書（真体）による傍訓が付されたものです。篤胤はこの古文書と日文文字を比較研究することによって、薩人の書に記されている草体の神代文字は、日文文字の草書体であるという結論を得たのです。すなわち、肥人の書の傍訓の真体の神代文字は、日文文字の異体字であることが判明したのです。現今の字音、草字の日文文字、草字の傍訓、肥人の書（真字）の傍訓、日文古字を対照できるよう一覧表にしてみました。「肥人ノ書」の欄と「古字」の欄を見比べてみると、肥人の書の真字が日文古字の異体字であることがわかるはずです。（下図）

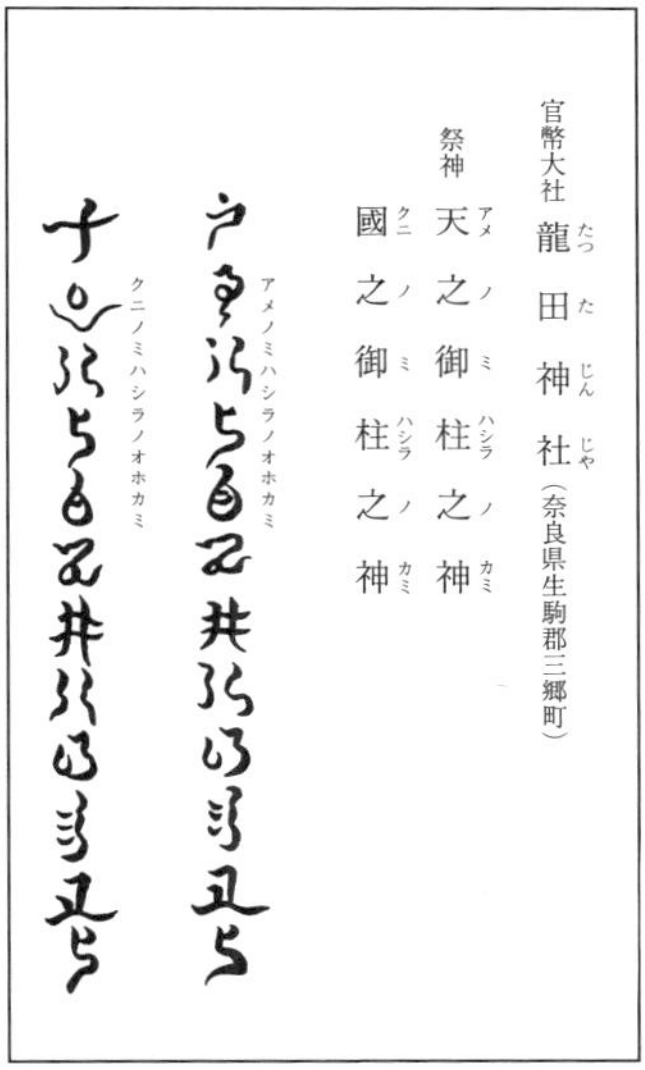

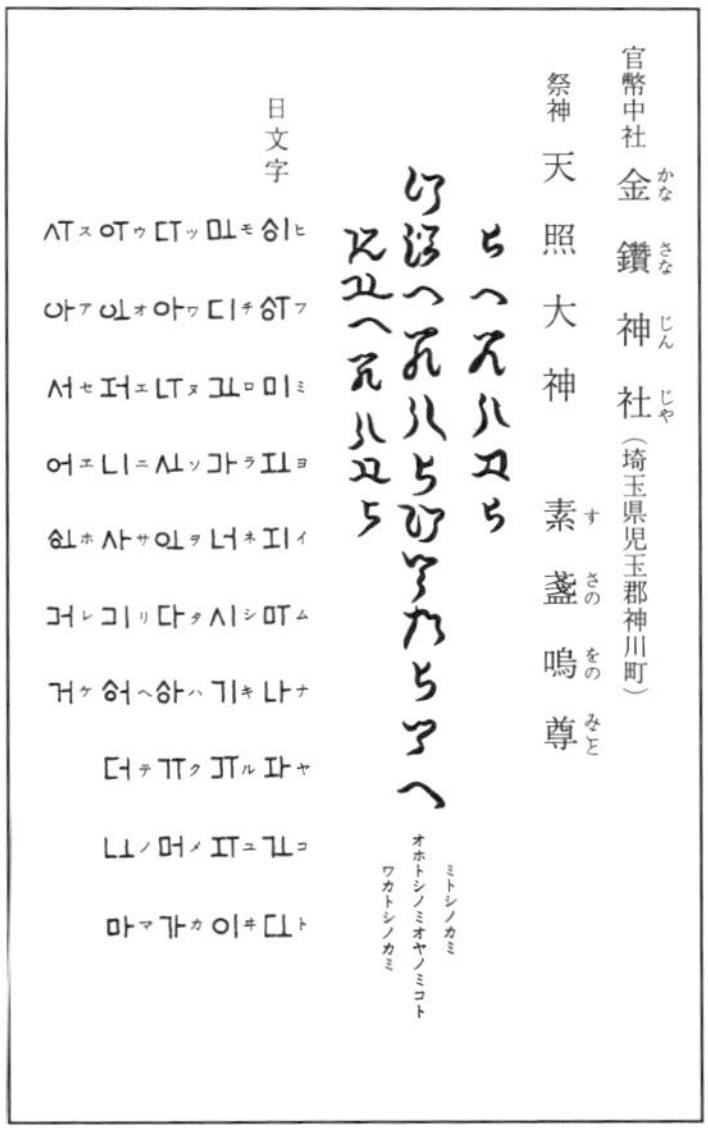

わが国は神の国であり、神社においてさまざまな歴史・文化（文字を含む）・伝説などが受け継がれてきました。神代文字を神璽《しんし》・神宝・お札などに用いている神社も少なくありません。ここには、龍田神社と金鑽神社の御祭神名を記した神代文字を例示してみました。金鑽神社の神代文字の末尾に掲げたのは、肥人の書により定着した日文文字の一覧です。

皇統第二十三代「天忍穂耳天皇」、御譲位にあたり御自ら記され、「瓊々杵尊」に授け給ひて、万国棟梁天皇一人天皇の守り札とせられし、神代象形仮名文字の文左の如し。是れ、日の本各神社より出す神符の起源なり。

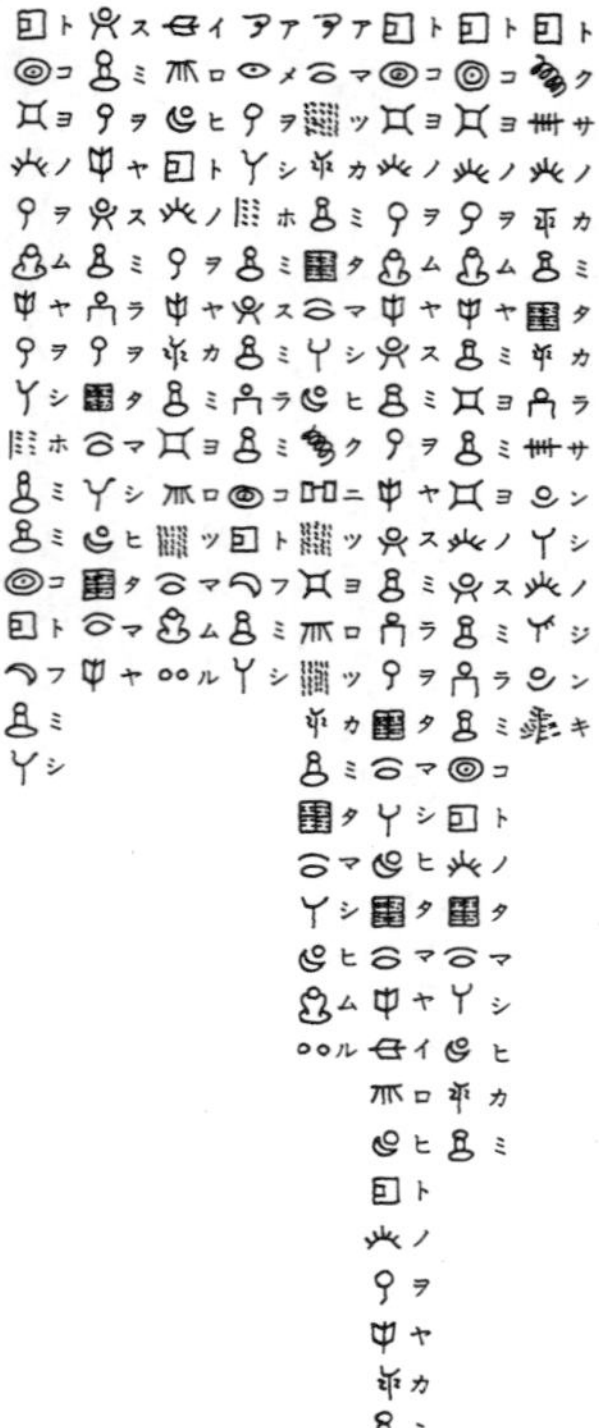

十《ト》種《クサ》乃《ノ》神宝《カミタカラ》三種《サンシ》乃《ノ》神器《ジンキ》
万国《トコヨノ》棟梁《ヲムヤ》代《ミヨ》々《ミヨ》乃《ノ》天皇《スミラミコト》乃《ノ》霊神《タマシヒカミ》
万国《トコヨノ》棟梁《ヲムヤ》皇祖《スミヲヤ》皇太神宮《スミラヲタマシヒタマヤ》五色人《イロヒト》乃《ノ》祖神《ヲヤカミ》
天津神霊《アマツカミタマシヒ》 国津万神《クニツヨロツカミ》 霊守留《タマシヒムル》
天忍穂耳《アメノヲシホミ》天皇《スミラミコト》文志《フミシ》
五色人《イロヒト》乃《ノ》祖《ヲヤ》万守留《カミヨロツマムル》
皇祖皇太神宮《スミオヤスミラオタマシヒタマヤ》
万国《トコヨノ》棟梁《ヲムヤ》忍穂耳《ヲシホミミ》尊《コト》文志《フミシ》

是を、後代「崇神天皇」の御代、四道将軍を派遣せられて、各国の賊徒平定を命じ給ひし時、之を兆勝《ちょうかつ》（多勝）の守りとして、各将軍に御下賜あり。右は、吉備津彦命直筆による六韜三略巻に記さるる所にして、其の文字の儘白雉二年（昭和七年より千二百八十二年前）に彫刻せられて、木版（上代より第八回目の木彫版）となりて現存せり。恐らくは、文字の木版として最古のものならん。

＊

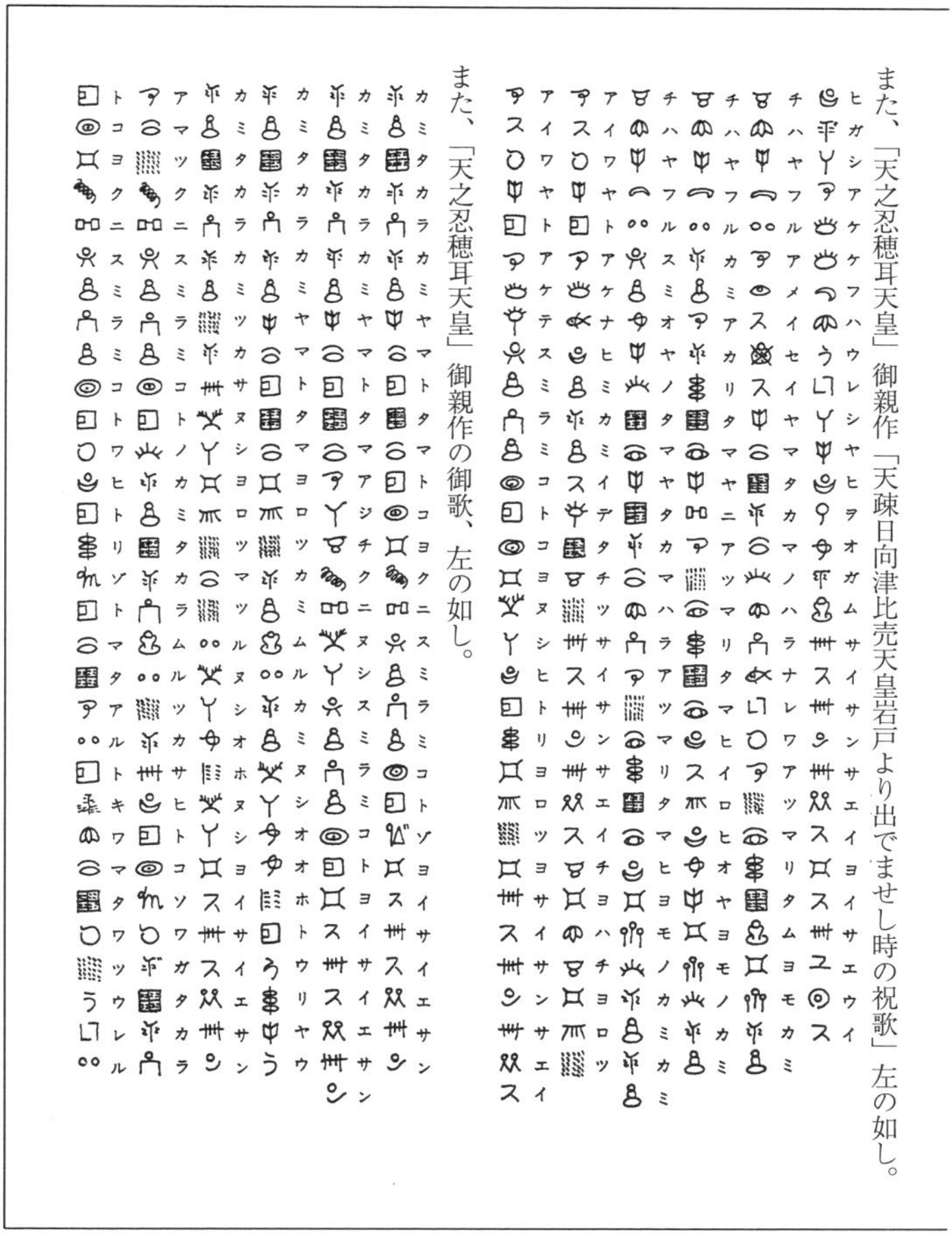

また、「天之忍穂耳天皇」御親作「天疎日向津比売天皇岩戸より出でませし時の祝歌」左の如し。
ヒガシアケケフハウレシヤヒヲオガムサイサンサエイヨイサエウイ
チハヤフルアメイセイヤマタカマノハラナレワアツマリタムヨモカミ
チハヤフルカミアカリタマヤニアツマリタマヒイロヒオヤヨモノカミ
チハヤフルスミオヤノタマヤタカマハラアツマリタマヒヨモノカミ
アイワヤトアケナヒミカミイデタチツサイサンサエイチヨハチヨロツ
アイワヤトアケテスミラミコトコヨヌシヒトリヨロツヨサイサンサエイ
また、「天之忍穂耳天皇」御親作の御歌、左の如し。
カミタカラカミヤマトタマトコヨクニスミラミコトゾヨイサイエサン
カミタカラカミヤマトタマアジチクニヌシスミラミコトヨイサイエサン
カミタカラカミヤマトタマヨロツカミムルカミヌシオオホトウリヤウ
カミタカラカミツカサヌシヨロツマツルヌシオホヌシヨイサイエサン
アマツクニスミラミコトノカミタカラムルツカサヒトコソワガタカラ
トコヨクニスミラミコトワヒトリゾトマタアルトキワマタワツウレル

『竹内文献』には多くの神代文字が掲載されておりますが、ここに掲げた神代文字は、筆者が文字研究の過程で入手したものです。一般に流布している『竹内文献』には掲載されていない神代文字が含まれていることに注目してください。

片かな	ア	イ	ウ	エ	オ	カ	キ	ク	ケ	コ	サ	シ	ス	セ	ソ	タ	チ	ツ	テ	ト	ナ	ニ	ヌ	ネ	ノ
源漢字	阿	伊	宇	衣	於	加	幾	久	介	己	散	之	須	世	曽	多	千	川	天	止	奈	二	奴	祢	乃
平がな	あ	い	う	え	お	か	き	く	け	こ	さ	し	す	せ	そ	た	ち	つ	て	と	な	に	ぬ	ね	の
源漢字	安	以	宇	衣	於	加	幾	久	計	己	左	之	寸	世	曽	太	知	川	天	止	奈	仁	奴	祢	乃

片かな	ハ	ヒ	フ	ヘ	ホ	マ	ミ	ム	メ	モ	ヤ	イ	ユ	エ	ヨ	ラ	リ	ル	レ	ロ	ワ	ヰ	ウ	ヱ	ヲ
源漢字	八	比	不	部	保	万	三	牟	女	毛	也	伊	由	江	与	良	利	流	禮	呂	和	井	宇	恵	乎
平がな	は	ひ	ふ	へ	ほ	ま	み	む	め	も	や	い	ゆ	え	よ	ら	り	る	れ	ろ	わ	ゐ	う	ゑ	を
源漢字	波	比	不	部	保	未	美	武	女	毛	也	伊	由	衣	与	良	利	留	禮	呂	和	為	宇	恵	遠

〔サンカ文字五十音表〕

〔紙文字〕

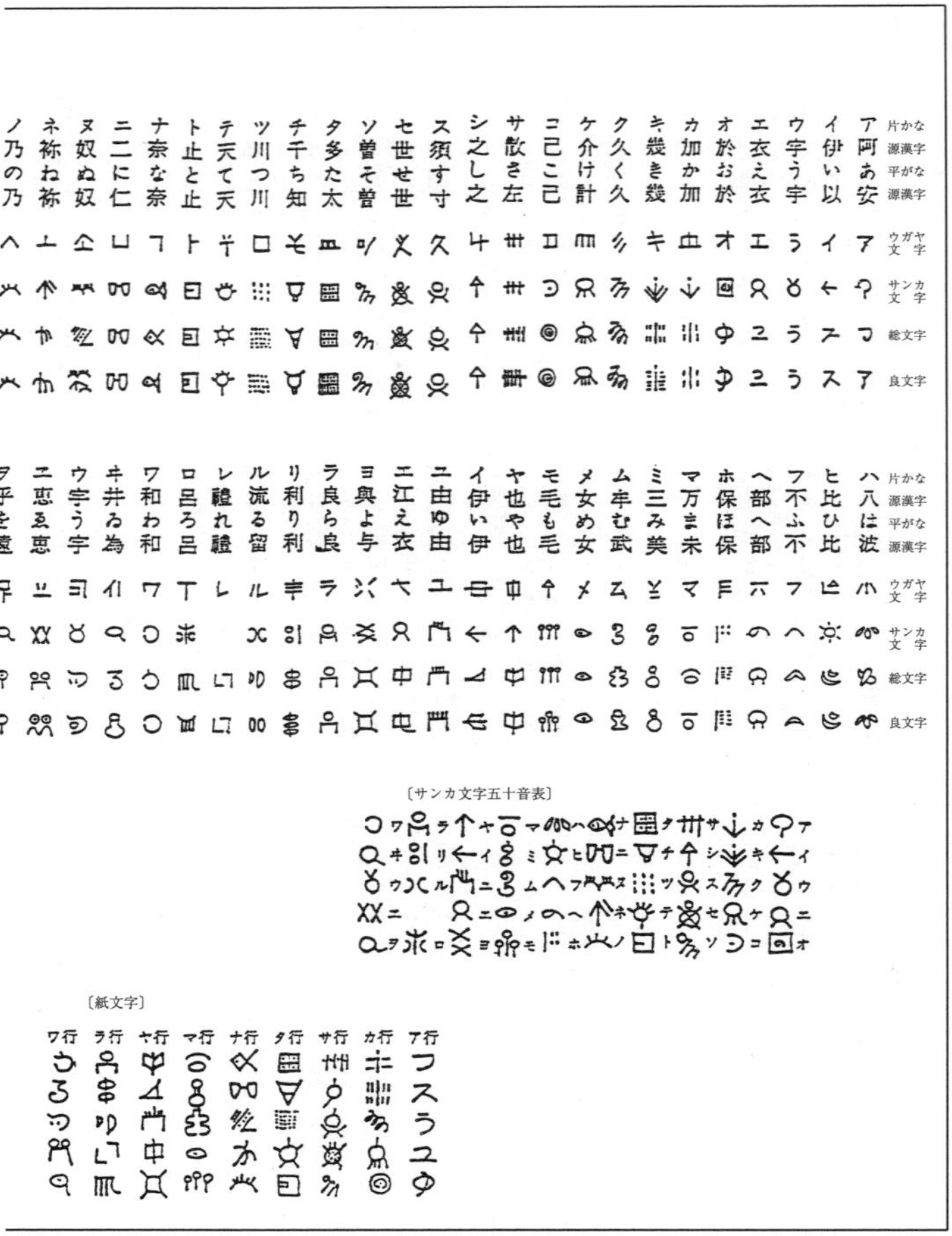

現在使用されている文字を基本に、さまざまな神代文字や世界各国の文字を比較対照できるよう一覧表(74〜75頁)にしてみました。文字のもつイメージの拡がりを感得してみて下さい。

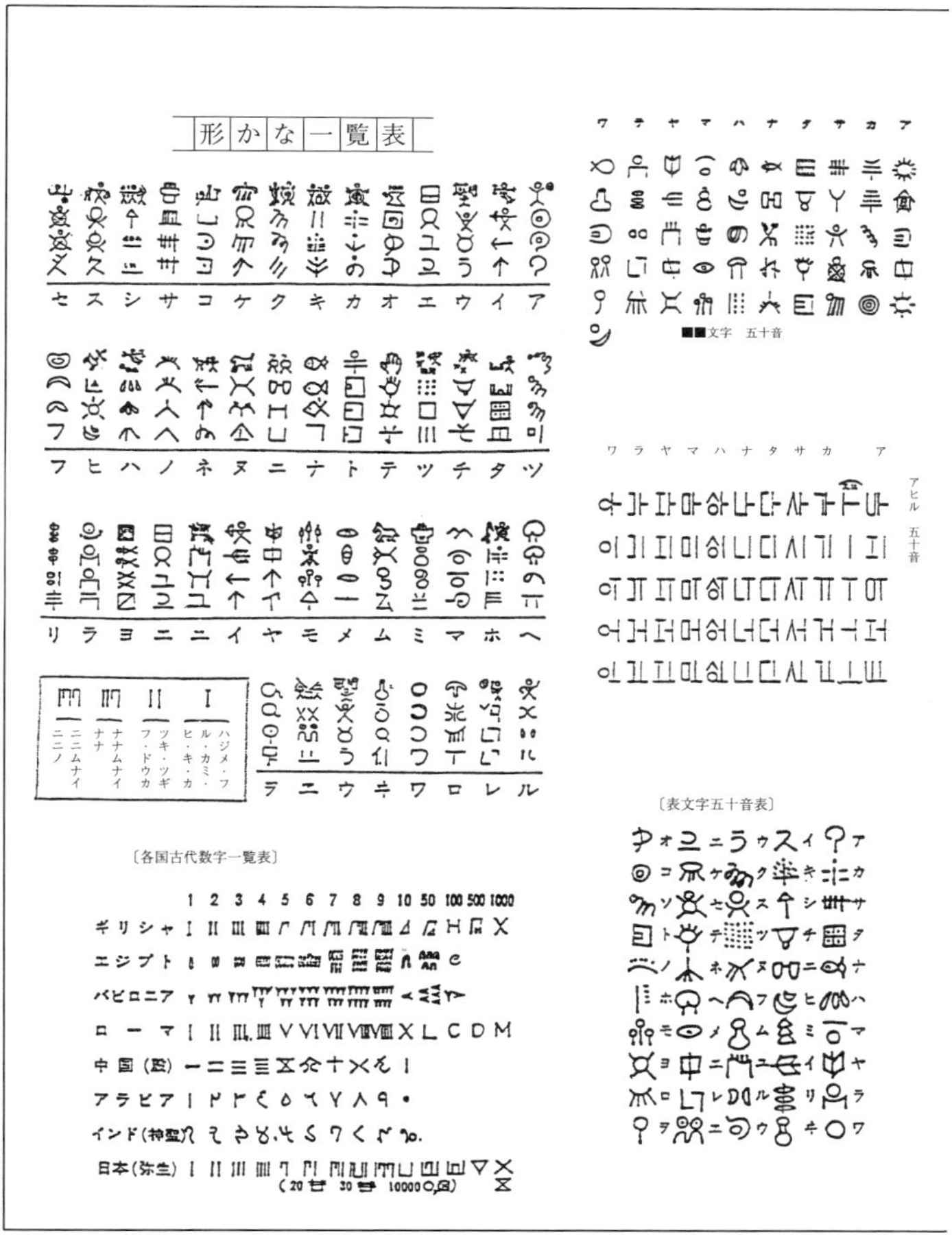
形かな一覧表
セ ス シ サ コ ケ ク キ カ オ エ ウ イ ア
フ ヒ ハ ノ ネ ヌ ニ ナ ト テ ツ チ タ ツ
リ ラ ヨ ニ ニ イ ヤ モ メ ム ミ マ ホ ヘ
ハジメ・フ
ル・カミ・
ヒ・キ・カ
ツキ・ツギ
フ・ドウカ
ナナムナイ
ナナ
ニニムナイ
ニニノ
ラ ニ ウ ヰ ワ ロ レ ル
ワ ラ ヤ マ ハ ナ タ サ カ ア
■■文字　五十音
ワ ラ ヤ マ ハ ナ タ サ カ ア
アヒル　五十音
〔表文字五十音表〕
〔各国古代数字一覧表〕
1 2 3 4 5 6 7 8 9 10 50 100 500 1000
ギリシャ
エジプト
バビロニア
ローマ
中国（殷）
アラビア
インド（神聖）
日本（弥生）
（20　30　10000）

文字・世界の概念図

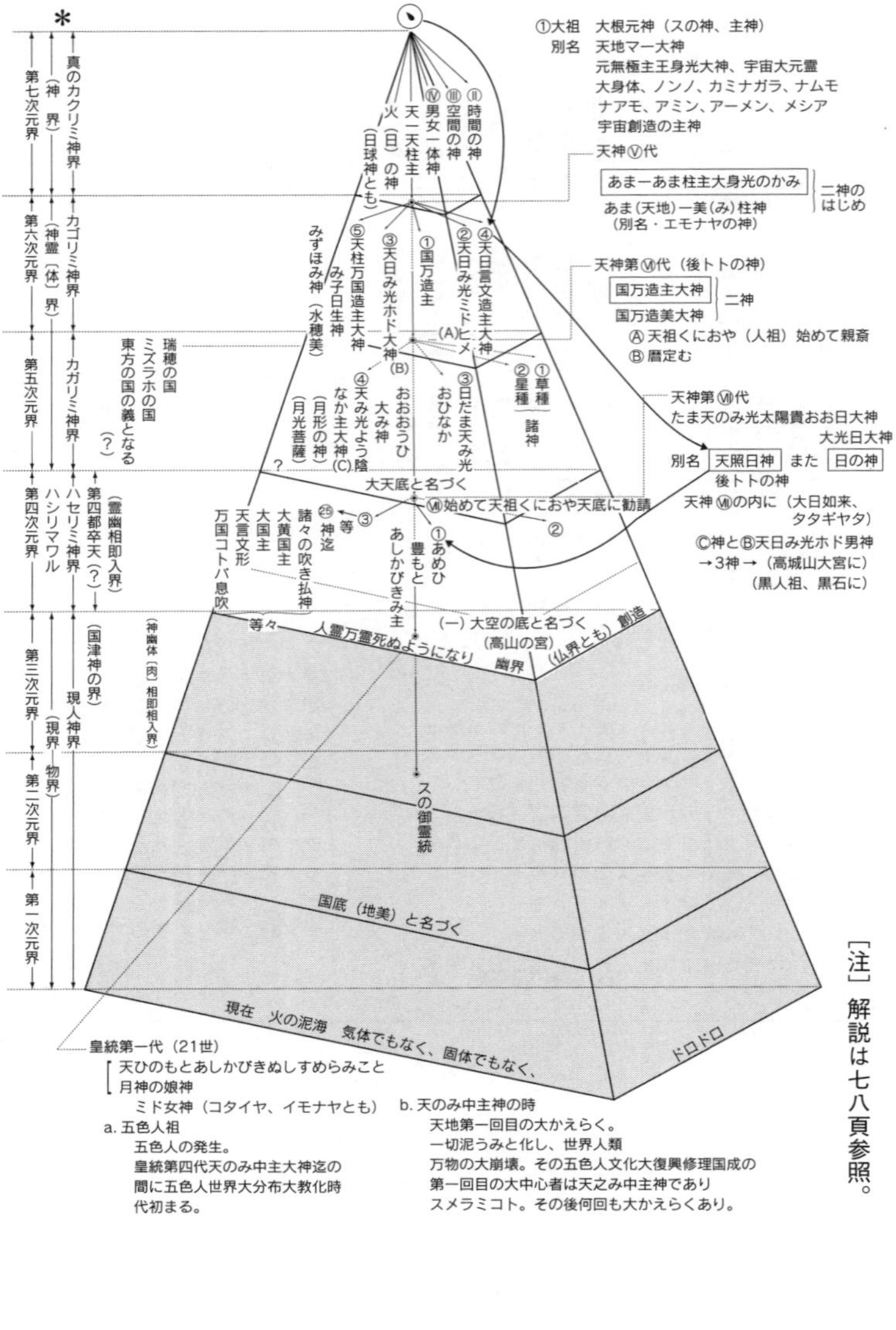

*
真のカクリミ神界
第七次元界
(神 界)
カゴリミ神界
第六次元界
(神霊(体)界)
カガリミ神界
第五次元界
ハセリミ神界
第四次元界
ハシリマワル
第四都卒天(?)
(霊幽相即入界)
(国津神の界)
現人神界
(神幽体(肉)相即相入界)
第三次元界
(現界・物界)
第二次元界
第一次元界
①大祖 大根元神(スの神、主神)
別名 天地マー大神
元無極主王身光大神、宇宙大元霊
大身体、ノンノ、カミナガラ、ナムモ
ナアモ、アミン、アーメン、メシア
宇宙創造の主神
Ⅱ時間の神
Ⅲ空間の神
Ⅳ男女一体神
天一天柱主
火(日)の神
(日球神とも)
天神Ⓥ代
あまーあま柱主大身光のかみ
あま(天地)一美(み)柱神
(別名・エモナヤの神)
二神のはじめ
①国万造主
②天日み光ミドヒメ
③天日み光ホド大神
④天日言文造主大神
⑤天柱万国造主大神
み子日生神
みずほみ神(水穂美)
(A)
(B)
天神第Ⓥ代(後トトの神)
国万造主大神
国万造美大神
二神
Ⓐ天祖くにおや(人祖)始めて親斎
Ⓑ暦定む
瑞穂の国
ミズラホの国
東方の国の義となる
(?)
①草種
②星種
諸神
③日だま天み光
おひなか
おおおうひ
大み神
④天み光よう陰
なか主大神(C)
(月形の神)
(月光菩薩)
?
天神第Ⓥ代
たま天のみ光太陽貴おお日大神
大光日大神
別名 天照日神 また 日の神
後トトの神
天神Ⓥの内に(大日如来、タタギヤタ)
Ⓒ神とⒷ天日み光ホド男神
→3神→(高城山大宮に)
(黒人祖、黒石に)
大天底と名づく
Ⓥ始めて天祖くにおや天底に勧請
①あめひ
豊もと
あしかびきみ主
②
③
㉕神迄
等
諸々の吹き払神
大黄国主
大国主
天言文形
万国コトバ息吹
等々
人霊万霊死ぬようになり
(一)大空の底と名づく
(高山の宮)
幽界
(仏界とも)
創造
スの御霊統
国底(地美)と名づく
現在 火の泥海 気体でもなく、固体でもなく、
ドロドロ
皇統第一代(21世)
天ひのもとあしかびきぬしすめらみこと
月神の娘神
ミド女神(コタイヤ、イモナヤとも)
a. 五色人祖
五色人の発生。
皇統第四代天のみ中主大神迄の
間に五色人世界大分布大教化時
代初まる。
b. 天のみ中主神の時
天地第一回目の大かえらく。
一切泥うみと化し、世界人類
万物の大崩壊。その五色人文化大復興修理国成の
第一回目の大中心者は天之み中主神であり
スメラミコト。その後何回も大かえらくあり。

[注] 解説は七八頁参照。

文字の元は霊の本つ国にあり

＊

I．アルファベット　起源不明となっているが、上古代十二代宇麻志阿志訶備天皇の書かれたウマシ文字がアルファベットの原始型となっている（米国で研究不明と発表）

II．支那学者　　**漢字起源**　　**支那山海古書 契丹古伝**

漢字→天字→卜字→殷 文字「殷もとこれ倭国」とあり
（篆字）
‖
象形文字
↓
鳥龍馬大鹿等々でアイウエオ51文字あり

元来カナ/象形　カナ/神名 ― アだけで12意（江州伊吹神社）
　　　　　　　　　　　　 ― イだけで11意（日向岩戸神社出土）

50音
60音
70音

III．神代既に

アヒル、天越根、ヒフ、草文字など2400通り

朝（51文字組合わす）
35/51字

釈迦、キリストと術事

皇統十代高皇産スメラミコト→ヘブライ文字 ｝26字
十一代神ムスビ　　→ギリシャ文字 ｝

外にモリツネ、アヒル草文字
（葺不合朝末期作）

神大山阿夫利神社
ヒフミヨイムナヤコノト
伊勢神宮文庫

鹿島神社　法隆寺　稗田阿礼　戸隠神社

（A）**ボリビア高山**

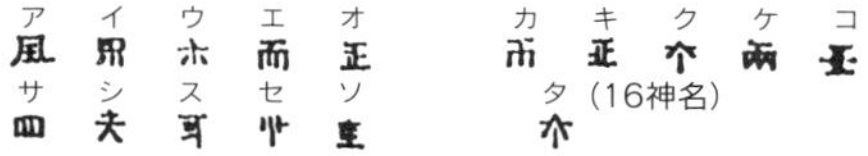

（B）**西安岐山県唐代　16羅漢の経文**

（C）**モウシェ十戒石文字　キリストの丘**
※キリストの両親及びキリストの骨を固めたもの

IV．五大文明と五大宗教の大元は全部霊の元つ国（後世日の本）にある。世界の歴史は書き換えの要切実である。

V．神様の御名が国の名前となっている。“阿夫利神社”は神奈川県小田原の先にありますが、これはアフリカへ行った神様の御名であり16人の王子のお一人なのです。

［注］解説は七八頁参照。

【「文字・世界の概念図」解説】

七六頁の図は、言霊の力・言霊のエネルギーによって、文字の型ができ上がっていったことを示しています。これは、文字の世界の成立を指し示すと同時に、私たちが生きている世界の構造をも示しています。現在、私たちは第一次元界で日々の生を営んでおりますが、文字を習練さえすれば、魂の世界、概念の世界、神々の世界へと次元上昇してゆけるのです。その意味でも、文字を習練すること（それはとりもなおさず神の活動を記すこと、神の活動をなぞり直すことなのですが）は必要であるし、大切な使命を果たすことでもあるのです。


【「文字の元は霊の本つ国にあり」解説】

世界のすべての文字が日本の神代文字に源を発していることはまぎれもない事実なのですが、このことは各時代の権力者によりたくみに隠蔽されてきました。しかし、神代文字の研究が進むにつれて、アルファベットも漢字も、日本の古代文字からでき上がったものであることが判明してきました。また、神代文字の遺風が中南米・中国・中近東など世界各地に残っていることも明らかになってきたのです。

漢字に至るまでの行程

神名《かみな》を形に表わしたものをカタカナ（象形神名）といいます。したがって、惟神《かむながら》の道そのものでもあるアイウエオ五十音は、神のみ働きを示しているのです。

殷字《いんじ》（象形神名《かたかな》）←神名《かみな》
卜字《ぼくじ》←殷字
天（篆《てん》）字←卜字
漢字＝神字《かむじ》←天（篆）字

※今の漢民族というのは、日本の王人《おうびと》（黄人《おうびと》）から分かれた黄人《きびと》のご子孫が行かれて漢族（カム族）となったわけです。だから、日本人とよく似ています。元来は一つなのです。ただ、日本は神国といいましたが、中国は神国とはいえないためカン（漢）を使ったのです。韓国のカンもそうです。

＊　文字系統図

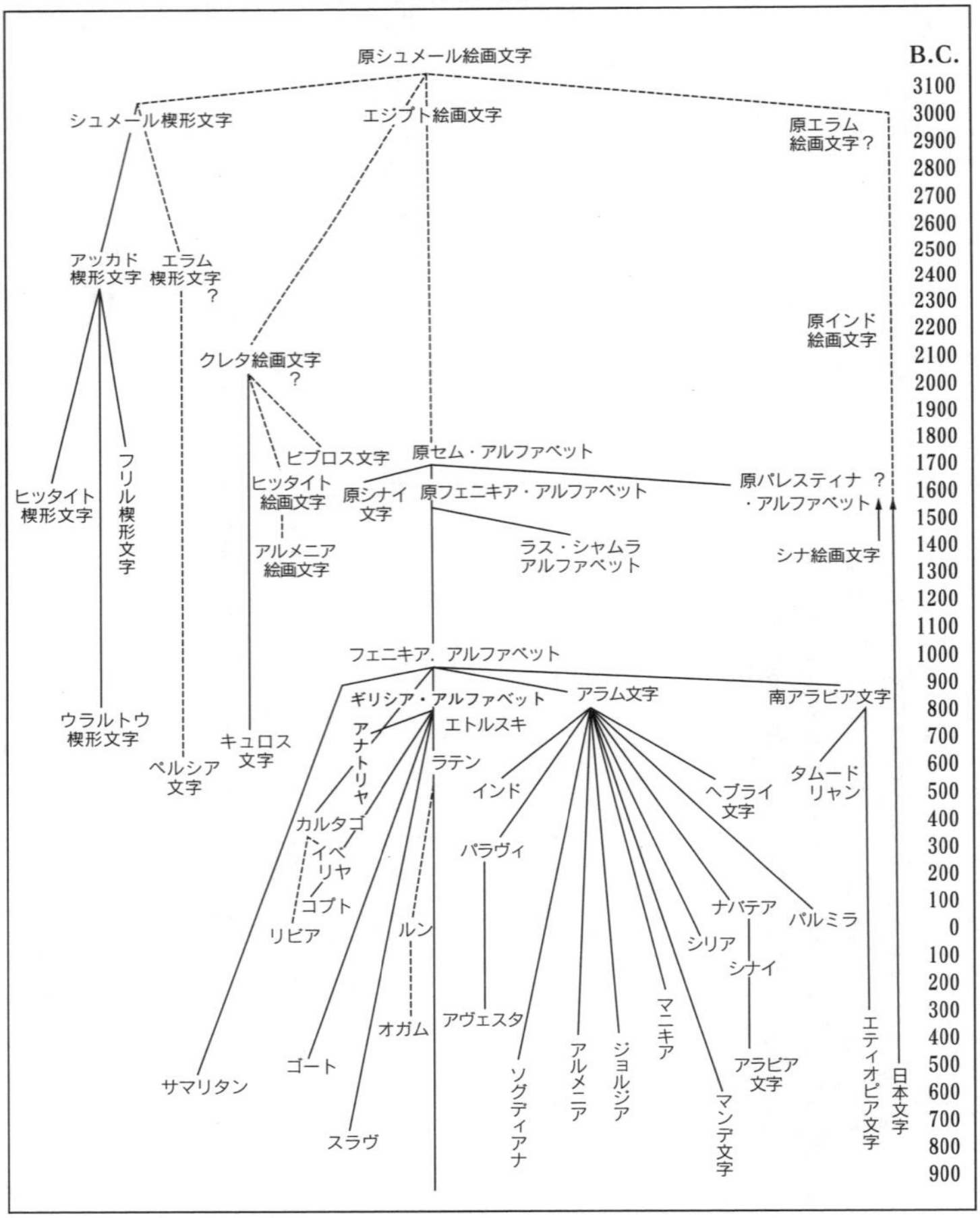

日本の文字（神代文字）が元になり、世界の全ての文字がアレンジされてでき上がっていったことを、系統的に図示したものです。

神代文字の封殺によって大切なものを失った日本人

第十五代応神天皇の十六年頃から、漢字とともに中国思想が普及しはじめました。そして、漢字を用いて公文書を書く制度（和文字を廃止）が採用されると、朝廷内の帰化人の力が強まり、彼らをバックアップしていた蘇我氏の権力が絶大になっていったのです。

このことをよしとせず、「民族精神を恢弘《かいこう》しよう」とした中大兄皇子《なかのおおえのおうじ》らによる大化の改新（紀元六四五年）によって、蘇我氏を倒すことはできましたが、肝心の中国個人主義思想を除くことはできなかったのです。

「漢心《からごころ》」に染った人たちは、優越感と特権を維持するために排外主義をとり、独尊的思想と態度をもつことが当たり前となり、のちの日本を千年もの長きにわたって、封建主義的遺制のなかにおくことになりました。

明治維新を迎え、民意尊重、四民平等などの精神が復興して、封建時代の独尊的態度は表面的には姿を消したようにみえました。ところが、特権階級意識や差別意識の悪弊《あくへい》は、官吏《かんり》や軍人などに受け継がれ、明治以降も、彼らは昔の封建的発想を当代に繰り返していったのです。そして、口では神のみ意《こころ》を地上に示す「神州」を謳いながら、世界民族親和の道である「皇道《こうどう》」とは似ても似つかぬ軍国主義を強化し、日中戦争から第二次世界大戦へと突入していったのです。

つまり、日本に敗戦と外国追従主義をもたらしたのは「皇道」ではなく、武士専横時代の封建的惰性だったのです。

日本人の多くが、もし真の「皇道」を理解し、踏み行っていたならば、古代から生き続ける「神州」は、清らかに、明るく、正しく保持されたのです。

「皇道思想」（高天原《たかあまはら》思想）とは、外国人であろうが、異種族であろうが、みな融和して、修理固成の目的に向かって協力し、それぞれの立場で自由に日常を楽しむことができる、四民平等の理念と行動をいうのです。

さらに、「倭魂《やまとだましい》」とは個々の魂が国家や民族として統合されたものをいいます。したがって、倭魂は日本国だけのものではありません。全人類、生きとし生けるものを大理想に統合してゆくみたま、大倭魂、大自然、大宇宙の心をいうのです。

第二章　文字の進化とその背景

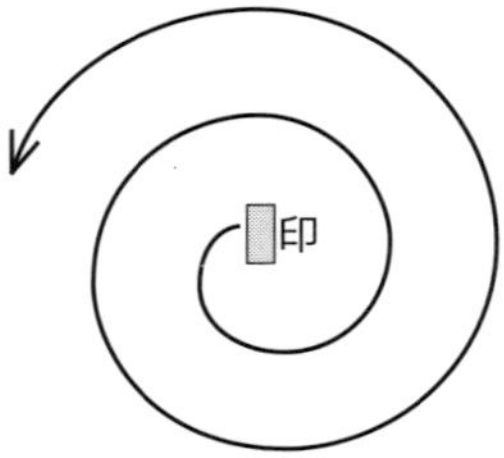

以下に掲げました書（文字）は神歌になっています。すべて、中心から左回転でお読み下さい。また、説明文は各神歌の内容を示しております。

上古第一代　天《あめ》日《ひ》豊《の》本《もと》葦《あし》牙《かび》氣《き》皇《み》主《ぬし》天皇《すめらみこと》

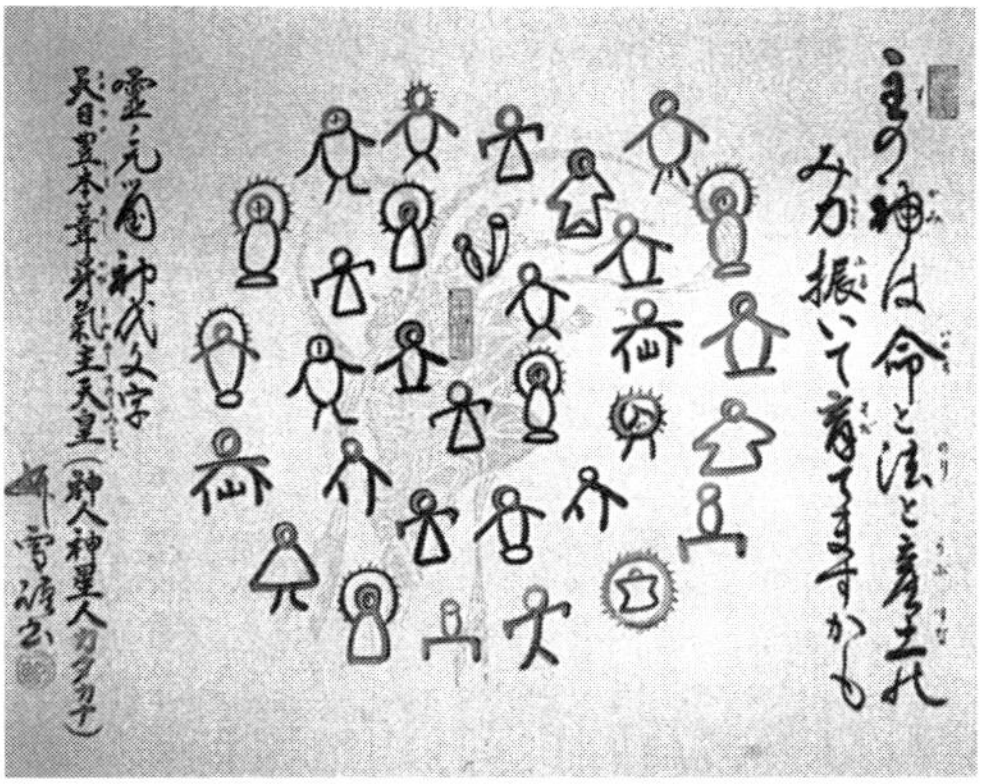

書1

主《す》の神は命《いのち》と法《のり》と産土《うぶすな》の
み力振いて育てますかも

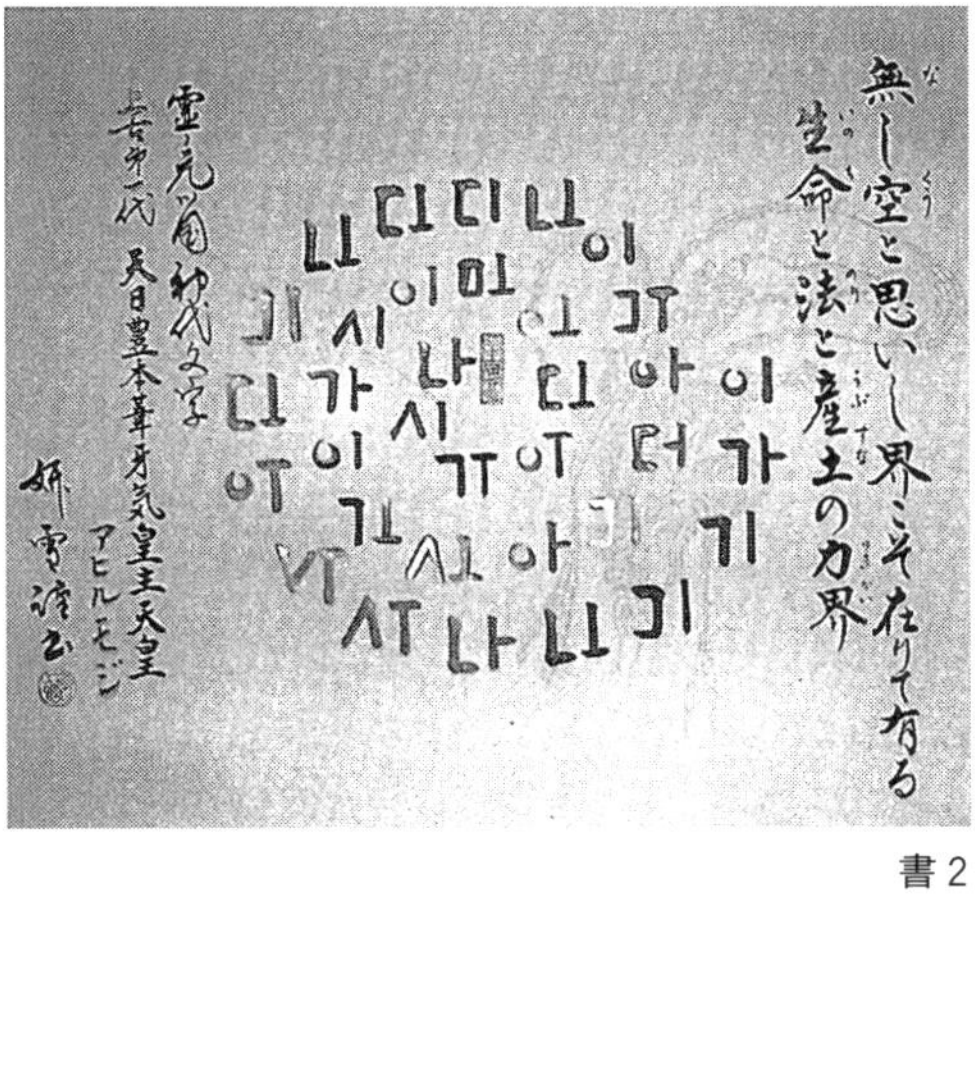

書2

無《な》し空《くう》と思いし界こそ在りて有る
生命と法と産土の力界

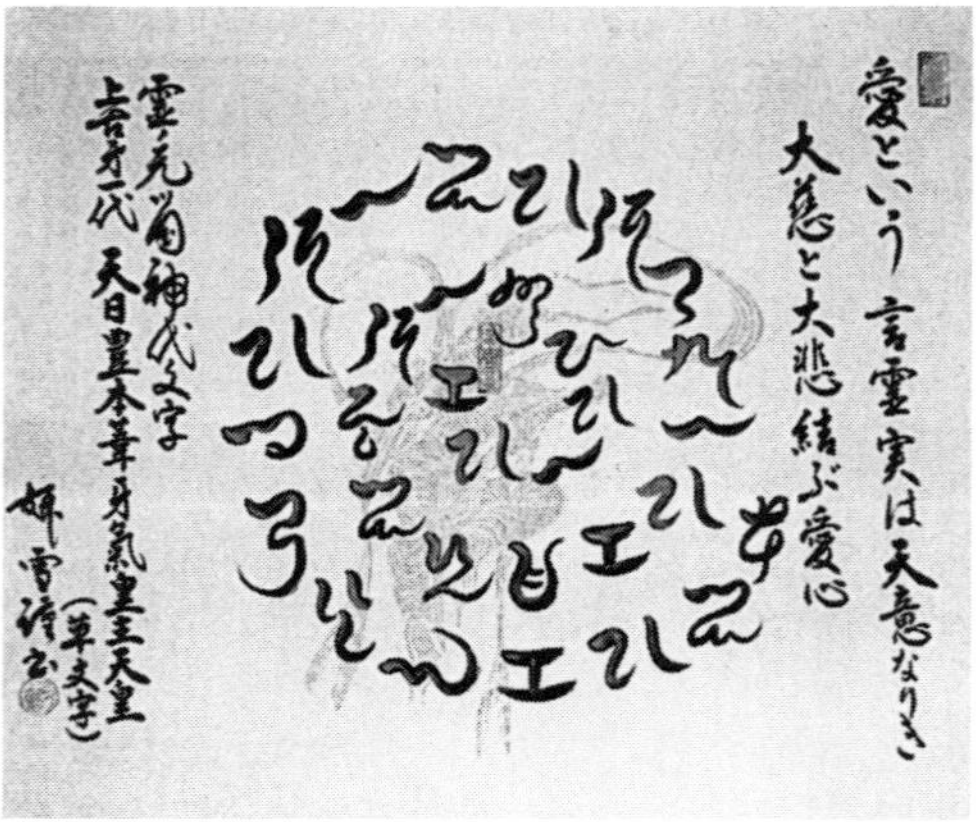

愛という言霊《ことたま》実は天意《あい》なりき
大慈と大悲結ぶ愛心

書 3

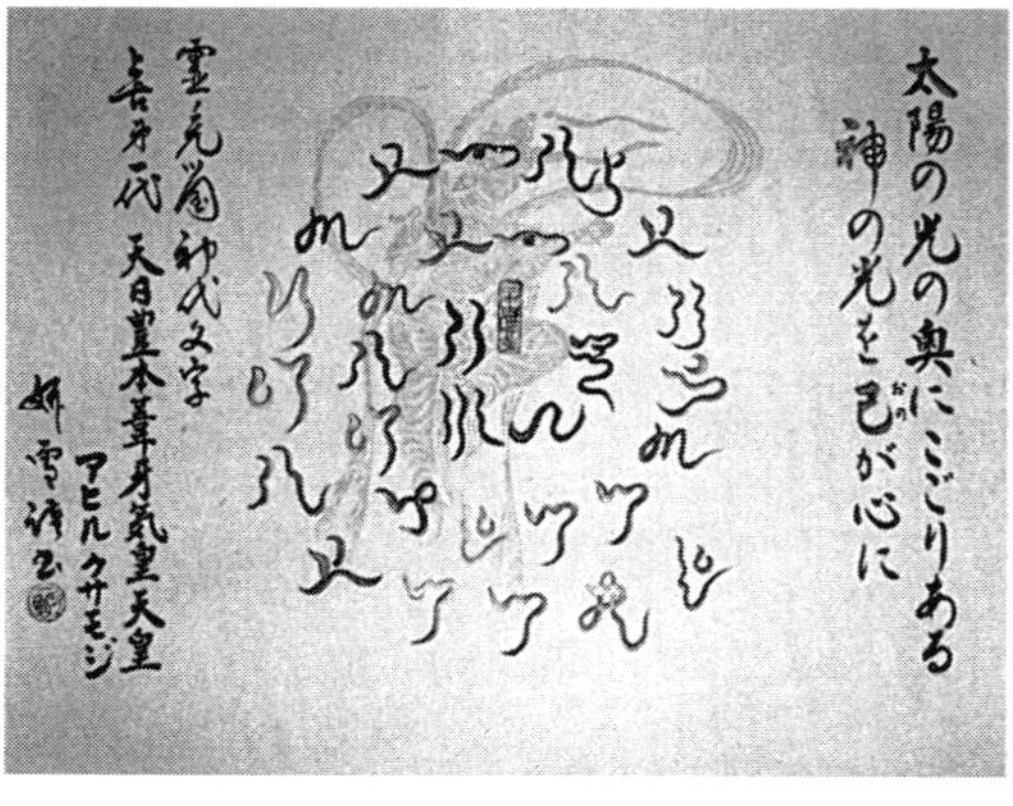

太陽の光の奥にこごりある
神の光を己《おの》が心に

書 4

時間・空間（書2「無し空」）

「時間・空間」とは何のことなのですか？

空間とは、天地《あめつち》のことで、「宇宙」のことをいいます。時間とは初発のことで、「始め」「一」「絶対唯一」のことをいいます。そこから「二」、すなわち「相対」（相対立すること。相互に関係を持っていること）が生じます。

高天原《たかあまはら》

「高天原」とよく耳にしますが？

高は「縦」「時間」のことです。天原は、「横」「空間」のことです。この縦と横、時間と空間が交わる世界を真《ま》＝天《ま》といいます。そして、時間と空間、縦と横が無限に混融する大自然の中心、すなわち「真理充満界」のことを「高天原」といいます。

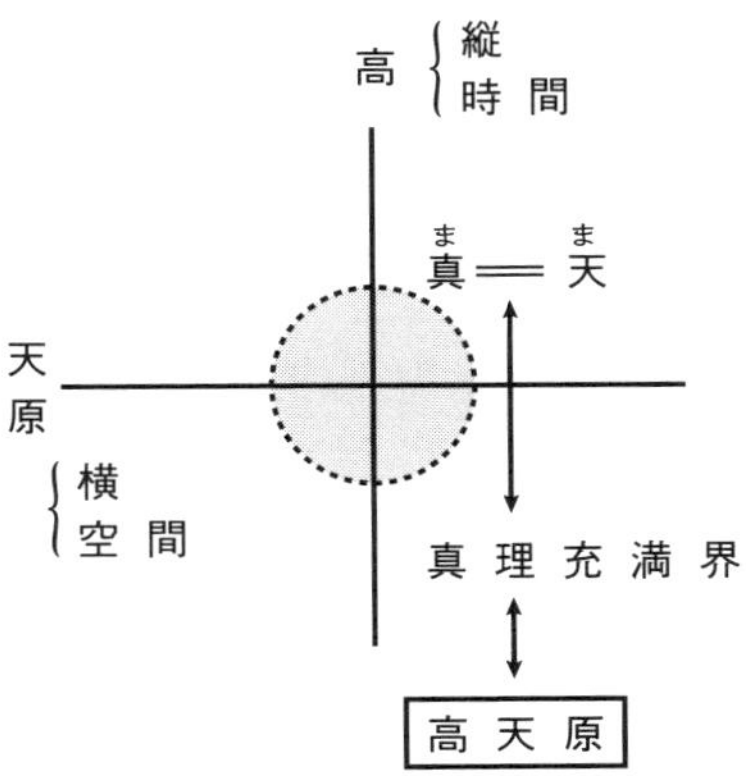

アヒルモジ

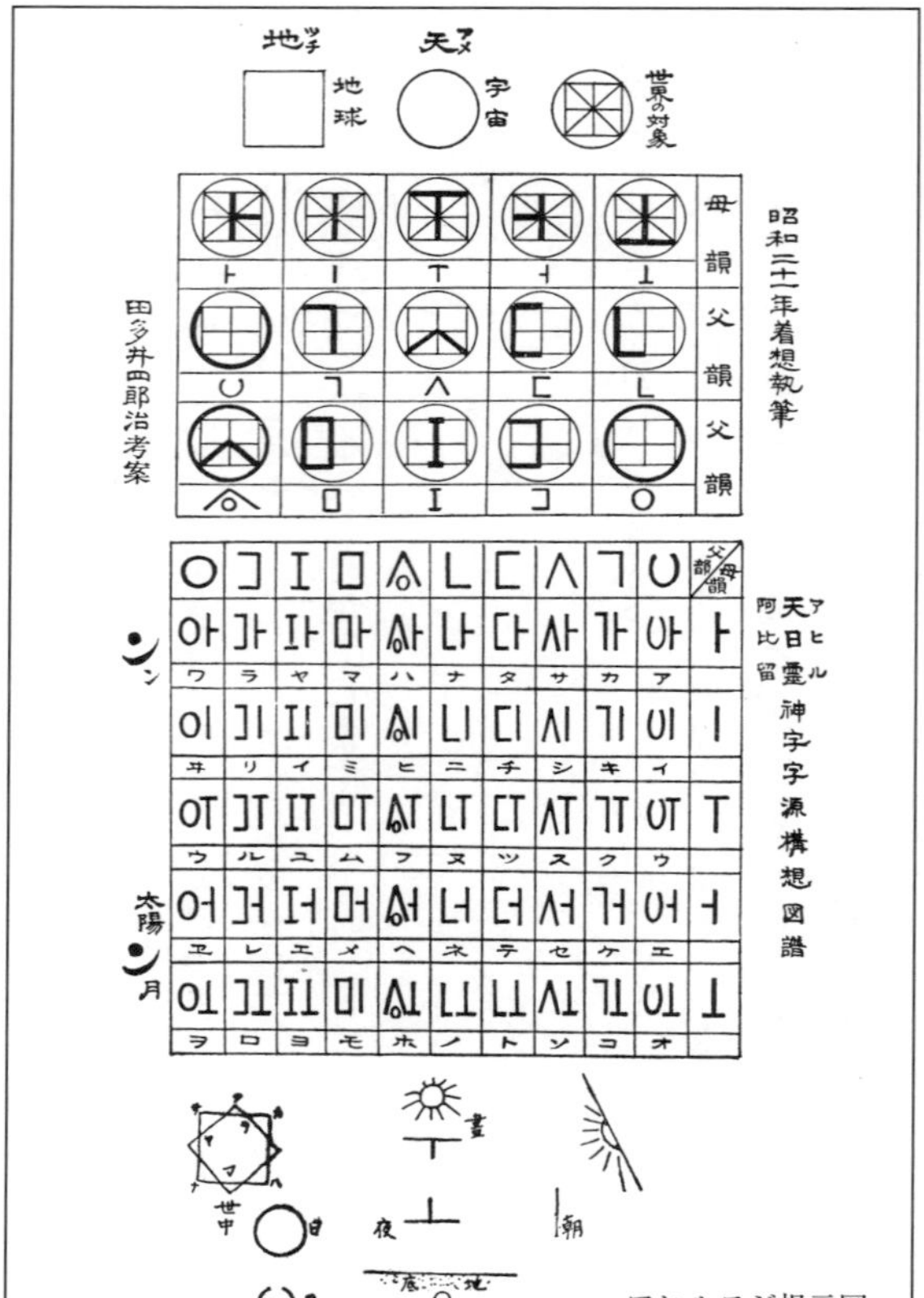

アヒルモジ根元図

アヒルモジは、草書のアヒルクサモジと真体のアヒルモジに大別されますが、戦前からの神代文字の研究家であった多田井四郎治氏は、真体のアヒルモジの成り立ちについて哲学的な考察を加え、昭和二十一年に発表しました。ここには、多田井氏がアヒルモジの根元、すなわち文字発祥のありようを構想した図を掲載しました。また、書2「無し空」がアヒルモジですので参照してみて下さい。

アヒルモジの「アヒル」とは何なのでしょうか？

アサ（朝）の「ア」、ヒル（昼）の「ヒ」、ヨル（夜）の「ル」をとって、アヒルという名称を付したといわれてます。これは、朝・昼・夜の太陽の直射光線から、その直線の姿をとって、アヒルモジの基本となる字源を作ったことによります。

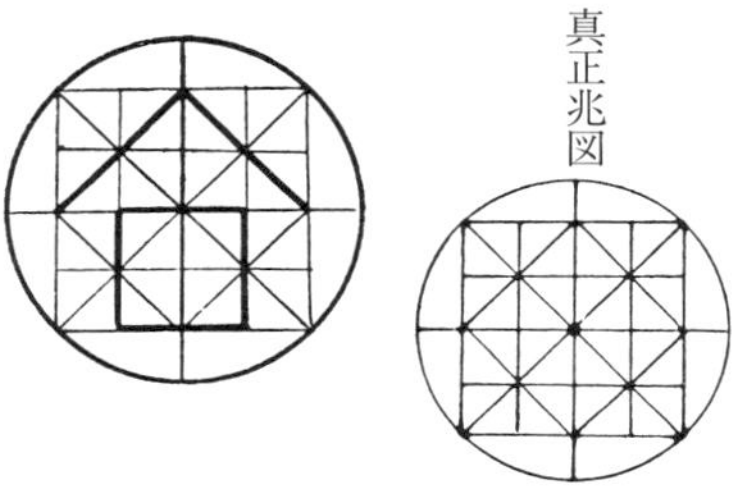

上の真正兆図から、五母音字（┬┴│┤├）と九父音字（∧合凵コ乚ㄱ工□○）を画き出しています。すなわち、外円は○と∪、四角は□であり、∧・合、┤・├、┬・┴は左のような線分の組み合わせなのです。

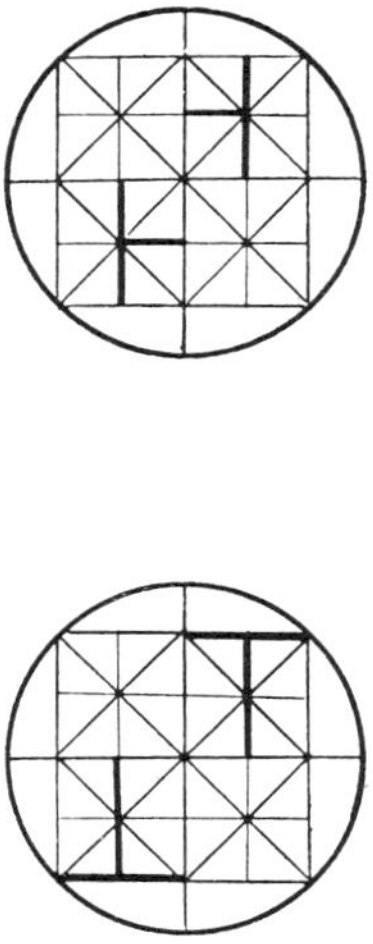

アヒルモジ組立図

アヒルモジは、天球を表す○と地球を表す□の組み合わせに、朝・昼・夜の太陽の直射光線が射し込む線をもとに字源がつくられていきました。ここには、字源と文字の組み立ての一例を掲げてみました。

天之御中主天皇、日球神の丸形より作り定められたる天日字《あひるもじ》五十一字

上古第四代天之御中主神身光天皇が、日球神の丸形(○と□の組み合わせで象徴される)から作成された天日《あひる》字（真体のアヒルモジ)五十一字。『竹内文献』所収。

主《す》（書1「主の神」）

主《しゅ》とも読みますが、主《す》とはいったい何なのでしょうか？

一切のものには中心があり、点があります。0を縮めると、一つの点「丶」になります。同じように神幽現《しんゆうげん》（神界・幽界・現界）の丸い宇宙をだんだん小さくしてゆくと、これまた「丶」となり、これを主《す》のチョンというのです。

主のチョンの意味を教えていただけますか?

要するに、万象のことごとくに中心が置かれるというのが宇宙の仕組みの一つになっているということです。

たとえば、物理学で遠心力・求心力といいますが、いくら遠心力や求心力があっても、中心がないとそれらの力は働かないということです。

あらゆるものに中心や重心があります。この中心や重心を持つと、物はうまく支えることができるのです。

主の本質は何なのでしょうか?

主神《すしん》です。宇宙の最高神であります「統一の神」をいいます。神幽現の各界にもそれぞれ中心があり、これを「スの霊統」といっているのです。

天皇

天皇《てんのう》のことを「スメラミコト」と呼びますが、どうしてなのですか?

神代から「スメラミコト」という言霊がありました。しかし、いつの時代かは不明ですが、それに天皇と当て字してしまったのです。だから、スメラミコトと天皇とは違います。

すると「スメラミコト」とはいったい何なのでしょう？

神は、天地創造にひきつづいて人類を造られました。その人類を統治するというより、教化する主導者がスメラミコトだったのです。

肉体を持った人類に神がいろいろと教えてゆく時代、それが「神政政治」という神が直接政治を行なった時代だったのです。政《まつり》ごと、すなわち祭政一致の本源は実はこれで、今の政治とは全く異質ですから、区別して考えないと誤解を招きます。

ですから、スメラミコトは、日本の天皇《てんのう》ではなく、世界五色人類のスメラミコトなのです。

「スメラミコト」に天皇《てんのう》と当て字すると、どう意味が違ってしまうのでしょうか？

日本の場合、あくまでスメラミコトであって、「天皇」と書くと支那の王となってしまいます。

「皇」という字の元は、ヒヒイロカネ（古代の物質、天然に産する鉱物）でできたハダマ（△）＝白を持っている王を表しています。それで「白王」と書いてあるわけです。

万国地図（1）

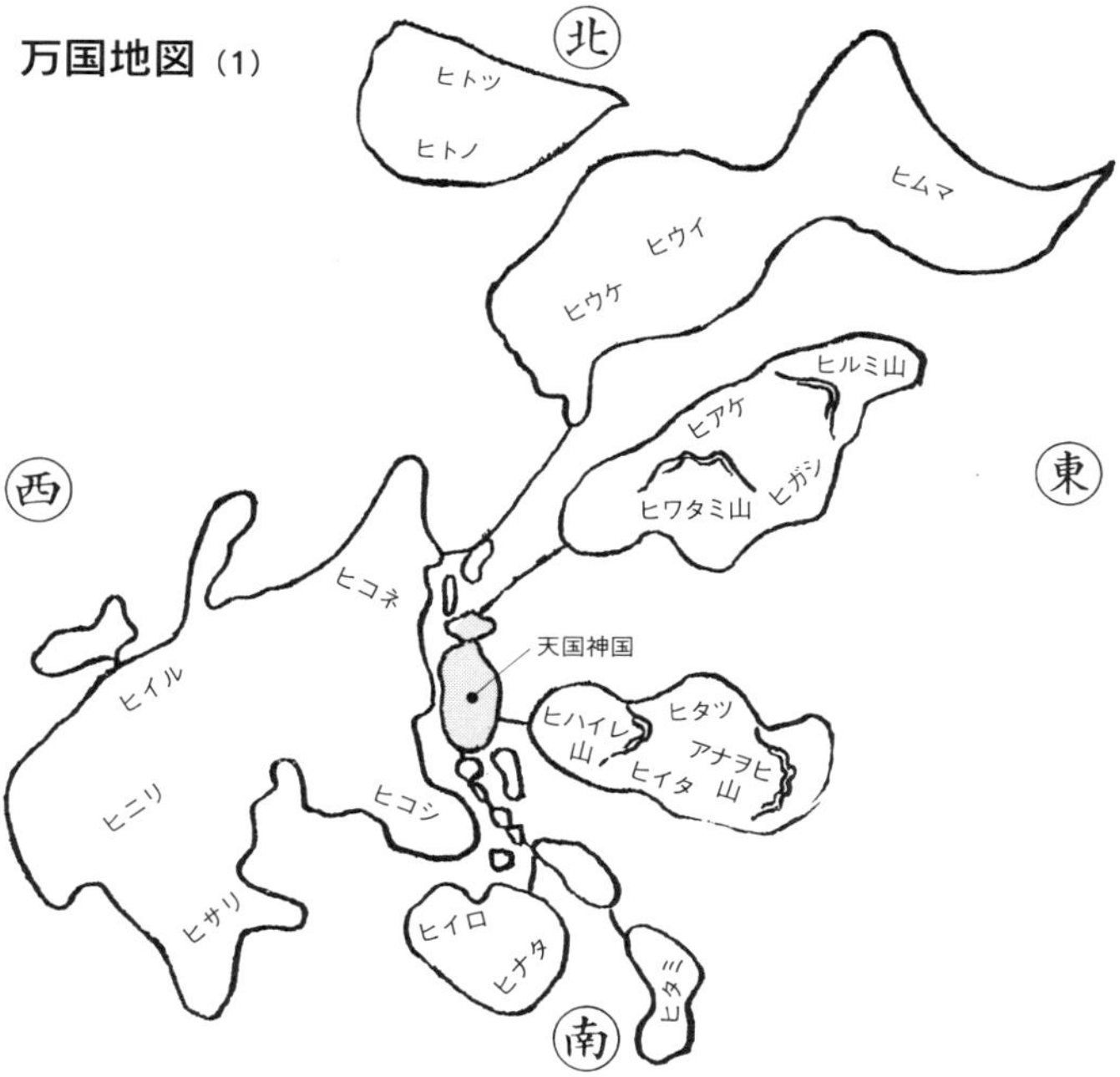

上古第一代一世天日豊本葦牙氣皇主身光大神天皇御作成の万国地図。『竹内文献』所収。地名に「ヒ」が冠されているのは、太陽光をもとに名付けられたものと考えられます。以後、「天地カエラク」（天地の大変動）を繰り返して、今日の地球はできあがりました。以下、随所に掲げます「万国地図」により、地球の大変動ぶりを確認して下さい。

上古第二代　造化《つくりぬし》氣《き》万《よろず》男《お》天皇《すめらみこと》

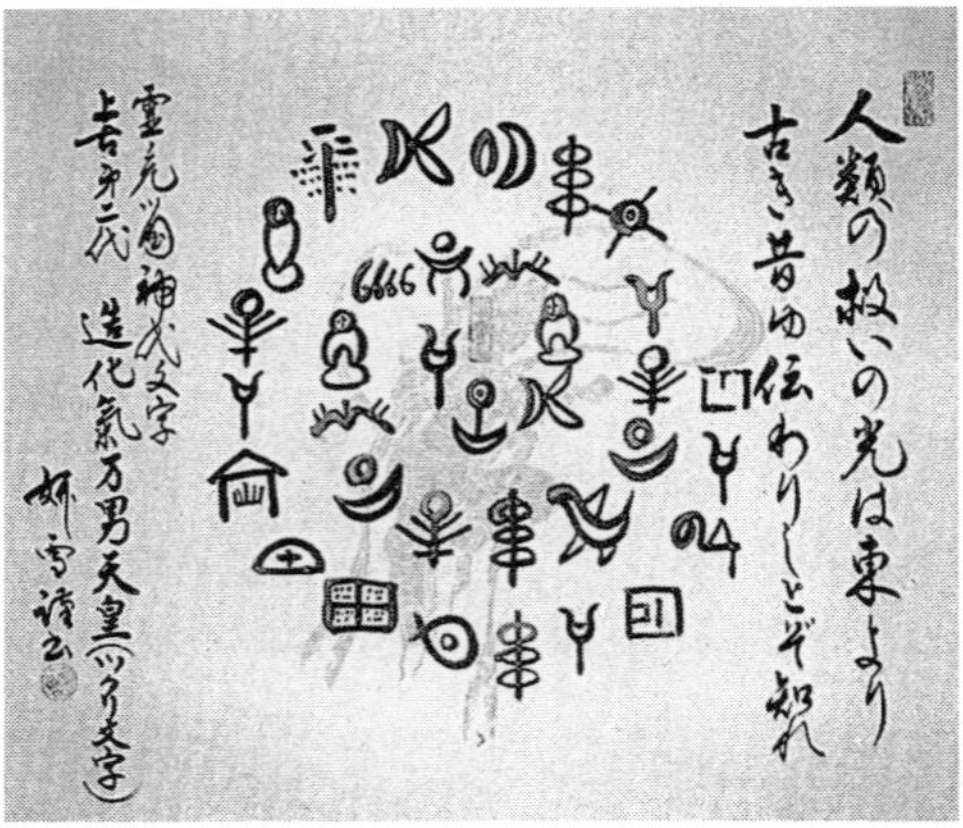

書5

人類の救いの光は東より
古き昔ゆ伝わりしとぞ知れ

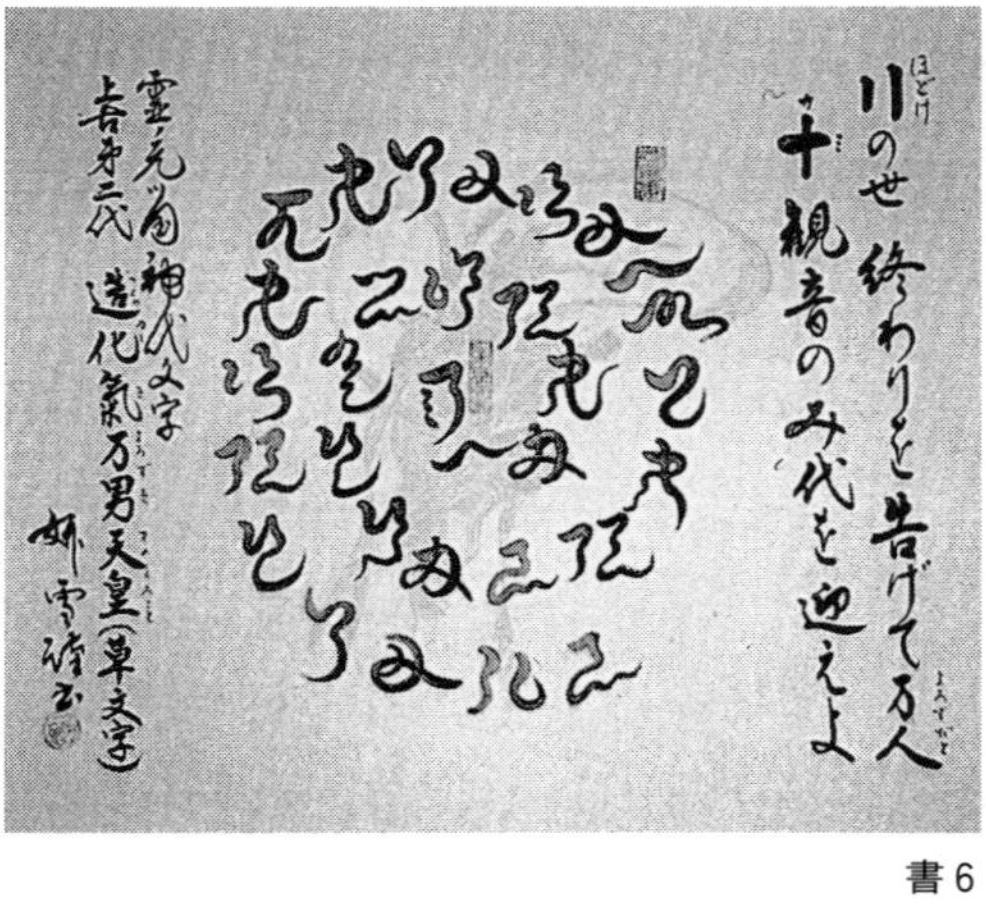

書6

リ《ほとけ》の世終わりを告げて万人《よろずびと》
十《カミ》観音のみ代を迎えよ

宇宙剖判《ほうはん》、天地《あめつち》剖判の天地創造期を終えられた主《す》の大神様は、次に人の霊成型《ひながた》を物質化し、五色人《いろびと》をお創りになっています。※

そしてこの時代に、世界に分布した五色人を統一強化するみ役として、スメラミコトの皇《おう》子《じ》様を全世界に派遣されていらっしゃいます。

たとえば、二十一番目の皇子はバンコシナという皇子様で、この方が支那方面に行かれ、盤古《ばんこ》系のはじまりになったのです。

二十二番目の皇子であるテンジクコクジン民王はインド方面、黒人民王はアフリカ・南米・インドに相当するテンジク方面、ヨイロパ赤人女祖《あかひとめそ》はメソポタミヤ（メソは女の祖、タミヤは民の国）に派遣されています。

ヨイロパ赤人女祖のご子孫に、アダムイブ民王という皇子様がいらっしゃいます。『聖書』に出ているアダムとイブというのは、この皇子様になぞらえてつくられた物語であろうと思われます。

そのアダムイブ民王のご子孫に当たるのが、モウシェやイエス・キリストなのです。

※この時期にイロハができました。各国に派遣された皇子は、神代文字で上代の神名を彫り付けて持って行ったのです。つまり、各国に神代文字が伝播していった時期でもあるのです。

いろは

「いろは」には何か意味があるのでしょうか?

上古第二代造化《つくりぬし》氣《き》万《よろず》男《お》天皇《すめらみこと》の時代の作で、天皇と皇女が旅先で惜別の意を込めて詠じたものといわれています。

文字の型《かたち》は、はじめは豊国文字でした。後の不合《ふきあえず》朝第六十四代豊《とよ》日《ひ》豊足彦《とよたるひこ》天皇《すめらみこと》が作成されたヒカラ文字から、「イロハ」をひらがな文字としたのです。

さらに、「いろは」には、ひらがなの沓冠《くつかむり》に秘められた暗号があるのです。「いろは四十八文字」には、「イチヨラのヤハエについて知らなければ世界のことは何も解けません」という謎が秘められています。

これは天地創造の時、物質界の創造にあたられました元の神様である天津《あまつ》御祖《みおや》（ス神）がわからなければ、「いろは四十八文字」の意味は解らないということの謎かけです。「イチヨラ」とは一つしかないという意味です。

いろはにほへと
ちりぬるを
わかよたれそ
つねならむ
うゐのおくやま
けふこえて
あさきゆめみし
ゑひもせず

色は匂へど
散りぬるを
和が世誰ぞ
常ならむ
有為の奥山
今日越えて
浅き夢見し
酔ひもせず

イ｜ろはにほへ｜ト
チ｜りぬるをわ｜カ
ヨ｜たれそつね｜ナ
ラ｜むうゐのお｜ク
ヤ｜まけふこえ｜テ
ア｜さきゆめみ｜シ
ヱ｜ひもせ｜ス

日本語の根幹をなす「いろは」には多くの秘密がこめられています。上段は普通の形に並べたいろは四十八文字ですが、下段のように並べ替えますと、「イチヨラのヤハエはトカなくてシす」というメッセージが表われてきます。「トカなくてシす」は「解か無くて死す」でして、「イチヨラ」は「唯一の」の意であり、ヤハエは祖神様（ス神）のことです。つまり、唯一の神様の御経綸が解《わ》からなければ人類は滅亡する、という重大な予言がそっと隠されているのです。

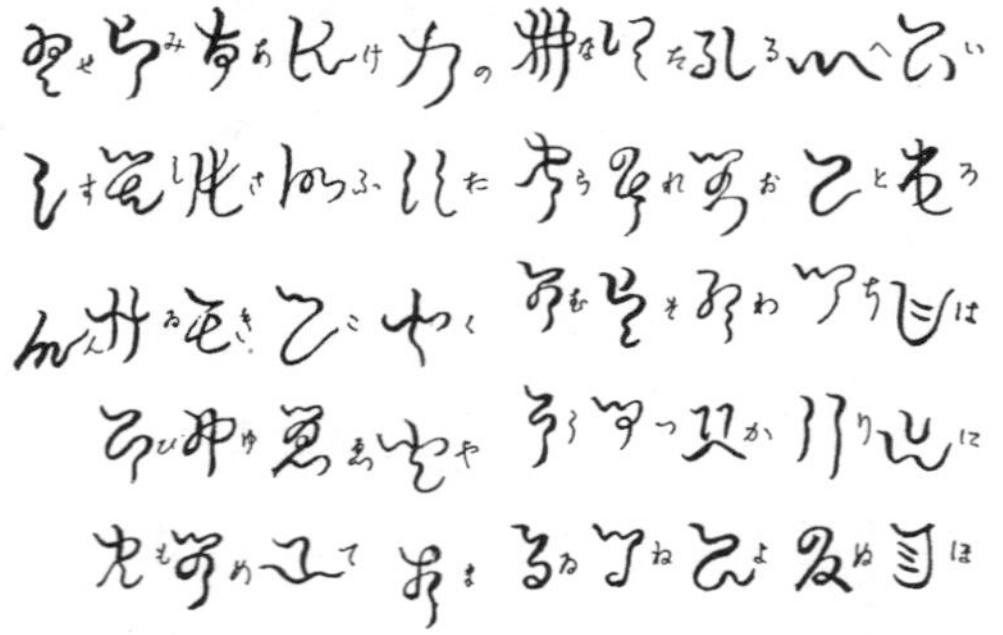

いろは仮名の根本字

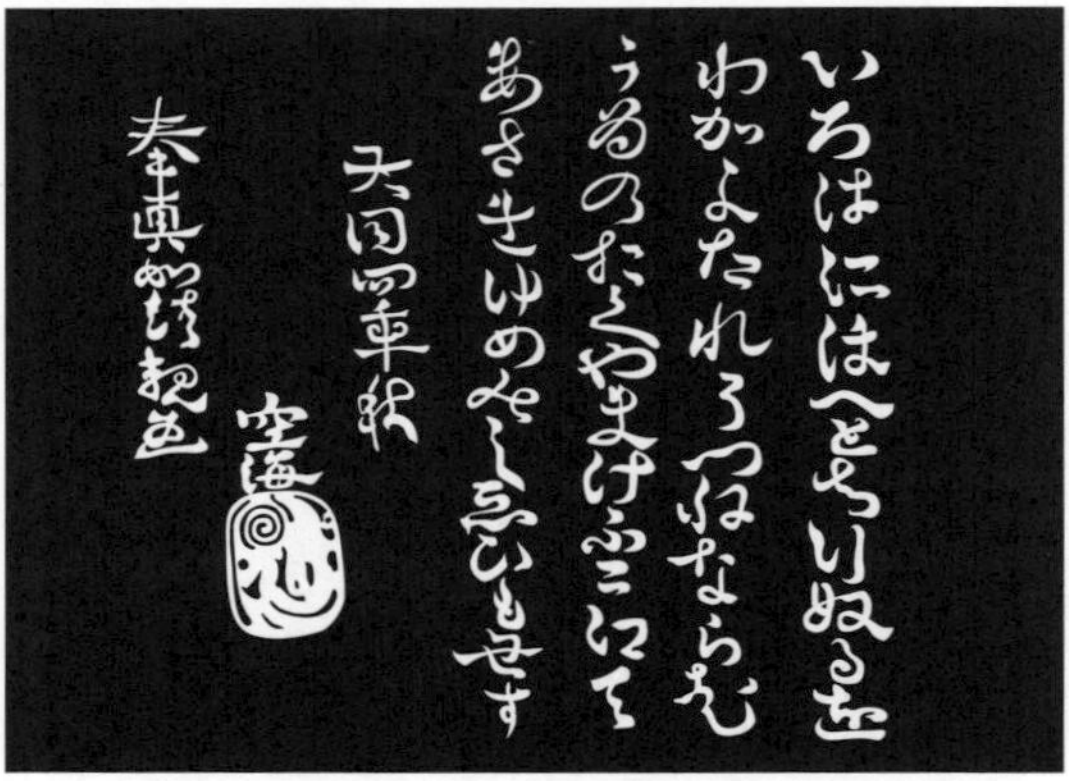

上図はいろは仮名の根元である草体のアヒルモジの一種です。空海がこの文字にもとづいて、現在のいろは文字を作成したといわれています。空海真筆のいろは文字も掲げておきましたので比較してみて下さい。（下図）

トヨクニモジ（古体象字）

トヨクニモジの五十音表。これらはともに、文字ではなく文様である、異体漢字であるなどといわれてきましたが、日本各地の遺跡からアヒルモジやトヨクニモジで書かれた遺物が多く出土しているのですから、文字であったことは否定できません。

菊の御紋章

菊の御紋章といえば天皇を思い出しますが、なぜ菊なのですか？

上古第二代造化《つくりぬし》氣《き》万《よろず》男《お》天《すめらみこと》　皇の時、十五人の皇子、および一人の皇女を万国（世界）におつかわしになりました。この十六人を十六方位と定められ、日本を中心として十六放射の形に定められたのが、十六綺形の紋章です。これが天皇の紋章のはじまりです。

しかし、不合《ふきあえず》朝第一代武鵜草葺不合《たけうがやふきあわせず》天皇の御代、天皇ご自身がこの綺形紋章に菊花の弁十六枚を並べられ、それを十六菊花紋章として、天皇の紋章と定められたのです。

万国棟梁の天皇の定紋

菊花紋章の由来

上古第二代造化氣万男身光天皇の時、地球全部を十六方位に別けられ、これを規形となしたるものを、天下ただ一人天皇の紋章と定められたのであるが、不合第一代天皇の御代、天皇自身、この綺形に菊花の弁十六を並べられ、十六菊花の紋章を、天皇の紋章と定められたのが、現在の菊の紋章である。

十六綺形紋章の由来

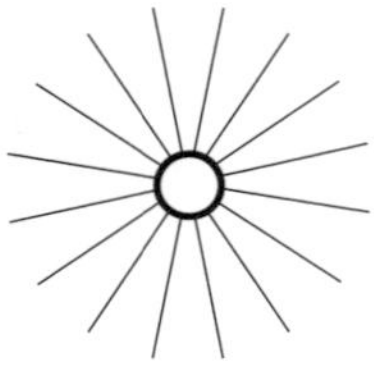

上古第二代天皇の時、十五人の皇子、及び一人の皇女を万国（世界）にお遣わしになり、此の十六人を十六方位と定められ、日本を中心として十六放射の形を作って定められたのが、十六綺形の紋章であり、これが天皇の紋と定められた始めである。

※十六放射＝光の放射体を指す。

上古第二代一世造化氣万男身光天皇の十五人の皇子と一人の皇女にちなんで考案された十六綺形紋章と、それがさらに意匠化された十六菊花紋章を対比させながら掲げてみました。菊花紋章に表われている意匠は、中心の○（太陽の国、霊の元つ国）から文明・言霊・文字が発祥し、周辺の諸外国に出て、また元に帰ってくるということを象徴したものと考えられます。つまり、元は一つのところから発しているということを、紋章という形をとりながら、「型」として示したのでしょう。それが花弁のように見えているのです。

上古第二代天皇の十六名の御子

上古才二代

造化《つくりぬし》氣《き》万《よろず》男《お》身《み》光天皇《ひかりすめらみこと》（天日豊本葦牙氣皇主大神の子）

造化氣万美《み》身光皇后（天御光太陰貴王神娘）

天皇即位六億八千六百六十万八千六百二十一歳目に弟妹《をとめ》五色人を産む。

弟妹の住居る所を、弟妹の名を国名に名付るを父《とと》天皇詔す。

磐城の国より支国《えだくに》にゆく。

御子　磐支那弟清王民

直隷《すくつり》に行く事を申付け、着いた所を直隷国といい、居る所を天津という。

御子　天竺万山黒人民王（略）釈迦如来生まる

天日越根国より天竺国をインダウと云ひ、又名天竺と云う。

御子　インドチユウラシヤ黒人民王

民王の名を国名に名付けることを定む。

御子　ヨイロバアダムイブヒ赤人女祖《めそ》氏

人名を地名に名付けて伝ふ。

御子　ヲストラリ二日ニニンユイタム赤人祖氏

御子　オストリオセアラント赤人民主

御子　アジアシヤムバンコクムス白人祖民王

御子　アシアアンナムノパノイ青人民王

御子　アフリエジフト赤人民王

御子　ヨハネスブルク青人民王

御子　ヒナタエビロスイソム赤人祖民王

御子　ヒナタエビロスアルヘナ黄人祖民王

御子　ヒウケエビロスヒロコネ黄人祖民王

御子　ヒウケエビロスボストン赤人民主

御子　ヒウケエヒスカスケムコ赤人民王

御子　アフリアビシアムス赤人民王

造化氣万男神天皇即位二百二十億千百歳に、万国主に皇子たちの名を国名に付けることを詔して定む。

天皇の御代に、天下とこよ国全部土の海となる事八十四度カヒラクシ、後に造化氣万男神天皇、即位三百二十一億千万歳に六州名に、皇子名を名付けることを定む。

天支国の五色人の住みおりし所を国名に定む。

天日球神国に神避坐《かみさりませ》る所、越根中国の父の山より、造化氣万男神天皇即位三百五十億万歳ミナツツキ籠三日に、神避坐る所を、トトノヤマと名付る始めなり。

造化氣万美神皇后、越根中国イモカカミネヤマより、ハヤレツキ立一日に神避坐る所を、イモカカノシラミネと始めて名付る。寸尺を造り定む。

上古第二代一世造化氣万男身光天皇の十五人の皇子と一人の皇女の御名と派遣先。派遣先は、近くは中国・インド、遠くはヨーロッパ・アフリカにまで及んでいます。皇子・皇女たちは十六の光（色）として示され、各国で統治者として活躍しました。現在用いられている名称とは違っているところもあります。『竹内文献』所収。

天地《あめつち》

天地《あめつち》とは天と地のことでしょうか？

現界の天と地をいっているのではありません。霊界と物質界を指しています。

天《あめ》とは「霊界《ひ》」のことをいい、地《つち》とは「つつんで沈んでいる界」のことをいっているのです。

観音

観音様はどんな神様なのでしょうか？

インドでは、観音のことを光の神といいます。ヘブライ語でも、「神」のことを「ノン」といいます。「観音」＝「カムノン」は神様のことであり、とくに釈尊が信じた「光神」のことなのです。

また、釈尊はホトケというものを造っていません。「観音是説」で、神様のことしか説いていないのです。仏《ほとけ》を造ったのは、支那の坊さんたちなのです。

光は東方より（書5「人類の」）

日本を「東方の国」といいますが、「光は東方より」も日本のことですか？

そうです。「大乗《だいじょう》の機根《きこん》、東方の国にあり」は、達磨大師《だるまだいし》が、その師であり養父である般若多羅《はんにゃたら》からの遺言として聞いた言葉です。「汝《なんじ》は必ずその国に往き、大乗の機根を学び取るように。そして、これが私の遺言であるとともに奥義でもある」というものでした。この「東方」や「東方の国」とは、「日本」を指していたのです。

日本を「日出づる国」とも言いますが？

日本を「ミズホ」（瑞穂）の国ともいったのですが、ヘブライ語では日本を「ミズラホ」（東方の国、日出づる国）といってきました。ミズラホという語が「日出づる国」という意味をもっていたため、日本を指して使われたといわれています。

パレスチナにあるエルサレムの東の門（開かずの扉）には、「ミズラホの国より白馬に跨《また》がったメシア来《きた》り、この門を開き、吾らを救う」という伝承が残されています。それを裏付けるかのように日本の神社には、昔から必ず白馬が祀《まつ》ってあります。

ですから、イスラエル系の天皇が都を開かれると、日本の国を「ヤマトの国」といわず、「ミズラホの国」といったのです。イスラエルばかりでなく、アメリカをはじめ他の国々にしても、ほとんどの国が日本のことを「東の国」といっていることが文献からも知られています。

なぜ東が日本なのでしょうか？

『聖書』に「西の門・西のエホバ」、「東の門・東のエホバ」とありますが、これは方位を示しているのではありません。「日出づる国」「光は東方より」というのも、太陽が出る所を指しているのではなく「日の神」が出られる所という意味があるのです。

聖観音と観世音菩薩の違い（書6「リの世」）

聖観音とは、天地創造の時に中心的役割を演じられた、いわゆる主の神様の「体」の面のみ働きを指しています。『聖書』ではヤハエといっておりますが、実は国万造主《くによろずつくりぬし》大神様の諡《おくりな》として称え祀《まつ》ったものです。

観世音菩薩とは、アポロギータシュバラ（Avalokiteśvara）が基となっています。カンゼオンボサッタの意で、この「ボサッタ」というのは「ボデイサトヴァ」（Bodhisattva）が略されたものです。「ボ」は「炎」のこと、「炎から出て去った場所」、すなわち神から「ホドケ」て仏界の内院（最上院）に来ている方という意味になります。

なお、鳩摩羅什《くまらじゅう》が漢訳したときに、「菩提薩埵《ボダイサトヴァ》」（略して菩薩）と当て字をしてしまいました。これは、ただ音が似ているだけで何の意味もないのです。

観音様には二種類あります。

1　大天津《あまつ》神様のご神格をもっておられる観音様。

2　観音のご霊統の人体神。歴史上の高貴な人で、亡くなられて神界なり仏界なりにお帰りになったときの諡の観音。

※こういったことがわからないまま、お寺で観音様をいいかげんに祀っておりますと、神の戒告や仏の戒告を避けることができなくなってしまいます。あらゆるものの乱れの原因について深く考えてみなければなりません。

万国地図（2）

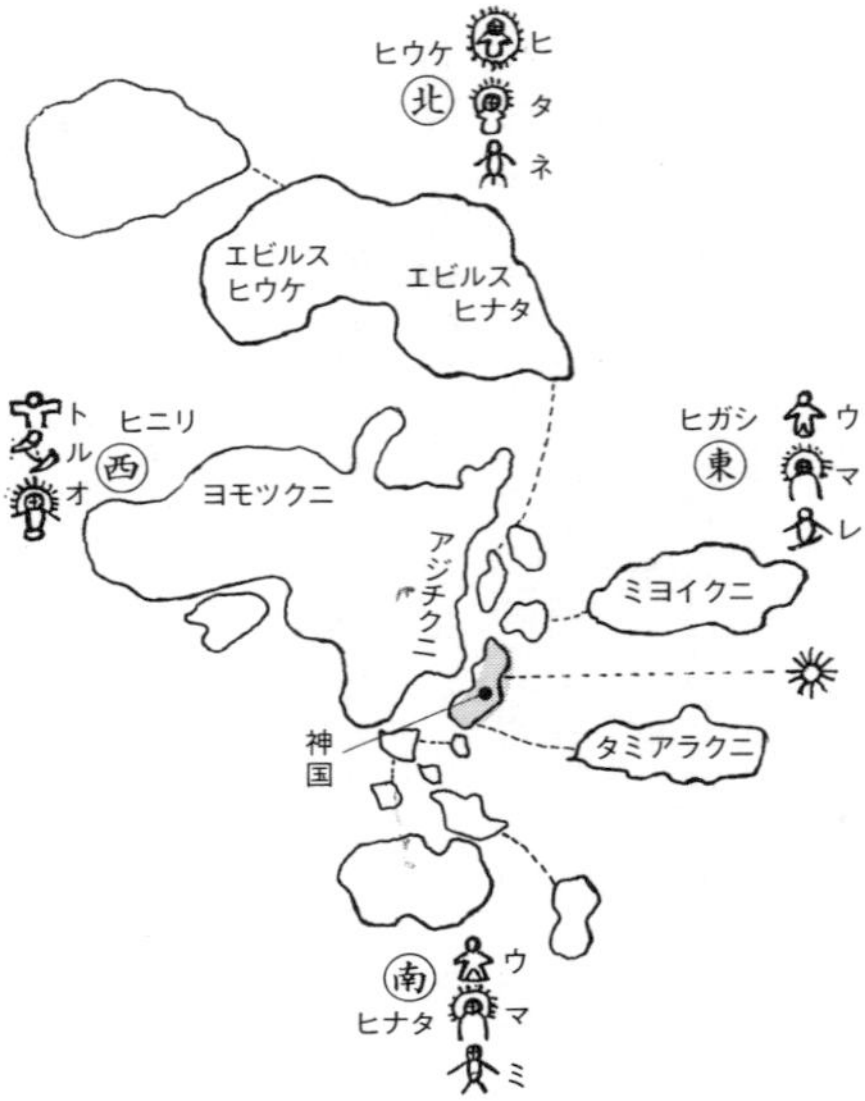

上古第二代一世造化氣万男身光天皇御作成の万国地図二枚。左下が「天地カエラク」前の地図。右上が「天地カエラク」後の地図。天地大変動の痕跡が確認できます。このように大きな「天地カエラク」は七回あったと伝えられています。『竹内文献』所収。

上古第三代　天日豊本黄人皇主天皇《あめひのもとひのひのきみぬしすめらみこと》

この時代、地球は大変動を起こし、泥の海となって、万国と万物がことごとく壊滅し、人類と生物も死滅しています。その時、天皇は三百九十七名の皇子・皇族を天の浮き船に乗せ、「火（日）玉の国」に避難していらっしゃいます。

古神道＝惟神《かんながら》の霊智《みち》

古神道とは宗教なのでしょうか？
天地創造の原理で、「霊・幽・現」「神・幽・現」三界の連動の法則を説いたもので

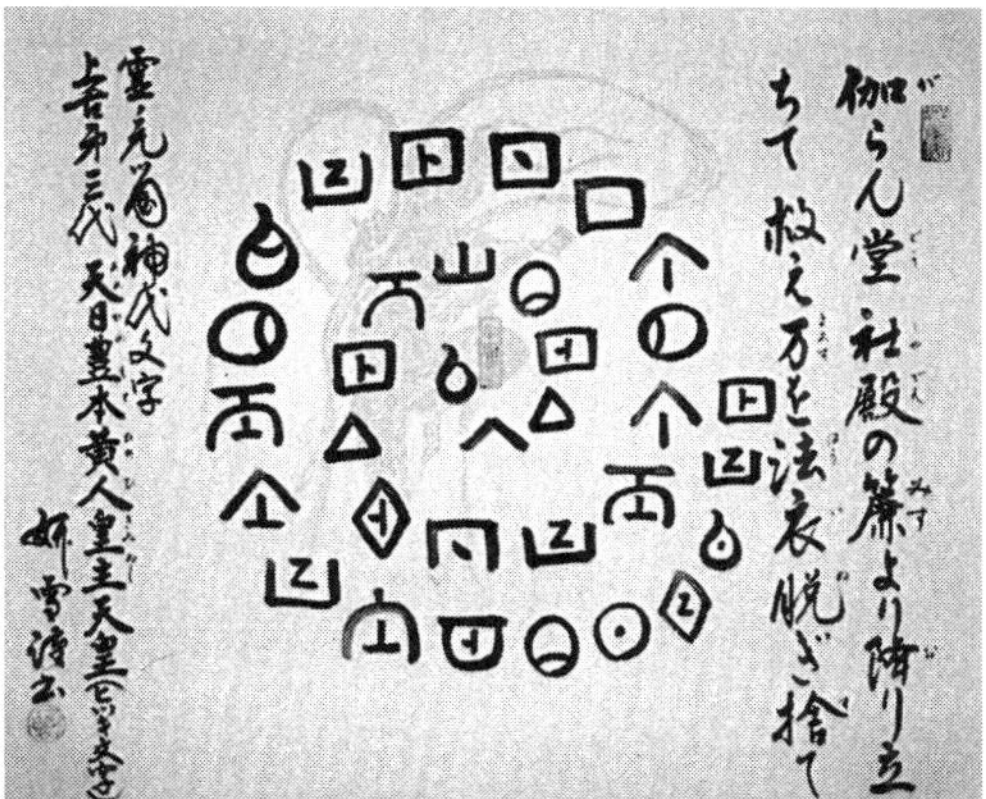

伽《が》らん堂《どう》社殿の簾《みす》より降り立ちて救え万《よろず》を法衣《ほうい》脱《ぬ》ぎ捨《す》て

書7

す。そして、その根源は「無の世界」「霊《ひ》の世界」にあります。これは、ヒマラヤの釈尊の説法と同じです。したがって宗教ではありません。

連動の法則って何なのでしょうか?

「神・幽・現」という三界は、太陽の光の波動（氣《き》）と連動し、お互いに重なって境界は暈《ぼ》けています。

私たちの霊体・幽体・肉体も波動で連動していて、それらは相即相入になっています。つまり、境界や立て別けはないのです。ですから、神界との交流がはじまると、次に幽界との交流がはじまってくるのです。

古神道と神道とは違うのですか?

世の多くの人は、神道をもって「古道」だとして、今の進んだ世界では通用しないとしています。しかし、「古道」とは、何も古いとか新しいとかの意味ではありません。古道とは、「神道」を中心とした天道とか大道とか、あるいは誠の道とでもいうべきものなのです。つまり、「誠」を神とし、「誠」を人とする人の道なのです。特定の個人の教えでも、宗教でもありません。

ですから、神道は世のいわゆる「神がかり」では決してありません。それは、深遠な大自然の摂理と人間実存の道なのです。

「自然を神として祖先を敬い、人間の誠心を神とする道」は、古代人だけのものなのでしょうか。今も、私たちの日常生活と実践のなかに生きているはずです。つまり、神とは「尊ぶ心の表われ」であり、「限りない感謝への表れ」であるのです。

神道は日本以外の国では評価が高いと聞きますが？

そう、外国では神道の評価が高いのです。戦後の日本人にとって、最も残念なことは、神道を理解する人が少ないということです。

メーソンも、

元来、日本人は直観と自覚にかけては、世界の天才といわれているのに、神道については理解が薄く、また神道（まごころの道）を表現しようとしない。

もし日本人が神道に目ざめるならば、世のあらゆる思想や文明をも正しく指導することができるのである。世界の有名な思想家や歴史学者は、日本の神道を高く評価している。

世界の精神界と文化を指導するものは、日本の神道をおいて他にない。

といっています。

日本が外国からあらゆる異種の文化や宗教を取り入れたにもかかわらず、自国の精神的特質と文化的個性を保ったままでいられるのは、神道に内在する「むすび」の作用によるものなのです。

実際、仏教も儒教も、我が国では神道に基づいて日本的なものに純化止揚され、ようやく本然の真価を発揮することができるようになったのです。

欧米の思想や文明も、それが多種異質とはいえ、神道によって溶《と》かされた時、はじめて精彩を放つのです。

空即是色《くうそくぜしき》

「空即是色」の本来の意味について教えていただけますか?

これは、天地剖判《あめつちほうはん》の実相、霊界・物質界の仕組みのことであり、現代の原子核物理学にも通底しています。

霊「０」の世界から、無《む》→有《う》というダイナミックな展開で物質化・現象化してくる万物の生成化育のありさまと、そのパーの原理を解（説）いたもので、釈尊が日本の古神道から学んだものです。

神主《かんぬし》（書7「伽らん堂」）

神主とは神社を守っている人のことをいうのですか？

天地創造神（神代《かみよ》七代の神。『聖書』では七代を七日にして「創世記」に記されています）を、天祖・人祖・皇祖としてご祭祀《さいし》あそばされ、自ら天職役《あままつりやく》と称されたのが本当の神主のはじまりでした。

したがって、何千万年もの間、歴代の天皇は天祖・人祖・皇祖をご祭祀《さいし》されていたのです。ところが、丹波の元伊勢から今の伊勢神宮の本宮が移された時以来、どうしたわけか、皇祖だけを天皇が直接ご祭祀《さいし》するようになってしまいました。天祖と五色人《いろびと》の人祖は祭祀から姿を消し、皇祖といっても、何百万年間かの歴代の皇祖を省いた祀り方に切り換えられたのです。その上、臣下《しんか》が神主となって祀るようになってしまったのです。

大日如来《だいにちにょらい》

大日如来について教えていただけますか？

「天照日大神様《あまてらすひのおおかみさま》」のことで、仏教では「大日如来」（Mahāvairocana）といっています。サンスクリット語では、「高い所に立った方」という意味をもっています。

「如来」にも意味があるのでしょうか？

天照日大神様は、「仏界の救い」にも天降《あも》られました。天降られたということは、仏界に出てしまったということではありません。いずれ、また神界に戻られるわけですから、「来たのに等しい」、つまり「来た如《ごと》し」という意味で、「如来」という字を使っているのです。

上古第四代　天《あめ》之《の》御《み》中主《なかぬし》天皇《すめらみこと》

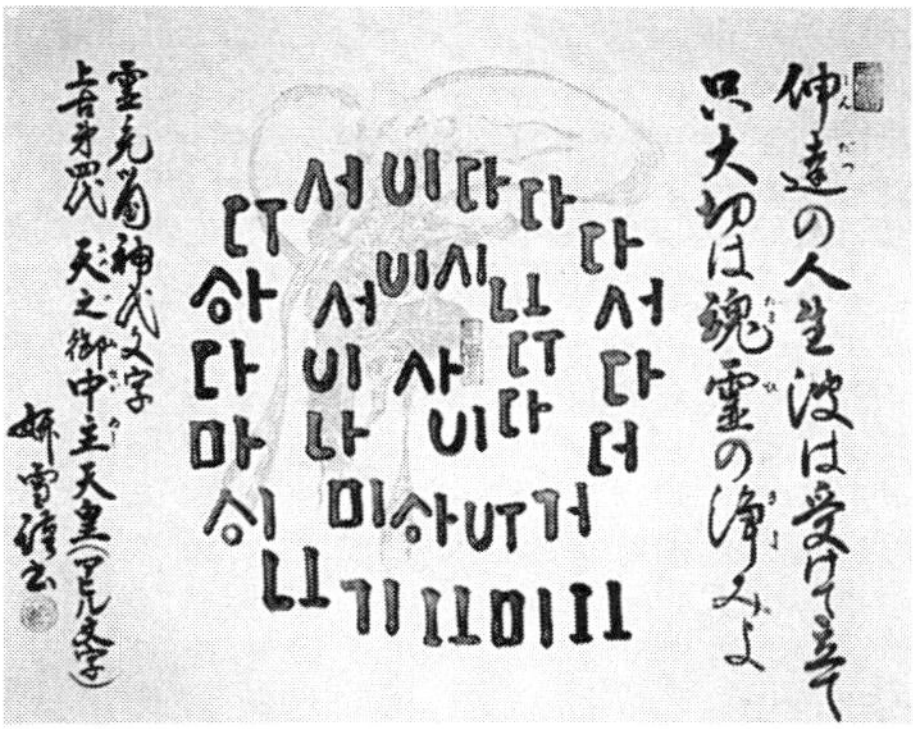

伸達《しんだつ》の人生波は受けて立て
只大切は魂霊《たまひ》の浄《きよ》みよ

書8

万国地図（3）

上古第四代天之御中主神身光天皇御作成の万国地図。天之御中主天皇の御代には、地球万国全部が土《どろ》の海となる「天地カエラク」が二度もあったと伝えられています。『竹内文献』所収。

天之御中主天皇《あめのみなかぬしすめらみこと》について教えていただけますか？

五億五千万歳を要した大きな「天地かえらく」の間、じっと「火玉の霊界」で待っておられ、五億五千万歳目に肉体化して、現人神《あらひとかみ》として天下られました。

また、皇太子「天之御中主男尊《おのみこと》」や皇子・皇族など三九〇名も天降《あも》られ、人類の救いと文化再建にご活躍されました。この頃、人類救済のためにお出ましになられた方々は、霊体（霊成型《ひながた》）だけで、自由に空を飛ぶこともでき、天界と地上界を常に霊化したり、物質化したりされておられました。その方々は、神人とか超人とかいわれており、寿命も大変長かったのです。

しかし、この時代の末期に、また大変動が起きています。この時も天皇は、火玉の国に避難されておられます。

火玉の国に避難というのはどこをさしてのことでしょうか？

インド・ビルマ・中央アジアなどの歴史からみましても、地上復興運動のためにご出現されるお方は、地上世界が都合の悪い時は、避難して霊界へと帰られます。「天地かえらく」の時には、高山へ避難されています。そして、大地が鎮まるのを待って、世界の統治というよりも、むしろ救済にお出ましになるのです。

その高い山が火玉の国なのですね？

そうです。釈尊が拝んだ「梵天《ぼんてん》」は宇宙創造神のことで、どこにいらしたかといいますと、「シュミセン」であるとされています。

それを仏教では、ヒマラヤの雪山というふうにいっていますが、インドの歴史からいっても、そこではありません。日本の古文献では、火玉の国は高山と記されております。

この時代の末期の大変動と十二支にかかわりがあるということですが？

十二支の元がここにあるのです。

この時の大変動に際し、現在の太平洋にあったムー大陸（日本の古文献ではミヨイ・タミアラの両大陸となっています）が陥没し、人類・万物はことごとく滅亡しました。この大変動が終り、世界が落ちついたころ、天之御中主天皇《あめのみなかぬしすめらみこと》は、人類文化のご指導のために再び天《あ》降《も》られ、世界再建に東奔西走されました。この再建にあたって、天皇の皇子十二人を世界各地に派遣されました。これが十二神将のはじまりであり、十二支の元なのです。

十二皇子とそれぞれの方位

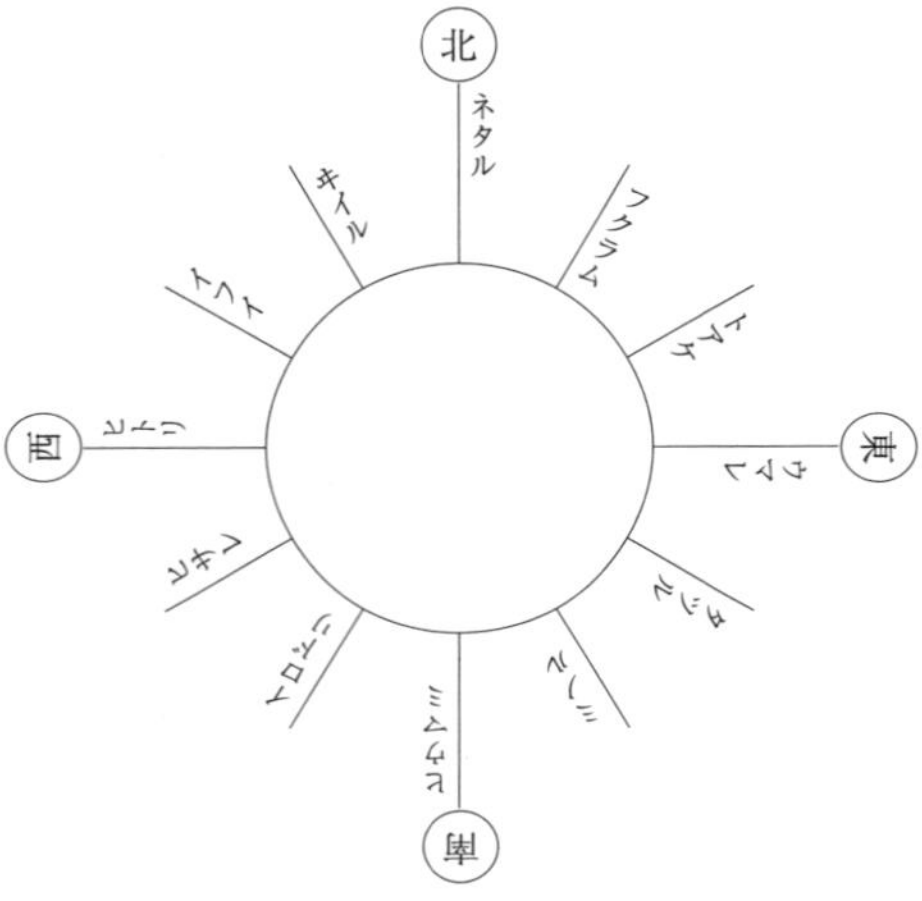

十二方位は天皇の皇子の御名を配されて、これを十二支とし、同時に其の皇子達を十二支の守り神といたしました。

子	日受万根本一位主尊	酉	万福酉主《トリノシ》尊
丑	福来根主《ネノシ》尊	戌	万宝長居《ナガキ》伝主《ツノシ》尊
寅	戸日開《トヒラ》光出尊	亥	豊受持来主尊
卯	東宇産《ウムスヒ》大出彦尊	東	久久能智神
辰	天立繁辰主《タツノシ》命	西	天之御中主・美二神
巳	天下身力己陪利《ミミリ》尊	南	造化氣万男・美二神
午	天日受午目主《ウマミノシ》尊	北	天一天柱主・美二神
未	万色造主《イロドリノシ》尊	中	天日豊本葦牙気皇・美二神
申	天方陪猿《マサリ》日主《ヒノシ》尊		

上古第四代天之御中主神身光天皇は即位五万年ケサリツキ円一日、詔により十二人の皇子をそれぞれ十二方位の守り神として定められました。掲げました図は、易の根元ともいえまして、方位のできた瞬間を示しております。また、各方位に記されております名称は、方位のもっているエネルギーを象徴的に表したものです。このような方位の概念や意味が、日本から中国へと伝えられ、中国で易という形に集大成されました。易は中国から再び日本へと渡ってまいりますが、この時から十二支や方位の意味はまったく違ったものになってしまいました。十二支=十二方位に動物を当てはめるなどもってのほかといえます。

天皇は、「天神人祖一神宮」の御建て替えの時に、社殿の四方に鳥居を建てました。これが、日本の神宮の鳥居のはじまりとなりました。

また、「天日万言文造主命」（言上姫大神）は新たに創造された天地の造化万物に、それぞれ名称を追加附与されました。上古第一代とこのみ代に附与された万物の名称は、形または作用を表すように作られております。

たとえば、うま（馬）、うし（牛）の二語を見ますと、

「う」は「ん」なり。即ち唵力を意味す。

「ま」は円《まどか》・真《まこと》・直《ますぐ》なり。即ち「うま」は直進の力を意味す。前足より立ち上がる。

「し」は締《しめる》・絞《しぼる》の音なり。即ち「うし」は力の凝集の作用を表す。また、後足より立ち上がり、下り坂によろし。

また、ちち（父）は即ち「ち」（地）なり。根源なり。はは（母）は即ち「は」（波）なり。繁茂なり、繁殖なり。しかも、その母がもって子を養うは、即「ちち」（乳）なり。

と、私たちの祖先が作りました、日本語の驚嘆すべき構造の片鱗をうかがうことができます。

また、天皇は数文字の訂正を詔し給い、筆墨紙の製法、農事・製薬・医術の法を万国人に教えられました。

(午) 時間　11.00～13.00 方位　南30° 三合 火局 寅戌 支合 未	六月	杵＞午＝交差する意。(上下してつく)(上下にくいちがう、犬歯と同じ) また、啎も同義であり、「さからう」である。融合と離共存。	陽気・交際上手・外見・見栄・お山の大将的直煥力有・多弁言行不一致・頭の回転早く機転がきく・言動活発・素直で正直だが締めの管理面では整合がむづかしい
(未) 時間　13.00～15.00 方位　南南西30° 三合 木局 亥卯 支合 午	七月	果実の期に入り滋味を内包し始める。未成熟の果実。	思考力と研究心旺盛で強情な面あり (反逆精神) 孤独性・防衛本能・危険防止能力等をもつ・母性的な内質有・剛と柔の二面性をもつ
(申) 時間　15.00～17.00 方位　西南西30° 三合 水局 辰子 支合 巳	八月	果実たわわとなり熟した状態。秋の収穫の前の状態。	大自然の実の利を得ている状態から明朗活発・演出的であり個性に見合ったやり方をする・名誉欲・独専欲・まけず嫌・軽卒性急・策略・手八丁口八丁的言行・反面ルーズなところあり
(酉) 時間　17.00～19.00 方位　西30° 三合 金局 丑巳 支合 辰	九月	原発は熟した実を猿が大木の凹の中に入れ酒をつくり、それを見た人間がまねる。従って兄＝悦・成熟・陰の蓄積・年の収めなど。	如才なさ・表現・社交等有・凹の中での悦び事・凹→外＝客観性有と同時に凹の中の計算は正確・ニコニコして君子危きに近よらず損をしない
(戌) 時間　19.00～21.00 方位　西北西30° 三合 火局 寅午 支合 卯	十月	万物は土化に入る期間であり、収蔵と蓄蔵の季節である。「戌」の字「一」＋「戈」＞作物を刈り一纏めにして収穫するという。	大自然の年代謝で此の期は草木衰滅土化の始り期 義務感・柔順・素直・献身・保守性等を示す。
(亥) 時間　21.00～23.00 方位　北北西30° 三合 木局 卯未 支合 寅	十一月	荄しんのある草の株、荄をいう。陰の気質を示す。	自我・一徹・直情猛進・融通効かず 種銭投下的経済観念・無口沈黙の言行 用意周到・意志強固・忍耐

間は進行に序列があり、これはすべて数で表す事が出来ます。

「ミクロ・パラダイム」は大自然エネルギーと生命エネルギーとのかかわりを示し、立体相似形比率です。数にはそれぞれの意味があり、時間と共に軌道に従って数が顕現され、それなりの象意を是なり非なり示します。

存在の創造者は大自然のエネルギーで時間と共に変化して、行き止むことはありません。それらを適確に捕えて数字化し、解析できます。すべて5W1Hにおいて、今と先に役立つ事即ち予知予測が可能で、その対処ができます。

十二支の原理

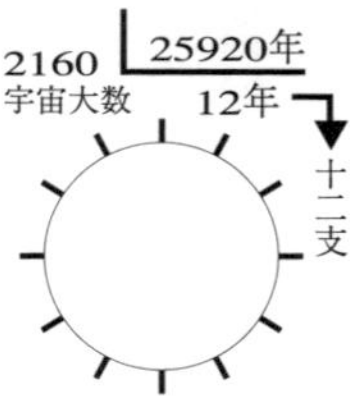

十二支の意義

支	時間	方位	三合	支合	月	字義	性格
㊅子	23.00～1.00	北30°	三合 申辰 水局	支合 丑	十二月	小児が両手を動かす形「孳」えるの意。土中の種子がどんどん伸びて芽が生え始める状態を示す。（万物滋る）鼠は繁殖力が強いため「子」を配当した。（妊養）	素直・小心・現実的・几帳面・鋭敏・器用・勘有創意・性急
㊉丑	1.00～3.00	北北東30°	三合 巳酉 金局	支合 子	一月	「紐」の意。土中の芽がつぼみの中で固く結んだまま充分伸びていない様を示す。（牛ニューと紐ニューの音声が似ている）紐はモツレ葛藤を示す。「ヒモ」のモツレの状態を示す。	強靱な生命力・正直・剛情・偏屈・強弱気共存・表面柔和・内面強情・自尊心高く親分肌・涙モロイ
寅	3.00～5.00	東北東30°	三合 午戌 火局	支合 亥	二月	草木が土中で成長の時期を待つ屈伸の陰強を示す	 形原字・膝の屈伸・慎重及び風林火山的質・堅実・純情・組織力の才有り・自尊心強大・大業指向・リスクある事に挑戦・義理人情・正統・向上心
卯	5.00～7.00	東30°	三合 末亥 木局	支合 戌	三月	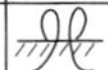 大地から芽が出る＝うさぎの耳の形＝卯となる。	大望大成に憧れ自由主義的な遠大な計画をする・多情性・柔和・快括・悠長で人を信用し早合点の軽挙妄動の兆あり・感受性鋭敏・華と静・献身と保身の二面性あり・潔白と虚栄
辰	7.00～9.00	東南東30°	三合 申子 水局	支合 丑	四月	蜄《ハマグリ》 太陽気と共にふるい伸びる。万物陽気と共に振起する。	気位高く剛気・勇気・積極・自己顕示欲・一徹剛情・竜頭蛇尾に終る事多い・虚栄強く賞賛を望み優越是・多情多感の艶福家でもある・吉凶厳しい・涙もろい
巳	9.00～11.00	南南東30°	三合 西丑 水局	支合 申	五月	草木陽気と共に盛を極め、達すると共に巳の字は蛇が首をもたげて追い歩く姿を示す。巳とは「陽気すでにつきる」、巳は「巳ヤム」である。ここで止也。	虚栄的誇高さで人を見下す風が有・神経質で猜疑心強・緻密な思考力有・深阻遠謀で用心深い・㊙主義 信じると猛進する・好き嫌激しい・研究心旺盛用意周到

数字化｛時間・空間・言語螺旋進行の序列はすべて数字化は可能です。｝

ピタゴラス（紀元前570～504）は「万物は数である」といい、また秩序正しい「コスモス」とした。（大自然の大回転の律動）日本の古代にても、言霊→数霊→音霊と発展し、五十音が数で示されています。

人間がある時間と場で対人･対物に出会ったとき、生命から湧出する息吹きが閃き、直観で言葉が出ます。そのパラダイムが音霊表です。

「神は言葉と共にありき」はそれです。大自然のエネルギーが集中し渦流（螺旋左渦巻き）となり不可逆進行します。その相対通過の一瞬一瞬が時であり軌道上のAとBを設定するとき時間といいます。更に集中したエネルギーの質量に見合った空間が出来ます。時

天之御中主神

天之御中主神とはどのような神なのでしょうか？

大宇宙の中心を司《つかさど》り、融通無碍《ゆうづうむげ》の働きをされる、至高至純・自由・円満・光明・清浄の神をいいます。そして、「天之御中主神」の万物万象に及ぼす「力」「はたらき」を、「高《たか》御産巣日《みむすび》神」「神産巣日《かみむすび》神」といいます。

↖ 高御産巣日《たかみむすび》神※＝精神・超越・霊

天之御中主《あめのみなかぬし》神＝両方のエネルギーの結合・調和・完全なる一致

↗ 神産巣日《かみむすび》神＝物質・内在・肉

※高御産巣日神の御子が思兼神《おもいかねのかみ》です。思兼神は天照日大神様の御出現の時、その謀を引き受け、神代文字の担当者でもありました。

天之御中主神こそが、心と物、平和、安楽、生活、思想、政治、経済などすべてを司っているのです。そして、一切のものを、精神と物質の調和、つまり「結び」において解決し、存在する万物にそのところを得せしめているのです。それは一切のものを包合し、生成化育発展させて尽きるところがありません。

この原理、この真理が、古代日本民族の思想だったのです。私たちの祖先がいかに科学的で完全な思想を持っていたかということが理解できるはずです。また、それでこそ万世一系の霊統（天津日嗣《あまつひつぎ》）が保持され、霊（日）の本つ国の霊の子《ひこ》（彦《ひこ》）としての発展生成があったのです。

日本民族の御祖先

大八洲国《おおやしま》とは、日本の八つの島を指しています。物理学でいうと、原子番号三のリチウム

原子から原子番号一〇のネオン原子までが大八洲になっております。

酸素・水素・窒素・炭素・硫黄などが化合して元形質を形成し、生命が発生します。

また、あらゆる「物」の本体は「力＝エネルギー」です。原子核と電子の結合体であり、原子と原子が結び、元素と元素が結んで成り立っているのです。たとえば、水は酸素1＋水素2の結合体です。酸素と水素が一定の方式で結合した時、はじめて水になるのです。したがって、すべての「物」の本体は結合する「力」であり、その力の作用した「むすび」（結合）のたまものといえるのです。それを『古事記』は「産巣日《むすび》」と呼んでいます。このことから、古代日本人は自然の力を「神」と呼んでいたことがわかります。

天之御中主神（中性子（水素原子））
- 高御産巣日神＝陽子（遠心力）（ヘリウム原子）
- 神産巣日神＝陰子（求心力）

この三神は「力」ですから肉眼では見えません。また、造化三神は原子核を形成している、中性子・陽子・陰子に分けることができます。

「力」が作用する時には必ず振動が生じます。「振動」は音です。「音」は見えませんが、

「ある」もの、「存在」しているものです。

現象には限りがあり変化があります。ゆえに、森羅万象には変化が生ずるのです。「常住実在ではない」という意味もこめられています。

古代日本民族の思想とは

原日本民族は、日本列島の先住民族とほとんど戦うことなく、常に「言向《ことむ》け和《や》わす」（誠意をもった外交交渉）という平和的な手段で、双方の理解ある合意のもと、融合しあっていました。そこに日本民族の偉大性があります。それを忘れ、武力のみで他国や他民族を併合しようとするのは、真の日本民族のあり方とはいえないのです。

また、古代の原日本民族は、領土融合、種族友好、結束のことを、必ず結婚という言葉で表現していました。結婚とは、異なった二つのものが一つに結ばれるということで、相対即絶対、絶対即相対の真理のごとく、生まれ育ち、発展する原理をいうのです。

結婚が合意の上で、それが相思相愛の中であれば、まことに理想的なものです。それによって、生成化育発展させる自然の力が生まれてくるのです。

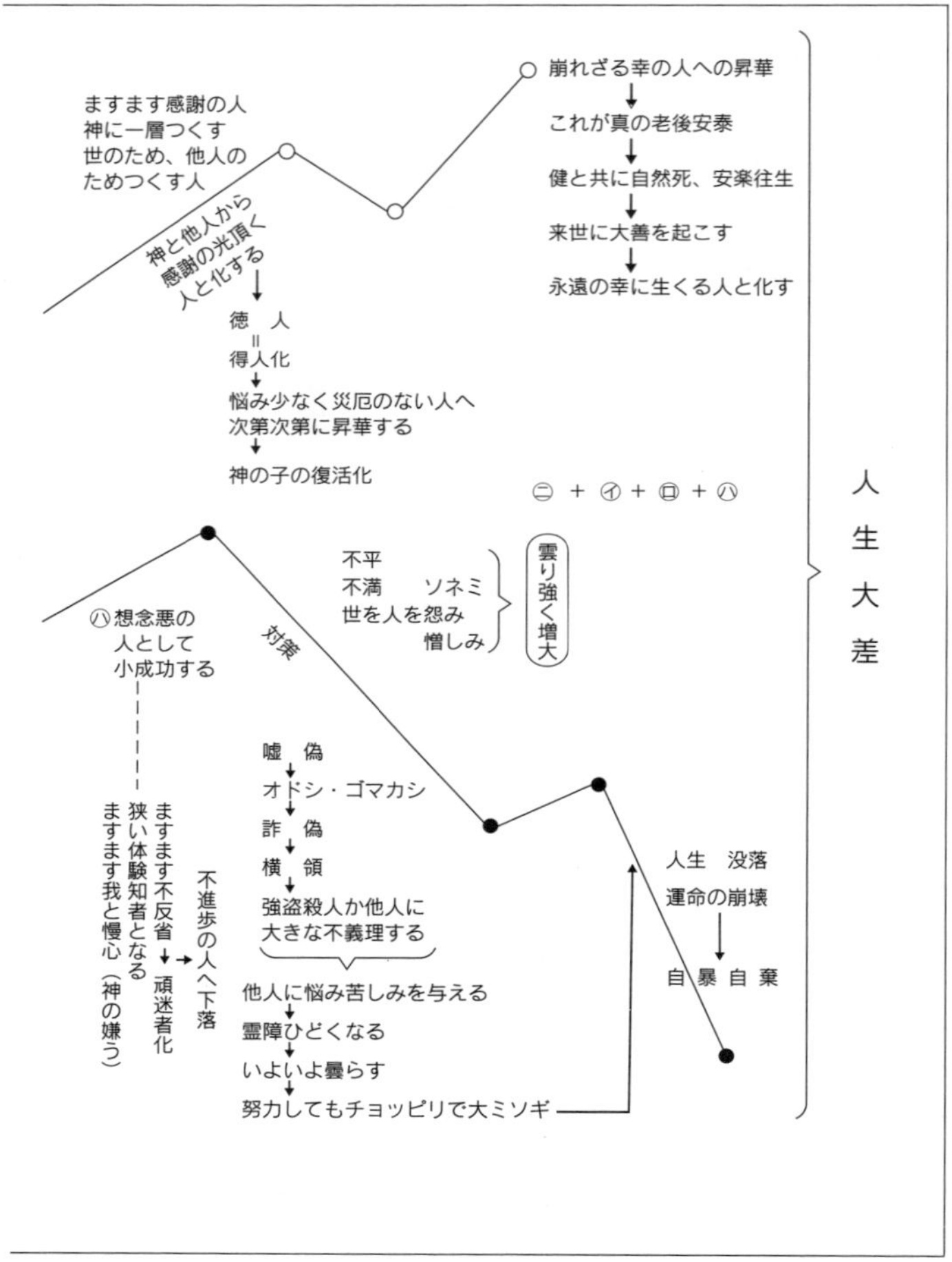

ない一生を送ってしまいます。ここに掲げた図は、大切な節目の時の心の持ち方や方向性を示したものです。「人生は受けて立つ」という、積極的な取り組み方でなければ二十一聖紀を生き抜くことはできません。なお、図のなかの「神向」とは、自然界の摂理を認識している人のことを指しています。

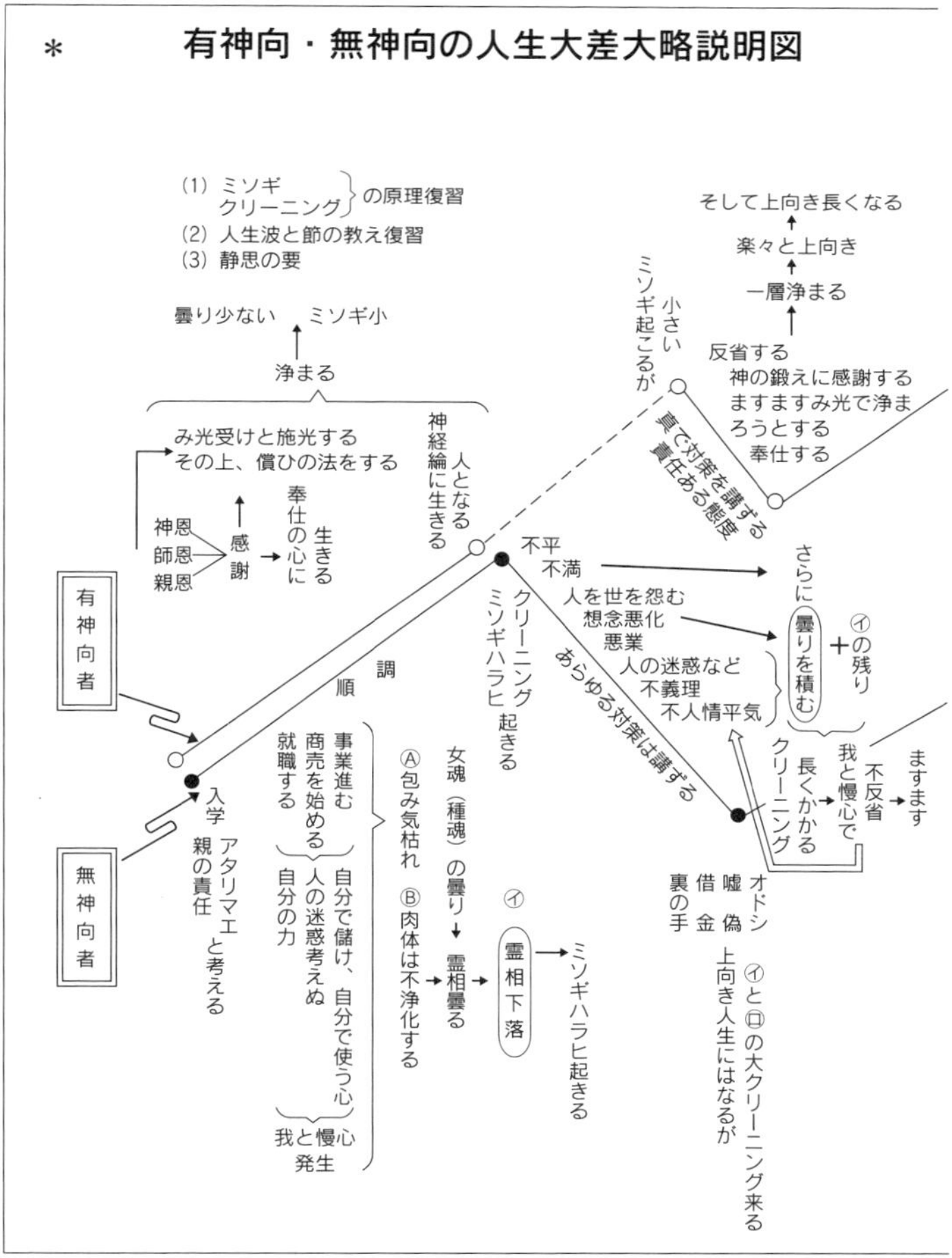

どんな人でも、長い人生の間には必ず節があります。それは一般に「ミソギの時」などと呼称されておりますが、この節の時こそ、人は自分自身を知り、自分の運命を上昇させることが出来るチャンスなのです。それなのに、この人生の大峠を、「何で私がこんな目に」とか、「何て私はついてないんだろう」といった消極的な不平不満だけで通過してしまいますと、何一つ得ることの

上古第五代　天《あめの》八《や》下《くだり》王天皇《おおすめらみこと》

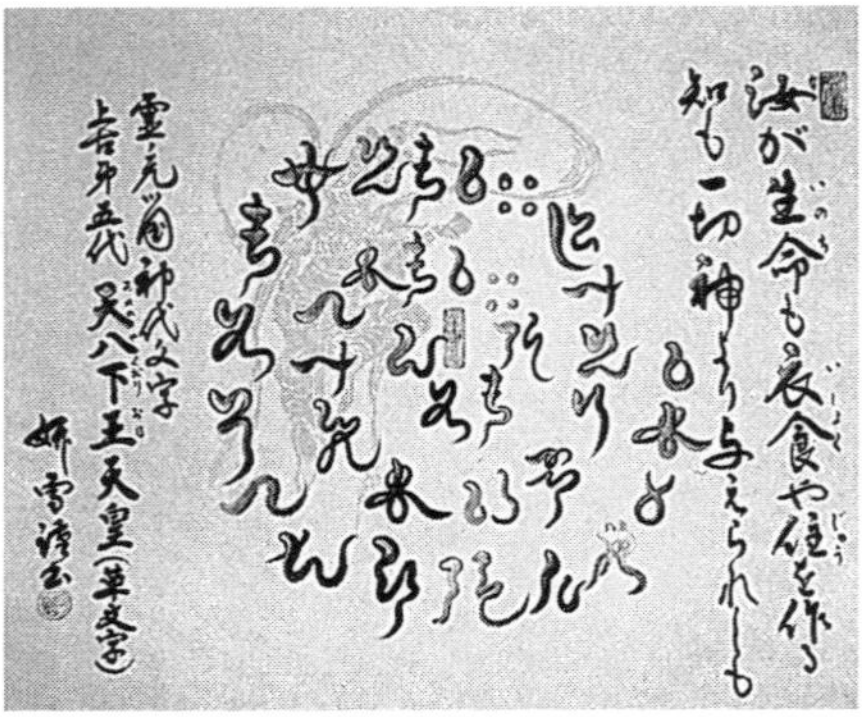

書 9

汝《な》が生命《いのち》も衣食や住を作る
知も一切神より与えられしも

書 10

身ぐるみに天地の息を吸いとりて
永遠《とわ》に生き伸ぶ仕組み尊き

氣（書10「身ぐるみに」）

氣とは何ですか？

燃えいずる働きをいいます。

「〜〜〜」は、「火」「水」「土」の氣の流れを表現したもので、燃えいでんとして、いまだ燃えいでざる状態をいいます。その状態の世界を「氣」といいます。

宇宙のエーテル波も氣ですか？

その本源は神の氣です。ムウ＝「無《む》↓有《ゆう》」です。無から有を創造する神は無限であり、永遠に連動させていくことができます。

したがって、神の子「霊止《ひと》」は、その連動のさせ方いかんによって天地を変革することさえできるのです。

天地剖判《あめつちほうはん》（書10「身ぐるみに」）

天地創造の時の天地剖判とはどのようなことなのでしょうか？

宇宙・天地剖判とは、「立て別け」のことです。神霊界の、整然とした組織の上下関係の立て別けを剖判といっています。

立て別けを具体的に教えていただけますか？

天から陽の精霊が働くような状態を「霊界《ひ》」といいます。たとえば、肉体の血も同じで、濁った血は重く下へさがります。同様に霊界も物質界も、バイブレーションの重いものが物質化して下にさがります。

天地創造の時、霊界と物質界を作る神を作り、仕組みの世界を想定されたのです。神はバイブレーションにしたがって、理路正しく世界を創造していきます。

これを「立て別け」といっているのです。

神の本質

神とは一体何なのでしょうか？

ムスビの力《ちから》、「火《か》」と「水《み》」を結んだときに出る力《ちから》をリキといいます。そこから生産力が発生します。

「カ」「ミ」の原理は、今日の科学、とくに唯物科学では理論づけはできません。しかし、観念論とは別に、史実上の神が存在していることは確かです。

「史実」というのは「事実」です。

「事実」というのは「真理」です。

たとえば、「今日は雨が降っている」という「事実」がありますが、「今日は雨が降っている」ということは「真理」であるということです。真理は簡単で誰にでもわかるものです。ややこしくて誰にもわからないものは「真如」といいます。「真の如し」であって、「真理ではない」ということです。

神を知るには事実に依拠しなければなりません。

実在の神を知るには、「神智」「霊智」「実智」の三つの「ミチ」があります。「道」というのは、人間が勝手に作り出したものにすぎないのです。

神の世界

神の世界とはどんな世界なのでしょうか？

「氣」の世界です。

火の系統の神様が中心になっていますので、「気」ではなく「氣」となっています。

一番元の神、つまり「カクリミ神」のことを、太古の人は「モトフミクライヌシ」と名づけました。

なぜモトフミクライヌシなのですか？

「モト」は元《もとがえり》の「モト」を指しています。つまり、一であり〇《ゼロ》なのです。「フミ」というのは、「一二三」のヒフミのことです。そして、「フ」は不二の「フ」、「ミ」は水の「ミ」なのです。さらに、「ク」は圧縮、「ラ」は陽の回転、「イ」はイの一番という意味をもっています。

霊力の出る元を「一」といいます。たとえば、力を出すときには「イーチニッサン」とかけ声をかけますが、けっして「サーンシーゴ」とはいいません。そうでないと力が出ないからです。やはり「一」は「モト」なのです。

ですから、「モトフミクライヌシ」というのは、極微実相の世界の神様のことをいいます。極微実相の世界の、霊細胞よりもっと波動の細かい氣には、恐るべき力があります。太古の人々は、神のことを「キシン」、つまり「神様の中で極微の世界にいらっしゃる方」ともいったのです。ところが後世、「キシン」を「鬼神」という文字に変えてしまったのです。

キシンについてもう少し詳しく教えていただけませんか?

「神様のなかで極微の世界にいらっしゃる方」ということですが、その世界は「虚空」という漢字を当てて、「みそら」あるいは「くしび」と呼ばれています。

虚形＝うつほのみからだ
霊息＝あやしき
虚無＝みそら

神霊界を「あやしき氣の世界」と表現することがありますが、これは古神道でいう「あしかび」のことなのです。

あやしき氣の世界＝「あしかび」の意味とは何なのでしょうか？

未だ　心ばせべくして　心ばせず
未だ　心ざすべくして　心ざせず
未だ　目ざめべくして　目ざめず
未だ　暗しにありて　暗からず

ということです。

また、「神とは、日と月に分けられ、それは狭霧《さぎり》である」とも表現されています。

狭霧とは、霧のもっと細かなもの、つまり極微のことをいい、その本質を「キシン」というのです。

上古第七代四世　天相合主天皇《あめあいあわすぬしすめらみこと》

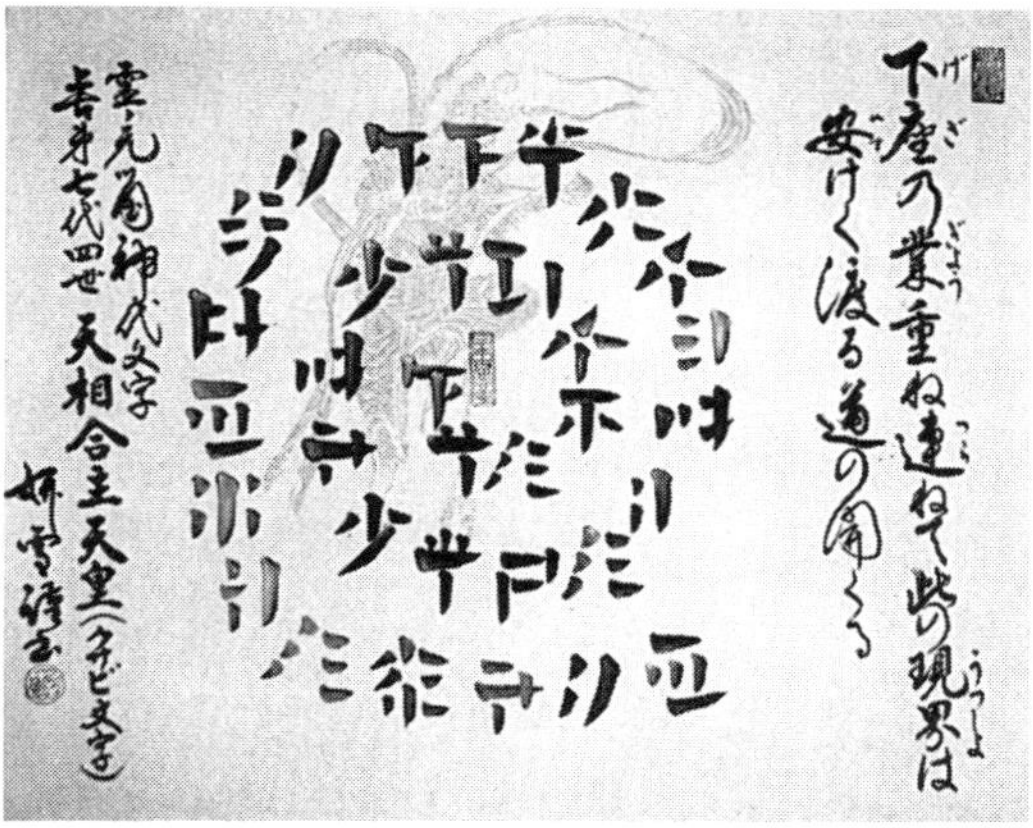

下座《げざ》の業《ぎょう》重ね連《つら》ねて此の現界《うつしよ》は
安けく渡る道の開くる

書11

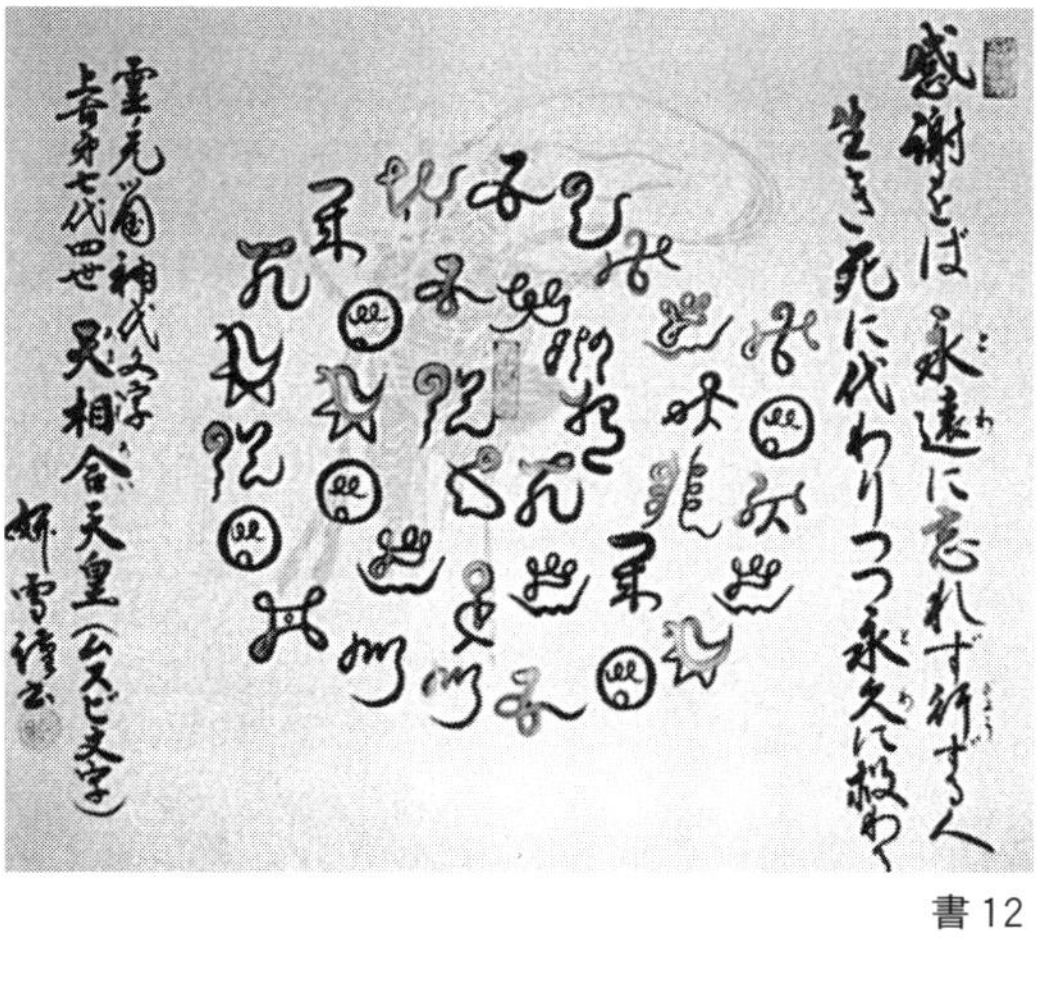

感謝をば永遠《とわ》に忘れず行《ぎょう》ずる人
生き死に代わりつつ永久《とわ》に救わる

書12

七つの燃台

七つの燃台とは何ですか？

天神七代にわたってなされた神様の御作業、つまり天地創造の歴史全体を指しています。『聖書』は、七代を七日としています。

この天神七代の歴史が記されている文献には、ブラーマンの経典、仏経の経文、成仏経・弥勒下生経《みろくげしょうきょう》・阿含経《あごんきょう》などがあります。

ノアの箱舟

ノアの箱舟は『聖書』のなかに出てくる舟のことですか？

ノアの箱舟の説話は、『旧約聖書』の「創世記」に出てまいります。人類の堕落《だらく》に怒った神は大洪水を起こしますが、ノアは箱舟を造り、これに乗って妻子や動物たちとともに難を逃れたというお話です。

後に、この箱舟の残骸は、アルメニア山頂から発見されています。

世界には洪水伝説が沢山ありますが？

ノアの箱舟の話は、『旧約聖書』に出てくるだけではありません。イスラエルの「天地かえらく」の時にも洪水が起っており、これと同じような洪水伝説はロシアやインドをはじめ全世界に分布しているのです。

ノアには何か意味があるのでしょうか？

「ノア」というのは、スの神が天降《あも》って「ノ」となり、「ア」は「ヽ」ですから、「スの神が天降って開いた山《やま》」という意味になります。日本に目を転じてみますと、天皇《すめらみこと》は、神代から大洪水が起こると、「ヒダのタカヤマ」に避難されています。つまり、「ノア」という言葉の言霊的解釈に表われている通り、『聖書』の諸説話も、やはりその源は日本の超古代史の事実に発しているると考えられるのです。

上古第八代　天八百足日天皇《あめやおたりひすめらみこと》

ムー大陸そして釈尊の生涯

ムー大陸は本当に存在していたのですか？

実際に存在していました。ムー大陸陥没の時、大陸にいたヤマト民族[※1]の一部が、必死に隆起した地区にはい上がったのです。したがって、ヤマトは「大和」ではなく「山止」なのです。

隆起した地区とはどこにあたるのですか？

今日の日本列島であり、アジア大陸であり、南米大陸です。

南米大陸にはい上がった人々が、インカ帝国やボリビア文化・アマゾン文化を開いた、

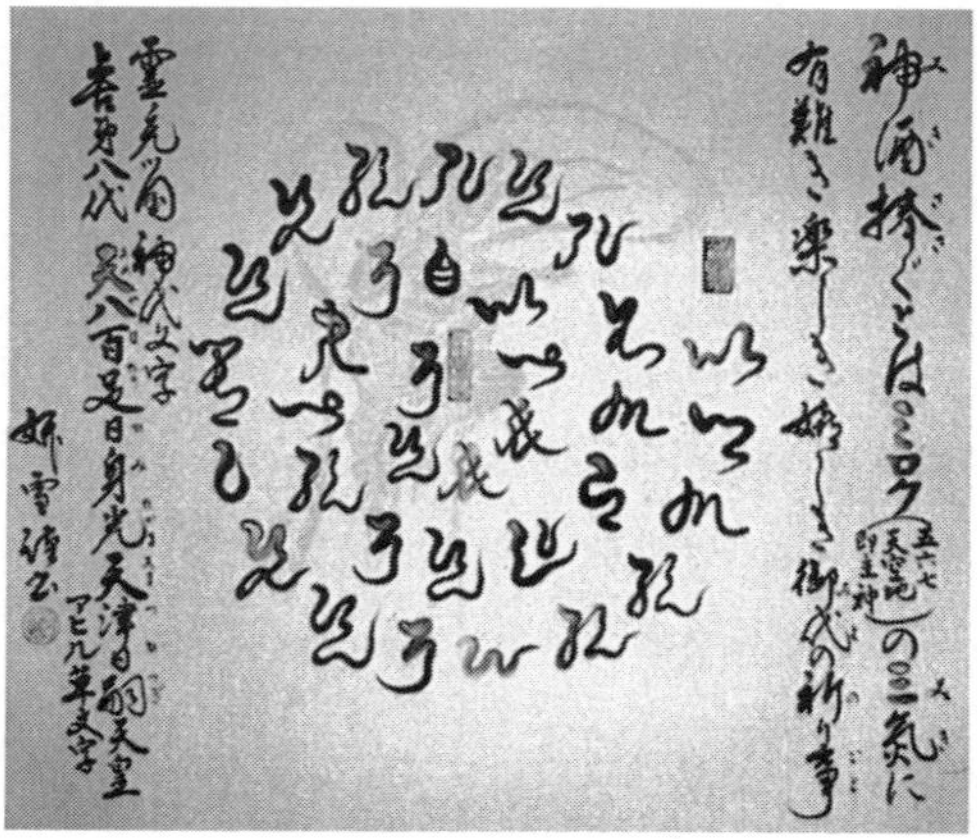

神酒捧《みきささ》ぐとはミロク（五六七・天空地・即主神）の三気に有難き楽しき嬉しき御代《みよ》の祈《の》り事《ごと》

書13

今でいうインディアンです。もう一群の人々は、沿海州のほうに上陸して中央アジアに出ました。また別の人々は、今日のビルマ、ベトナム、タイ、あるいはアフガニスタンあたりまで渡っていきました。そして、日本から西の方にはい上がった人々が、朝鮮から満州を通って、チベット、コンロン山系に入っていったのです。

ヤマト民族は世界中に散らばったということになりますね？

そういうことですね。コンロン山系に入ったスメル族が、後に月氏と日氏に分かれてゆきます。

スメル族について少し詳しく教えていただけますか？

日本のご皇室のご直系の太陽族がスメル族になっていますし、その一部が蒙古人になっています。

スメル族が日氏と月氏に分かれ、コンロン山系を超えて、パミールやネパールを通りインドに入ったのです。

さて、このインドは、今から約四千年前、アーリア民族によって開拓されたといわれております。この民族は、もともと中央アジア（今のアフガニスタン、ベルジスタン地方）を漂泊していた遊牧の民でした。そして、その一部がペルシャに入り、その他の一部がインドに入ってシンドウ（Sindhu）という国を開き、永住の地と定めたのです。

ということはインドはシンドウという国名だったのでしょうか？

そういうことです。シンドウとは、言霊でいえば「神道」で、それが後世「インドウ」となり、今の「インド」となったわけです。

さて、このアーリア人は「火」と「水」と「風」の神を信ずる多神教徒でした。この頃としましては、大変高級な宗教であったと史書に記されています。そして、リグヴェーダ（Rgveda）という抒情詩的な宗教文献をもち、立派な芸術をもった民族であって、決して遊牧の民などではありません。

そもそも言霊からいっても、アーリアという言葉は、「ア」は天・日、「リ」は火と水を十字に結び（カミまたはアーミ）しめてから開く、「ヤ」は邦・国、といった意味をもっていますので、「霊の元つ国人」ということになります。

したがって、釈尊はこの立派な芸術と高度な宗教が発達したアーリア地方からいらっしゃった方の、直系の王子様であったのです。

釈尊の言霊的意味について教えて下さいませんか？

釈尊は、現在の北インドでありますヒマラヤのふもとでお生まれになりました。

ヒマラヤ※2を言霊でいいますと、「ヒ」は日《ひ》・霊《ひ》・火《ひ》で、「マ」は真《ま》の霊、「ラ」は陽の回転、「ヤ」は邦・国で、「真神の霊《ひ》の回転をしている国」ということになります。さらにわかりやすくいいますと「日の精霊の真十字の〈マ〉のみ働きのマ神《がみ》・正観音の霊成型《ひながた》の国・霊の元の国・日本」ということになります。

ヒマラヤとは霊の元の国＝日本をさすということですか？

言霊でいいますとそういうことです。

さらに、釈尊はヒマラヤの麓のカピラ国（Kapilavastu）の王子としてお生まれになっています。カピラも言霊では、「カ」は火・霊の国、「ピ」は日の神、「ラ」は来たでありますから、「日の神の国から来た国（城）」ということになります。

しかも、父王はお名前をスドーダ（ン）ナ（Suddhodana）といいます。言霊でいいますと、「スドウ」は主《す》の堂・主《す》の宮、「ダンナ」は旦那様という意味になり、「主のご系統の旦那様」ということなのです。母君は、マーヤー（Māyā）夫人で、「マ」は真の国から来られた方、「ムウのマヤ族」というわけです。

母君は、カピラ城の東にあったルンビニー（Lunbini）という園林の、蓮の花の咲いている池で水浴中、にわかに産気を催して池から上がり、アソカ（Asoka）の「木の花の咲いている」下で玉のごとき王子（釈尊）を産んだといいます。

ルンビニーを言霊でいいますと、「火が回転する」という意味で、「火（日）の国」のことが暗示されています。そして、アソカは、「ア」は天、「ソ」は祖、「カ」は神で、「天祖神」のことなのです。

また、釈尊のお生まれになった「木《こ》の花の咲いている（ところ）」には、次のよう意味があります。

国万造主《くによろずつくりぬし》大神様のみ魂は地上では国之常立《くにのとこたち》大神様として出現されます。国之常立大神様は、お隠れになる時、み魂を富士山の頂上におかれました。その証として、富士山の頂上には「兄《こ》の花」＝「梅の花」を持った観音様が、そして麓には「木《こ》の花」＝「桜の花」を持った観音様がお祀りされております。

頂上は薬《くすし》神社で国之常立大神様の火の荒魂《あらみたま》をお納めし、麓の方は富士浅間《せんげん》神社で水の和《にぎ》魂《みたま》をお納めしています。つまり、国之常立大神様のみ魂である火と水を「ホドイ」てお祀りしていることになります。そしてこれは、釈尊のお生まれになった場所がインドではなく、天祖神の国（日本）の木の花の咲いている「花園」＝「園林」であることを示しているのです。

花園は、『聖書』ではエデンの園といっています。「エデ」とは、「トト」、つまり父のことです。古文献ではトト神は、国万造主《くによろずつくりぬし》大神様とされています。仏教でいいますと聖観音に当たります。キリスト教でいうヤハエの神、もしくは天照《あまてら》主《す》大《おほ》日《ひ》大神様の二神しか、そのようにご称名しておりません。

国万造主大神様は三十二相八十種好をもたれた神で、光は億万にわたるとあります。キリスト教のエデンの園とはトト神のいらした国で、日本の十和田湖のほとりにあるバラの天国を指しています。ここのバラが伝播して、メソポタミアのバラになったのです。

釈尊について少しまとめてみますと、「ヒマラヤ（真神の霊・陽の回転をしている国＝霊の元の国）の麓のカピラ城（日の神の国から来た城）で、父王スドーダナ（主の宮の旦那様）とマーヤー夫人（真の国から来られたムウのマヤ族の方）との間にお生まれになりました。そして、出産の場所は、ルンビニー（火・陽の回転）のエデンの園のアソカ（天祖神）の木の花の咲いているところでした」ということになります。

さらにその時、四十八弁の蓮のウテナにお乗りになっていました。ということは、主《す》の大神様のご系統で、四十八《よとや》の神様のご守護によって、降誕されたということになります。

そして、さらに六牙《げ》の白象に乗って降りて来られました。しかも、二頭の象が清涼の水で太子を清めたといっています。六牙の白象ですから、「六」は水、「牙」は氣で、「水の氣」

すなわち月の霊統神の下降であることを暗示しているのです。また、ムウの子孫を表現している白象を、インドではナーガ※3（Naga）といっています。

中国では象がいないのでナーガを龍と訳しており、インドでは象としています。ナーガはムウ語で、龍も象もナーガと呼んでいたのです。ムウが先祖であることをこれまた表現しています。

二頭のナーガということは、火と水が十字に組んだ「カミ」をほどいた「ホドケ」のことを説かなければいけない役割をもっているということです。つまり、「仏」の教えを説かれるために、釈尊は兜率天《とそつてん》から降誕されたわけです。釈尊は、「自分が死んだら第四兜率天に帰って、観音の右に坐す」とおっしゃっています。

兜率天というのは何なのでしょうか？

神霊界は、第四次元から第一次元界まであります。釈尊がいわれた第四兜率天とは、第四次元神霊界を指しています。第四次元神霊界は、第五次元神霊界のカガリミ神界と第三次元界のカギリミ（応身《おうじん》界、ウツソミ、現界）界との間にある、「第四次元界」「ハセリミ神界」ということになります。厳密にいいますと、現界とハセリミ神界の間に人間が死後行くようになってから、第四次元神霊界に幽界（仏界）ができたのです。第四兜率天とは、その幽界の最上部とハセリミ神界の境目であるといえましょう。

幽界があるのですか？

人間は死ねば、幽界に行きます。幽界にいる死んだ人間の霊を救うために、宗教が起こったのです。

幽界の霊を救うには、現界人も悔悟させて救っておかなければなりません。悪いことをしていたのでは、死んで幽界に行っても救われないため、宗教が必要となったのです。

その様なことから今日のような宗教が起きたのですね？

そうです。つまり崇《すう》教時代から宗《しゅう》教時代が起きてくるわけです。

釈尊は、「自分が死んだら第四兜率天に帰って、観音の右に坐し、時期が来てミロクが下生する時には、一緒に出て世の大建て直しに参加するぞ」といっています。第四次元界に帰るが、また時到れば、そこから下生して人々を救うために出現するとおっしゃっているわけです（弥勒下生経）。

私たちはあまりにも釈尊のことについても知らないことばかりだと気づかされましたが？

それは、釈尊やイエスの事歴を見ても、記紀など見ても、真相を隠した部分があったからです。あるいは、神のみ名にしても、明瞭に出せない部分がずいぶん出てまいります。

これらは、表面から見たのではわかりませんが、言霊と超古代史で解いていきますと、霊界と現界が合わせ鏡のように示されていることがわかってくるのです。

釈尊ご生誕の時の様子を言霊から解釈すると、明らかに日本人の系統であるという証拠が次々と出てくることに、皆さんも気づかれることでしょう。第四兜率天《とそつてん》の問題にしても、いろいろな学者が説明を試みているようですが、神霊界の実相に照らされたものであるとはいいがたいのです。

釈迦牟尼《しゃかむに》と呼称していますが、これも同様です。本来言霊では、牟尼の「ム」は無＝０《ゼロ》、零＝霊で、「ニ」はつなぐであり、つまり「現界と霊界をつなぐ役割」のことをいいます。このムニという言霊がわからなかったので、支那の坊さんは、「知恵《ちえ》のある人」※4と解釈してしまったのです。「現界と霊界を結ぶ人」ですから、聖《ひじり》（霊智《ひじり》）には違いありません。

聖（霊智）とはどんな意味なのでしょうか？

霊智とは、霊界を知っている人ということです。しかも、人間の知恵とは違って、日の上に立った「知」、すなわち「智」なのです。「聖」の文字を用いた場合も、宇宙の主《す》の神様の下で、「日と月を知った王」という意味になります。
ですから、聖者とは霊界の知識を持った人でなければそう呼ばないわけです。
ところが、今日までずいぶん出鱈目な解釈がされてきてしまったのです。

言霊とは大変深い意味があるようですね？

そう、今まではあまりに自分勝手な解釈がされてきたのです。
さて、釈尊の続きです。釈尊は五十二歳の時、不合《ふきあえず》朝第七十代神心伝物《かんこころつとふもの》部《べ》建《たて》不合《あえず》天《あめ》日《ひ》嗣天皇《つぐすめらみこと》の頃、マダカスカルから日本に亡命しました。

釈尊が日本に亡命ですか？

そうです。そして、神道を元伊勢の丹波で学び、「白龍満堂」にこもり、天皇家から「釈迦天空坊」という名を与えられ、百十六歳の長命を保ち、二月三日に亡くなられました。

「釈尊」「釈迦《しやか》」のどちらのお名前をお呼びしたらいいのでしょうか？

釈迦というお名前の方は、インドには歴史上いらっしゃいません。日本の古文献によりますと、インドのゴータマ・シッダールタ[※5]（Gauama Siddhārtha）という方が、日本に帰られてから、釈迦天空坊というお名前を名乗るようになったのです。

インドでは、あくまでゴータマ・シッダールタで、シャカという個人名は存在しないのです。

※1　ヤマト民族　後にマヤ族。

※2　ヒマラヤ　言霊でいうと、「ヒ」は日《ひ》・霊《ひ》・火《ひ》で、「マ」は真《ま》、「ラ」は陽の回転、「ヤ」は原野・平野・平原・邦・国・山という意味ですから、全体としての意味は「日の神の真神《まがみ》の陽《ひ》の回転をしている国から開拓に来た所」となります。

※3　ナーガ　神聖な象、すなわち龍神のことです。光龍・金龍神をさしています。

※4　智恵のある人　智者には違いがありませんが、言霊からいうと意味が違ってきます。

※5　ゴータマ　陰のタマ（霊・主）を知ったという意味です。陽のタマはコータマとなります。釈尊は、インドの陰の方へ出現された玉ですから、ゴータマとなっているのです。

ムー大陸

かつてのムー大陸の名残りを残す島々から出た石板のなかに、非常におもしろいものがあります。たとえば、ムー大陸を表現するために、山を三つ描いた2のような意匠の石板が発見されています。

ムーは、日本の数霊でいうと、六《ムー》であり、水を意味します。水は「ミ」とも読みます。そして、「ミ」は三ですから、三つの山で表現するのは当然といえます。

また、1はムー大陸の沈没を象徴しています。ムー大陸は、太平洋の「天地かえらく」で真っ暗な時代をむかえますが、1の意匠は太陽の国が沈んだということを表しているのです。

1を見ると、太陽の下の大地が沈んでいることがわかります。ムー大陸が大地の底まで沈んでしまっているのです。こういった証拠の石板がたくさん発見されています。

近年アメリカでは、アメリカ大陸の先住民は日本人であったろうという学説が登場してい

*

1

2

ます。日本の古文献を見ますと、太古の日本から十六人の皇子のうちのお一人が、アメリカに渡って開拓をしておられることが明記されています。北の方はヒウケエビロス、南の方はヒナタエビロスと、地名まで示されているのです。そこで、もう一度アメリカ先住民の伝承を精査してみますと、アメリカはエビロスと呼ばれていたとされています。これは、日本の太古史の記述と、アメリカ先住民の伝承が発祥を同じくするものであることの証左となるでしょう。

太陽信仰というものも、人類の分布や移動にしたがって変遷しています。天照主大神様《あまてらすおおかみさま》を拝んでいたのが鏡岩を拝むようになり、鏡岩が今日の神社の鏡になったことなどはその好例でしょう。つまり、日の神を祀るという習慣も、人種の分布に応じて歴史的に変遷している

*

3　ムーの王室のマーク

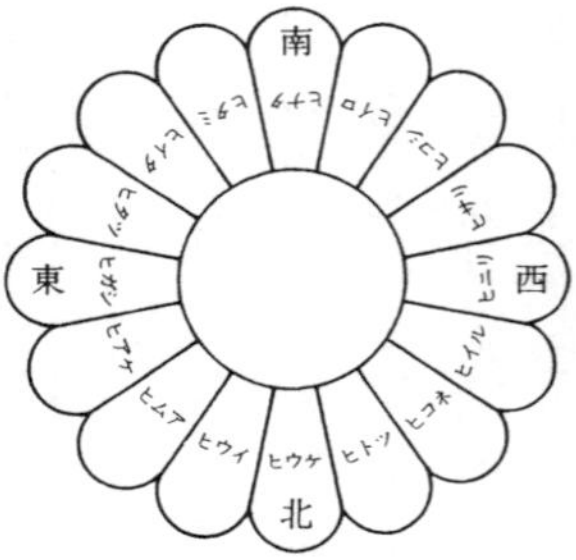

4　太古の方位

のです。それが一番現れているのが、ムー大陸の石板・石碑なのです。

こういったことは、やはり神様のおっしゃいますように、暴《あば》かれてきていることを悟らされるお仕組みなのかもしれません。

詳しい説明は省かねばならないのですが、おもしろいと思うのは、3のムー大陸の王室のマークです。この紋章の真ん中にも太陽が表されています。これはハミル（U-luumil）と呼ばれています。この紋章や呼称は、釈尊の生まれたルンビニー（Lumbini）と関係していると思われます。

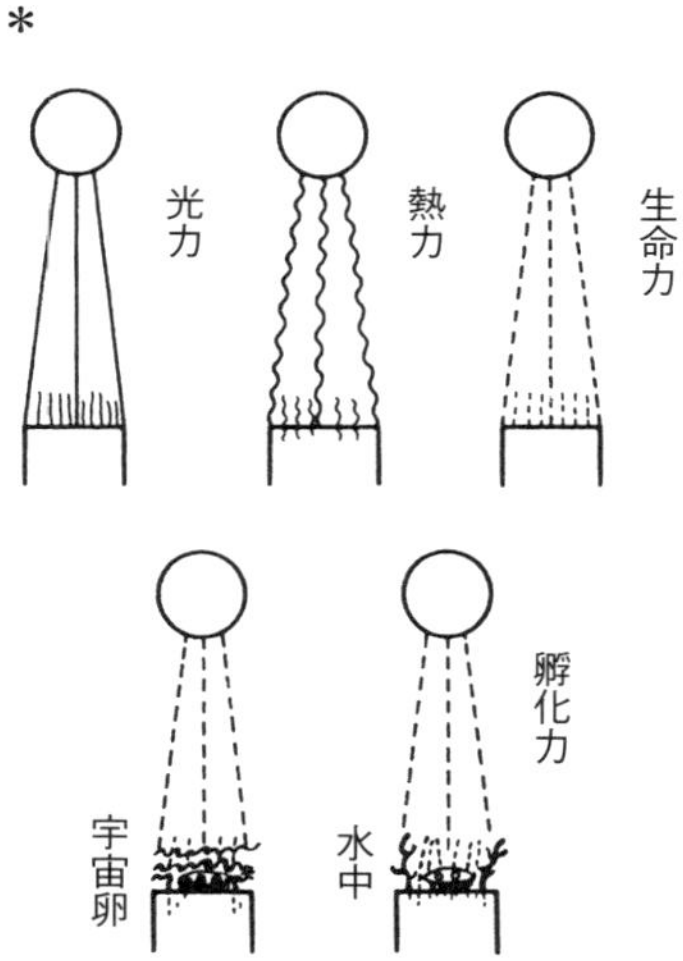

5　宇宙エネルギーを示す
ムーの装飾文字

太陽信仰が続いてまいりました結果、絵文字にも太陽の力を表わす意匠が残されるようになったのです。太陽の光力・熱力・生命力などを示したものがいろいろ発見されております。5は、太陽の光力・熱力・生命力・孵《ふ》化《か》力などを表したムー大陸の装飾文字です。

このように、太陽を象徴した文字

は世界各地で発見されています。万象万物を創造した太陽の原理、太陽の恩恵は、人類に恐ろしいほどの影響をもたらしているわけです。一口に太陽信仰、太陽族といっても（釈尊やイエスが太陽族であったことは歴史的にも証明されています）、その意味は深くかつ重大な内容を含んでいるのです。

そして、その太陽族が日本から発祥しているということと、全世界に太陽信仰が分布しているということを見逃してはなりません。これらは、人類の発生、人類の歴史、その分布について、重大な研究示唆を与え、さらにいうならばその源そのものをも語っていると思われるのです。

これらは今後、徹底的に研究すべき日本人と人類の課題の一つといえるでしょう。

梵天（書13「神酒」）

梵天の意味を教えていただけますか？

創造神は、宇宙剖判《ほうはん》、天地《あめつち》剖判から万象の創造・化育・運営までのすべてを司っておられます。そして、そのためにあらゆる目に見えない「置き手」「掟」「法」を制定されました。これらを行われるにあたって、言挙《ことあ》げされることなく、無言のうちに、意力《いりき》、魂力《こんりき》、すなわち神意発動だけで一切を統一する様相を、「天地創造神」「主《す》の神様」と申し上げているのです。中国では「天帝」と訳しています。

イエスが「天の父よ」と申し上げたのは、主の神様の「火《ひ》・日《ひ》・陽《ひ》のみ働き」のほうであり、釈尊が「梵天《ぼんてん》の声」と申し上げたのは、この創造の最高神「スの神様」を表現したものです。

秘仏とされる聖（正）観音は、「スの神様」の体の面のことです。

シュメール族

シュメール族とは、いったい何なのですか？

「スメラ（皇）族」「ミカド族」は勇敢な一族でしたが、武断的な政治ではなく、徳政を施していました。そして、彼らによって世界の五代文明が築かれたのです。

日本から沿海州を経て、コンロンに入ったシュメール族があります。このシュメール族の大将が天輪王であり、その三十数代目が釈尊に当たるのです。

さらに、シュメールとは、「スメル族―スメラ」「皇統―天皇《すめらみこと》」という語源からも連想されるように、日本の皇室と深い関連をもっています。つまり、経文にも示されていることな

＊ シュメール文化の流れ

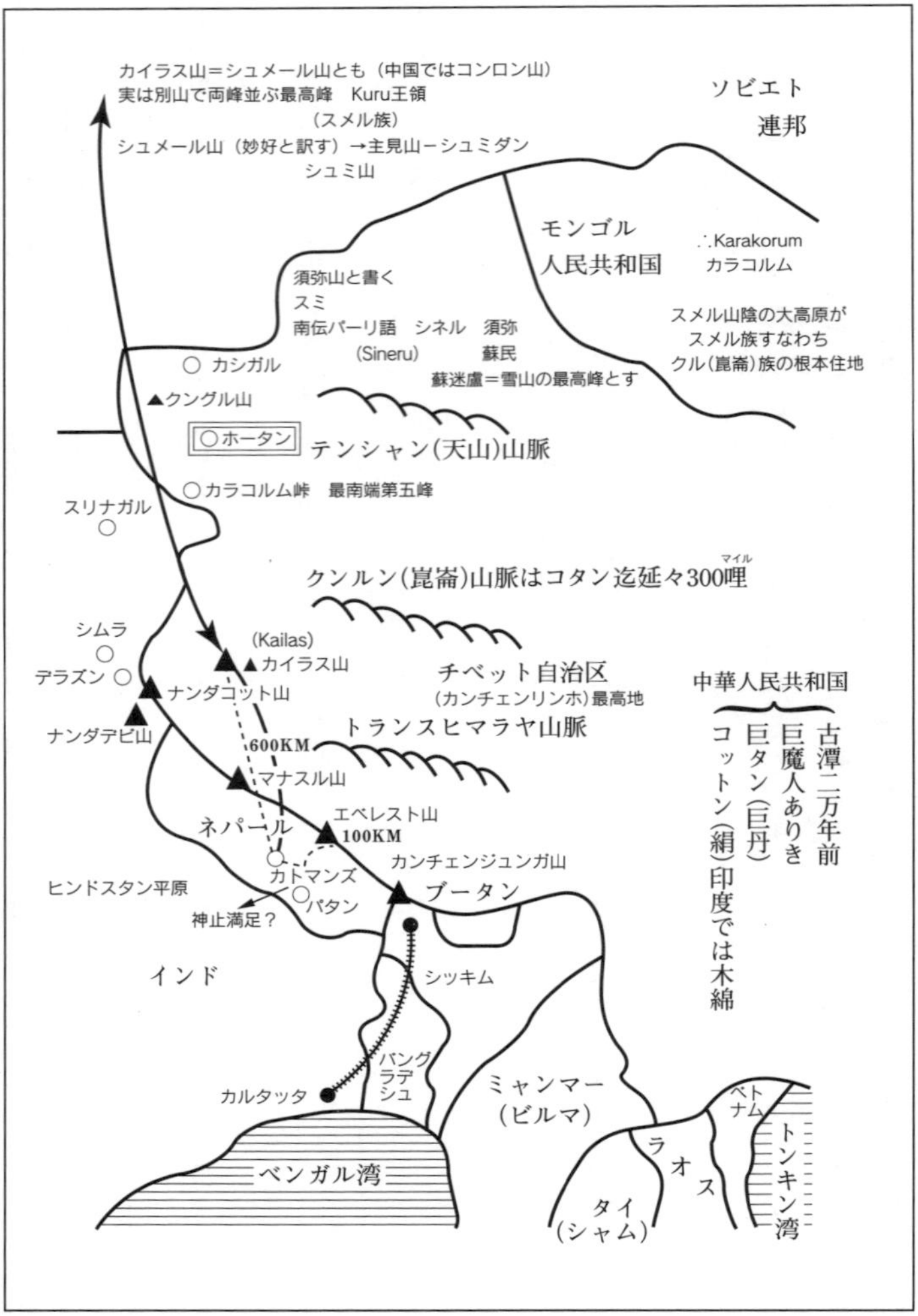

カイラス山＝シュメール山とも（中国ではコンロン山）
実は別山で両峰並ぶ最高峰　Kuru王領
（スメル族）
シュメール山（妙好と訳す）→主見山ーシュミダン
シュミ山
ソビエト
連邦
モンゴル
人民共和国
∴Karakorum
カラコルム
須弥山と書く
スミ
南伝パーリ語　シネル　須弥
(Sineru)　蘇民
蘇迷盧＝雪山の最高峰とす
スメル山陰の大高原が
スメル族すなわち
クル（崑崙）族の根本住地
○ カシガル
▲クングル山
○ホータン
テンシャン（天山）山脈
○カラコルム峠　最南端第五峰
スリナガル
クンルン（崑崙）山脈はコタン迄延々300哩《マイル》
シムラ
(Kailas)
▲カイラス山
デラズン
ナンダコット山
ナンダデビ山
チベット自治区
（カンチェンリンホ）最高地
中華人民共和国
古潭二万年前
巨魔人ありき
巨タン（巨丹）
コットン（絹）印度では木綿
トランスヒマラヤ山脈
600KM
マナスル山
エベレスト山
100KM
ネパール
カンチェンジュンガ山
カトマンズ
パタン
ブータン
ヒンドスタン平原
神止満足？
シッキム
インド
バングラデシュ
カルタッタ
ミャンマー
（ビルマ）
ベトナム
ラオス
トンキン湾
タイ
（シャム）
ベンガル湾

のですが、シュメール族の転輪王のご子孫に当たるのが、日本のスメラ＝皇統に連なる人々なのです。

端的に申しますと、シュメール族は日本の天皇家なのです。釈尊が日本在住の時、天皇家から「釈伽天空坊」という名前をもらったことは前述しました。これがインドのシャカ一族となりますと、シャキャサッカ族、つまり「ス」から裂けてきた神様の一族という意味になっているのです。

仏教の経典では、「須弥」「蘇民」「蘇迷盧」は、どれもシュメールといいます。

ヒマラヤ

古文献によると、不合《ふきあえず》朝六十六代豊柏《とよかし》木《き》幸《さち》手《て》男《お》彦《ひこ》天皇のとき、天皇の命により天《あめ》日《ひ》種《たね》主《ぬしの》命《みこと》、天月種《あめつきたね》王命《おおのみこと》がインドに行き、国を拓かれています。そのご子孫にあたるのが「アララ」であり、「カララ仙人」とも呼ばれている聖者なのです。

つまり、ヒマラヤの開拓に行ったのは日本のご皇室の祖先ということになります。そして、釈尊はこのカララ仙人について修行をされたのです。また、フダラク山上の南海大師のもとにも学びに行っております。これは釈尊が日系である以上当然のことでして、神道を学ぶにはやはり日系の師につかねばならなかったのです。

また、ネパールやベトナムでは、十六の菊の紋章をつけた瓦の家が沢山見られます。この意味について簡単に説明しておきましょう。上古において、日本民族はマヤ族となりました。このマヤ族は、ムー大陸が沈没した時、現在も残っている日本の島々やビルマなどにはいあがり、生き残りました。そして、そこで生活を営んでいったため、さまざまな場所に菊の紋章が残ることになったのです。これは、菊の紋章を伝承している世界各地の人々が、日本人と同じ祖先であること、同一の先祖からわかれ出たものであること、元一つであることを意味しています。

ネパール人は日本人と大変よく似ており、彼らが使用している言葉には、日本の神代語が残っているといわれています。ムー大陸が沈没した時、一部の人々がネパールに行き、ネパール人になりました。さらに、その内のコンロンのシュメール王の血統を引く人々が、後にアーリヤ人となり、インド文明を興したのです。前述したように、当時は「シンドウの国」と呼ばれておりましたが、後にインドとなったのだといわれています。

シュミセン

シュミセンとはどういう意味ですか?

意味は主を見る山、つまり「ヒダノタカヤマ」ということです。

シュミセン＝高山《たかやま》がどこにあるのかわからなかったため、ヒマラヤ山脈の一番高い山である雪山を暫定的に「シュミセン」にしてしまったのです。

上古第九代　天《あめ》八《や》十《そ》万魂《よろずたま》天皇《すめらみこと》

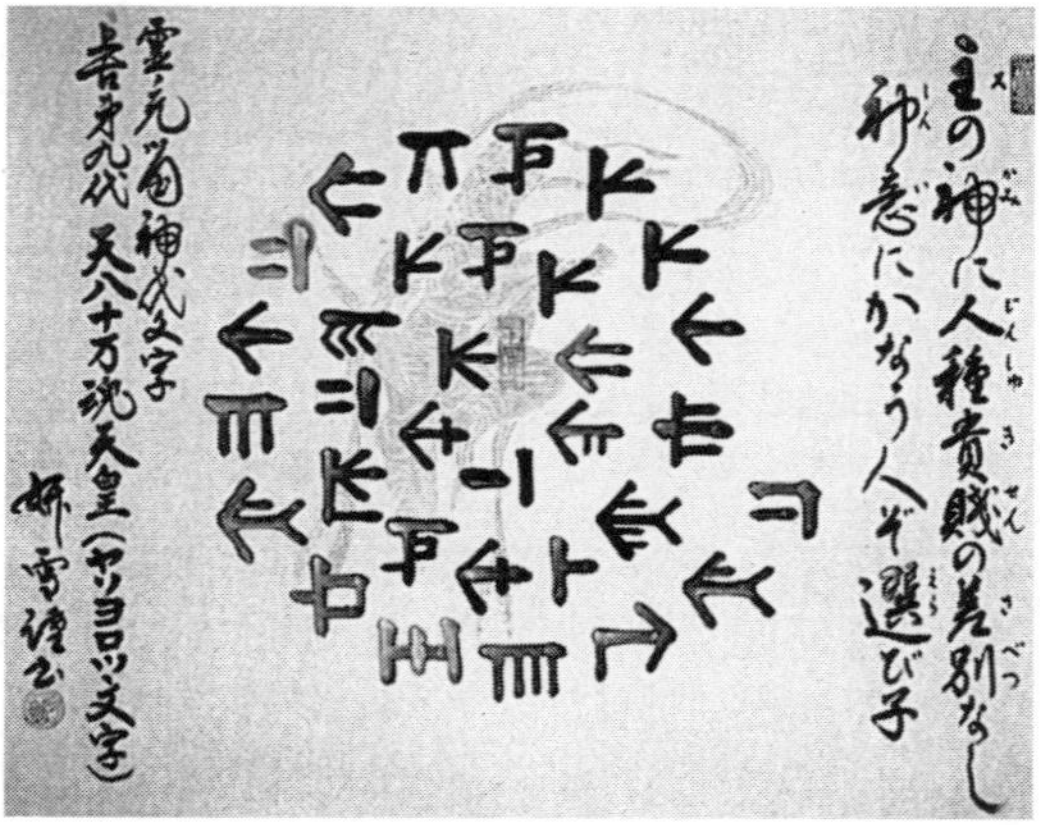

主《ス》の神に人種《じんしゅ》貴賤《きせん》の差別なし
神意《しんい》にかなう人ぞ選《えら》び子《ご》

書14

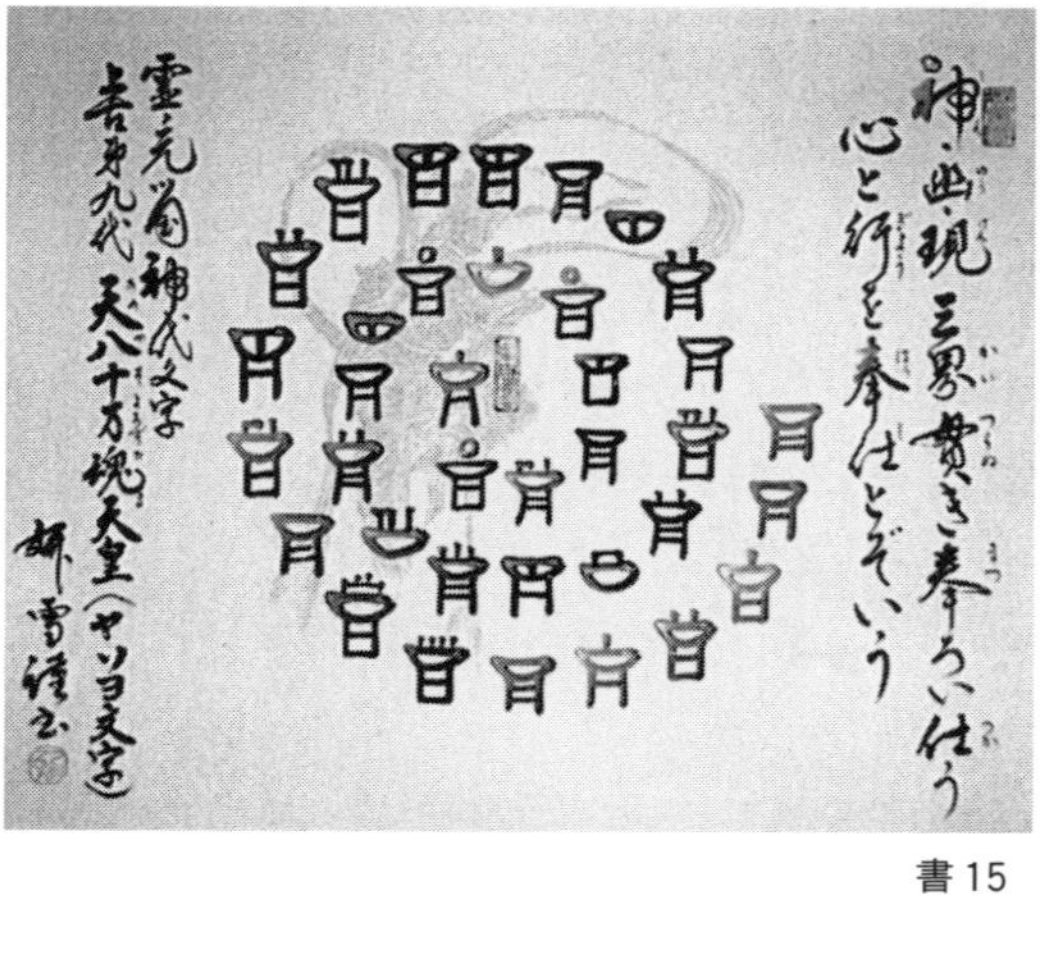

神《しん》・幽《ゆう》・現《げん》三界《さんかい》貫《つらぬ》き奉《まつ》ろい仕《つか》う
心と行《ぎょう》を奉仕《ほうし》とぞいう

書15

五色人（書14「主の神」）

「人」とはいったい何なのでしょう？

「人」は神から産まれたものであります。

産まれたものは、産むことができます。

つまり、「神―親―子」の関係であって、永遠性があるのです。

原子は、一つの原子核の周りをいくつかの電子がとり囲んで、ちょうど太陽の周囲を惑星が公転しているように、電子も一定のスピードを保ちつつ原子核の周囲を規則正しく回っているのです。

古代日本人の考えていた「神―親―子」の関係は、一つの原子核を囲んでいる電子と同じように、神と親を中心とした、子の規則正しい律動波及であったのであります。

つまり、子は親を囲み、親は祖先を囲み、縦と横の結びをなしつつ、律動することによって、家族は平和に繁栄し、社会は正しく保たれていくと信じていたのです。このことは、幽と現が一体となり、神と人、祖先と親、親と子、子と孫というように永遠に結（産《む》す）ばれて、ちょうど万物を形成している原子と原子の「結び」と同様の摂理で生き続けて行くということでもあるのです。

したがって、日本では子が親を囲んで正しく律動すれば、ただちに祖先と同体の律動となり、神と同体の律動にもなるのです。

これを「共鳴り」とも、「神人一体」とも、「霊肉一体」ともいっております。

しかし、実際にこの律動が正しく行われているとはいえません。次の言葉のように、「人」は理想的な「人」である状態から「人間」へと成り下がってしまっているのです。

人間と人とは似て非なり。

人間とは人になるには間《ま》がある者のことなり。

人間は、神人時代、半神半人時代、超人時代、人時代という変遷をたどって現在に至って

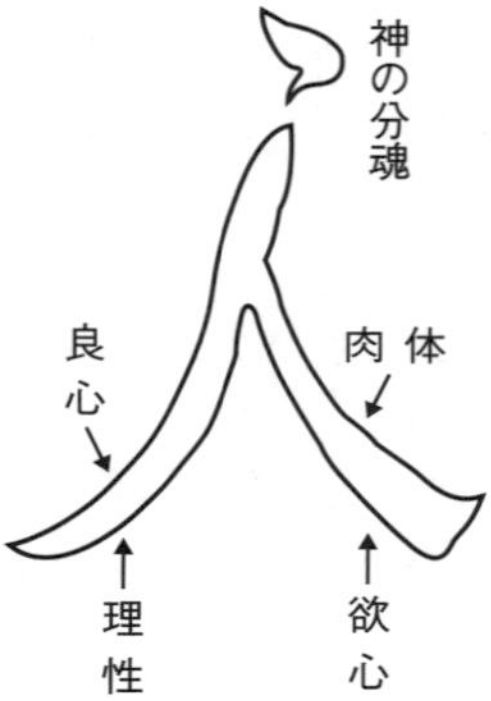

います。換言すると、人は未開の時代から人間時代へと下降し、さらに文明人へと化けてゆく途中にあり、元の人に還るだけでもまだ間があるのです。つまり「半獣人化」「四足獣人化」してしまったということになるでしょう。

「人」とは、正しくは「霊止《ひと》」と書きます。

神様は神界の写し絵を創るために、人類をお作りになられたのです。したがって現界を「うつしよ」ともいうのです。

五色人とは肌の色の違った人間のことなのでしょうか？

そうです。オリンピックのシンボル「五輪の輪」は、五色人を根拠として作られたものです。古文献に記されている、黄人《おうびと》・赤人《あかびと》・白人《しろびと》・青人《あおびと》・黒人《くろびと》が典拠になっています。

なぜ同じ人間で肌の色が違うのでしょうか？

五色の色は、神様が人間をお創りになられた時に、それぞれみ役を分け定められたことによります。そのみ役に応じて肌の色を分けられ、それが五つあったということです。

神様は人間を同じ霊成型《ひながた》でお創りになりました。しかし、同じ霊成型といってもどこか違えてあります。お互いが間違えて喧嘩などしないようにという配慮からです。そのうち、人間はだんだん増えてまいりました。やがて、神様がご覧になっても見分けがつかなくなるほど人間は世界にあふれてしまいます。神様は自ら見分けやすいように、人の肌を五色に色分けするお仕組みをなさったといってもいいでしょう。

五色人はどこが発祥地なのですか?

大神様は五色人の霊成型《ひながた》をお創りになりましたが、それぞれ発祥地がある訳ではありません。発祥地は一つであり、おそらく「日玉の国」ではないかと思われます。そして、もっと具体的には、十和田湖あたりではないかと推測されるのです。

つまり日本ということですか? それについて何か証拠があるのでしょうか?

「日本で五色人が発生した」という何よりも有力な証拠は、今に伝えられている宮中の即位式のなかに見い出せます。

即位式で用いられる陛下の錦《にしき》の御旗《みはた》には、五色の魚が描かれ、三十二の波が織り出されています。この三十二という波の数は、国万造主《くによろずつくりぬし》大神様の「三十二相のお働き」に相当しています。

古文献に、「三十二相に化現した神」が登場します。これは、「万象を創られた神は波に乗って海を越え、世界各地に渡り、五色の魚としてそれぞれの文明を起こした」ということを暗示しています。そのため、五匹の魚が描かれているのです。

即位式では、太古の五色人の王が着座した時の様《さま》が再現されます。真中に黄色を据え、それを囲むように赤、白、青、黒の四色が配置されます（易の配置もここから出ています）。

日本の古文献を調べていきますと、上古第二代造主《つくりぬし》氣《き》万《よろず》男《お》天皇《すめらみこと》以降、代々の神様（天皇）は世界各国を治めるために、十六人の皇子を派遣しておられました。

後には、世界の各地区から黄人・赤人・青人・黒人の王が毎年政治会議のために日本に参集するようになりました。その時、少なくても十人単位、多ければ百人規模のお供を連れて来朝していました。

日本に世界の政府があったということなのでしょうか？

そうなのです。日本のスメラミコトの直系、もしくはそのなかの有力有能な方が、世界に分布した五色人を教化するために、布教して歩いていたのです。

『古事記』『日本書紀』に「皇室が多くを人民に教えた」という記述があるのは、その布教のことをさしているのです。

神代からのしきたりが近世まで伝わっていて、あらゆることを教えるのがスメラミコトの職掌とされていたのです。

このようにして世界に教えが伝わり、そのなかでもとくに発展したところで、五大文明が誕生したのです。

しかし、各文明が発展した後、地球に大変動が起こりました。ムー大陸の陥没、アトランティスの陥没、地中海の陥没、紅海の陥没などが、その変動の事例です（これらは、地質学的にも証明されています）。


日玉の国はどこにあったのですか?


日玉の国というのは、世界五色人の発祥の地であり、信濃の松代、上田、善光寺近辺、さらに飛騨の位山《くらいやま》、乗鞍あたりまでの地域を指しています。したがって、現在の日本の国を指しているのではありません。

登山などで騒がれている乗鞍岳は、かつては神の「祈りの座《くら》」「神座」の意味だったのですが、今日では「馬の鞍《くら》に乗る」という文字に変わってきているのです。

日玉の国は、神代に一番最初にできた国名で、それまで地名というものはありませんでした。

次にできたのが「アマグニ」（天国）という地名で、これは「ミユ」（ムウ）大陸の北端にあたり、現在の北陸方面に相当しています。ちなみに、「ミユ」大陸の言霊の名残りが、「三保の松原」で、おそらくミユが変化してミホとなったものと思われます。

また、人類の発祥当時、天照主日大神様《あまてらすひのおおかみさま》は第四次元の霊界から第三次元の霊界に天降《あも》られますが、それが「霊玉《ひだま》の国」だったのです。しかも、その地は位山からはじまっていると考えられているのです。

「日玉の国」で発祥した人類は、その後文明を築いていきますが、「天地かえらく」による大陥没のために、かなり長い期間にわたって交通が完全に遮断され、やむを得ず個々の地域がそれぞれ発展してしまったのです。

発展した後、いざ交通を開いて往来するようになってみると、結果的にお互いとても異質な相手を確認することになったのです。

五色人の発祥には複雑な経緯があったのですね！

神様は、日本で人間の霊成型《ひながた》を創り、さらに五色人の霊成型を創りました。そしてそれを物質化現象として、また人種として、全世界に分布させました。しかも、その人種の教育のため、何百万年にもわたり、代々皇子を派遣するか、あるいは自らが海外に渡り、専心教化に従事されたのです。

古文献には、元地の日本に五色人を祀った神社があったと記されています。富山の「白龍満堂」がそれに当たり、五色の幕が張り巡らされています。

また、国幣《こくへい》大社や官幣《かんぺい》大社に行きましても、玉垣のところに五色の旗が下げてあるのが見うけられます。


なぜ五色の旗なのでしょうか？

五色人の王様は、日本に参集されるときには、必ず各民族の皮膚の色を象徴する「ス晴らしい」衣を着ていました。

たとえば、黄人は黄金色の袍《ほう》を、赤人は赤い袍を着用するといった具合です。日本人は、はじめは金色でしたが、それがいつの間にか黄色になってしまったのです。

しかし、同じ黄色でも日本人を「黄《おう》（王）人《びと》」と呼び、日本以外の枝国の人を「黄人《きびと》」と言って区別することになっていました。

五色人の着席順位は最初から定められていて、中央に金色の座があり（日本の天皇《すめらみこと》の玉座《ぎょくざ》）、その回りに四色人の酋長が並んだのです。後になって、袍を着る代わりに五色の旗を掲げることになったのです。

即位式では、今も五色の旗が当時と同じ位置・配列で並べられます。これは、日本の天皇《すめらみこと》が、かつて五色人教化の総帥であったことを示すものなのです。

現在、その意味がすっかり抹殺されてしまっているにもかかわらず、踏襲《とうしゅう》されて続けていることからみても、五色の旗が重要な意味をもっていることは明白といわねばなりません。

「五」というのは非常に神秘な数霊です。

日本は五つの島から成っていますが、これは「ス晴らしい」人類の元地であることを島の数で示されているのです。

五色人総説

人間の雛型が創られ、五色人が発生したのは「霊の元つ国」（日本）、すなわち当時のムー大陸です。これは日本の古文献にのみ記されています。

五色人とは、黒人、白人、赤人、青人、黄人をいいます。証拠物件である五色人のお面が保管されている神社がありますが、それは一つ一つのお面が、それぞれの国の木で作られ、彫刻されているのです。このお面が本当の国宝と呼ぶに値するものであることは隠されてまいりました。日本では仏教の伝来とともに、仏像やそれに類したものが国宝とされるようになったのですから、私たちは目を晦《くら》まされてはなりません。真実は深く深く秘められているものなのです。

天皇家は、霊統としては万世一系であることに間違いはありませんが、実際の血統上は何度も血筋が交代しています。これは、人類進化のための血統争いと見るべきでしょう。天皇家の血統は次の三つに大別できます。

1　ご本家。黄人《おおびと》。日本の本土に残っておられるご系統。

2　ユダヤに行かれたご系統。メソポタミヤに行かれたのと同じで、白人系統の天皇《すめらみこと》。

3　盤古系統。支那大陸を統治。

五色人の祖である皇統第二代一世造化氣万男身光天皇に対しましては、天皇《すめらみこと》という尊称でお呼びしておりますが、実際は応身の神様です。神様には、肉体をもたれた神様と、霊体身の神様がいらっしゃるのです。それはともあれ、この造化氣万男天皇の時代に五色人が発生しました。

五色人は世界各地に渡っていきますが、その配置を大略示したものが一七〇頁の図です。スの直系の黄人《おおびと》、ヨイロパ赤人祖、シナ・インダウ・天竺の三つと、その他の白人・青人に分かれています。五色人の動静について個々に説明してみましょう。

黄人《きびと》は、オオビトから分かれた人々です。オオビトというのは、本家の日本の島、というよりも当時の大陸（陥没したムー大陸などを指し、マヤ族、太陽族と呼ばれていた人々が住んでいた）にいて、今日に至っている人々の総称です。五色人の発祥地である日本に残ったのは、スの直系が中心となったオオビトということになります。黄人はオオビトとは違い、今のシベリアや支那大陸に行った皇子の子孫を指しています。これを盤古系といっています。青人はオロチオ族（神話のオロチオ退治の物語に出てくるオロチオのことだと思われます）のことで、お尻も青いのです。今のシベリア付近にいたのですが、一部が西回りの旅をして、ヨーロッパに上陸しました。これが、現在の青い目のヨーロッパ人種の祖先なのです。

黒人《くろびと》は、はじめ「紫の人」と呼ばれていたのですが、次第に肌が黒色に変化していき、黒《こく》人《じん》になったといわれています。

ヨイロパ赤人は中央アジアを開拓していった人々を指しています。ヨイロパ赤人の女祖が一番最初に土着した地が、現在のメソポタミアです。この一族はさらに分かれて、エジプト、ペルシヤ、アフガカブに渡りました。アフガカブとは現在のアフガニスタンのことです。

ペルシヤにはスメル族が渡っていきましたが、このスメル族はシュメールともいわれます。スメルは、スメラ（天皇）の訛伝だと考えられております。

古代、ペルシヤの首都は「スサ」と呼ばれていました。このスメル族のスサの王が、日本では須佐之男尊となっているのです。須佐之男尊はスサの王様ということになります。須佐之男尊の別名を月読尊といいますが、日本の古文献にはこの月読尊がペルシヤに渡ったという記録が残されています。

アダム・イブ民王という名前が出ておりますが、これはお一人の名称です。この皇子はペルシヤの西方で活動され、ご子孫がモウシェ（モーゼ）であり、モウシェの子孫に当たるのがイエス・キリストなのです。

ダン族は日本からユダヤに渡った一族をいいます。神代に檀というご一家がありましたが、それが西方に渡り、ダン族といわれるようになったのです。ですからダン族もやはり日本人なのです。このダン族がユダヤから追われて朝鮮に逃げてきますが、彼らが朝鮮の檀家の祖となったと考えられております。朝鮮にはダン族の子孫が多いことになります。

エリアはモウシェの分家で、エリアの嗣が尭帝となります。さらに、尭帝の子孫が秦の始皇帝となり、その子孫がハタ族（秦族）であり、日本に渡ってきて太秦寺《うずまさ》を建てました。「寺」の呼称がついていますが、この太秦寺は本当はペルシヤ景教の宗教建築物であって、仏教寺院ではありません。このことは、日本の宗教文化が本来は日本の分家であるユダヤからきているにもかかわらず、支那の文化文物が輸入されるようになったために、日本があたかも仏教の受け入れ国であるかのような様相を呈してしまうようになってしまったよい事例といえるでしょう。

インドに渡った天竺民王《テンジクミットソン》のご子孫が住みつき、栄えた地を「天竺」といいますが、これは実は日本の古代語なのです。天竺民王のご子孫に釈尊（釈迦天空坊）がいらっしゃいます。インドには、釈迦族という部族は存在しますが、釈迦という人物はおりません。ゴータマ・シッダルータという人物がいるのみです。釈迦天空坊には「釈迦」の字が用いられていますが、これが記されているのは日本の古文献だけなのです。釈尊は五十二歳の時インドを脱出し、日本に渡って来ているのです。

イエスも中央アジアを経てチベットにまで足跡を残しています。イエスは十八歳の時にチベットに入っているのですが、その時点からチベット歴史の中では消息が途絶えています。そして、十二年後に、突然チベットからイスラエルに帰還しています。世界のどの歴史を見ましても、この十二年間の空白期間、イエスがどこにいたのかは不明です。ところが、日本の古文献を閲覧していくと、ちょうどこの十二年間、イエスが日本に来ていたことがわかるのです。すなわち、イエスは皇祖皇太神宮で十二年間にわたって修行をし、修行を終えて帰国し、イスラエルの救済のために立ち上がられたのです。

このように見てまいりますと、日本の歴史、チベットの歴史、中央アジアの歴史、イスラエルの歴史は、互いにつながり、交錯していることがわかってまいります。そして、こういったことは日本の古文献を研究することによって初めて明瞭になってくるのです。

＊

五色人の元と日本人

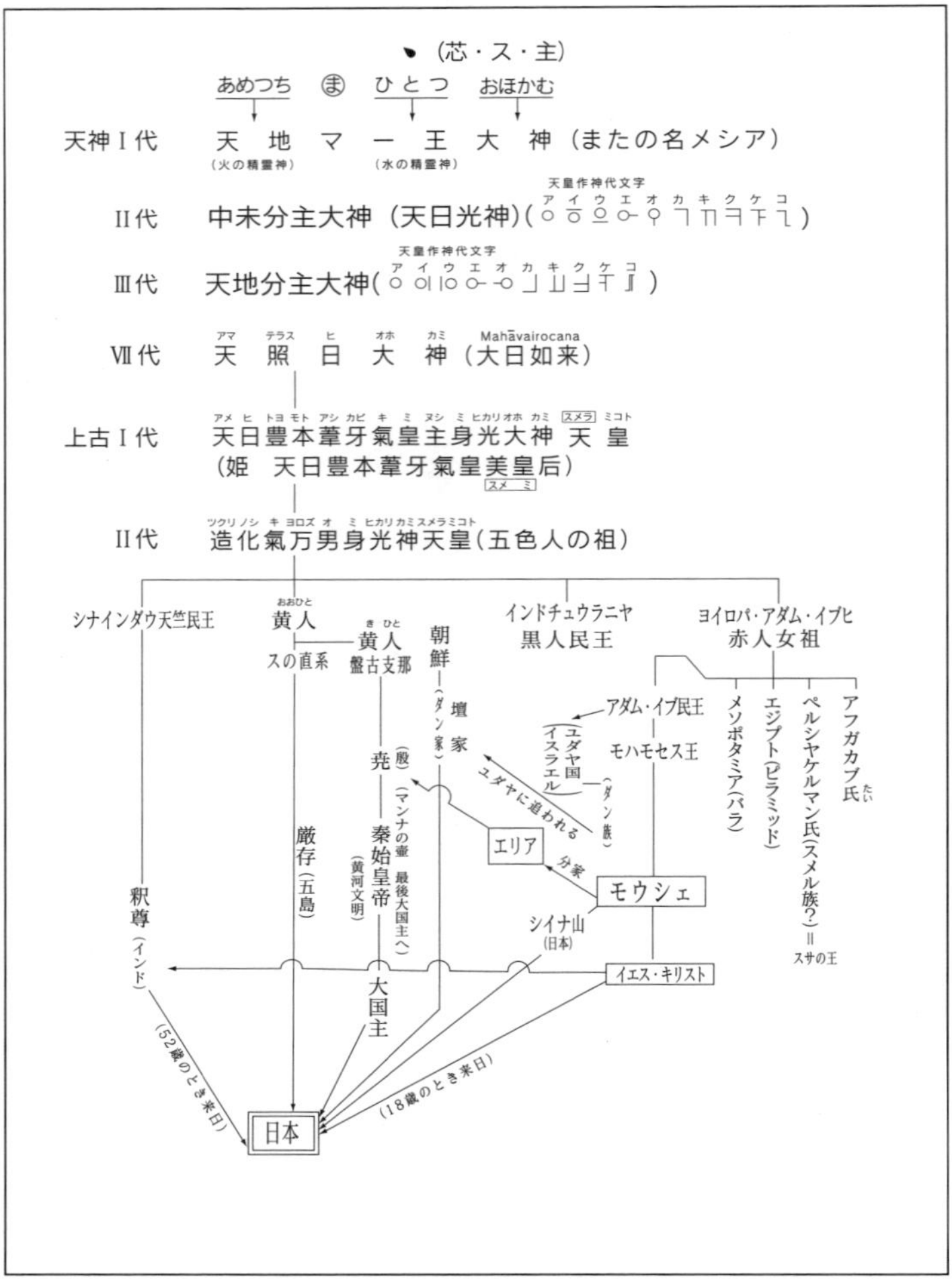
(芯・ス・主)
あめつち ま ひとつ おほかむ
天神Ⅰ代 天地マ一王大神(またの名メシア)
(火の精霊神) (水の精霊神)
Ⅱ代 中未分主大神(天日光神)
天皇作神代文字
Ⅲ代 天地分主大神
天皇作神代文字
Ⅶ代 天《アマ》照《テラス》日《ヒ》大《オホ》神《カミ》(大日如来)
Mahāvairocana
上古Ⅰ代 天《アメ》日《ヒ》豊《トヨ》本《モト》葦《アシ》牙《カビ》氣《キ》皇《ミ》主《ヌシ》身《ミ》光《ヒカリ》大《オホ》神《カミ》 天《スメラ》皇《ミコト》
(姫 天日豊本葦牙氣皇美皇后)
スメミ
Ⅱ代 造《ツクリ》化《ノシ》氣《キ》万《ヨロズ》男《オ》身《ミ》光神天皇《ヒカリカミスメラミコト》(五色人の祖)
シナインダウ天竺民王
黄人《おおひと》
スの直系
黄人《きひと》
盤古支那
朝鮮
(ダン家)
壇家
インドチュウラニヤ
黒人民王
ヨイロパ・アダム・イブヒ
赤人女祖
アダム・イブ民王
モハモセス王
ユダヤ国
イスラエル
(ダン族)
ユダヤに追われる
メソポタミア(バラ)
エジプト(ピラミッド)
ペルシヤケルマン氏(スメル族?)
スサの王
アフガカブ氏
堯
(殷)
(マンナの壷 最後大国主へ)
秦始皇帝
(黄河文明)
厳存(五島)
エリア
分家
モウシェ
シイナ山
(日本)
イエス・キリスト
釈尊(インド)
大国主
(52歳のとき来日)
(18歳のとき来日)
日本

上古第十代　高《たか》皇《み》産《むす》霊《び》天皇《すめらみこと》

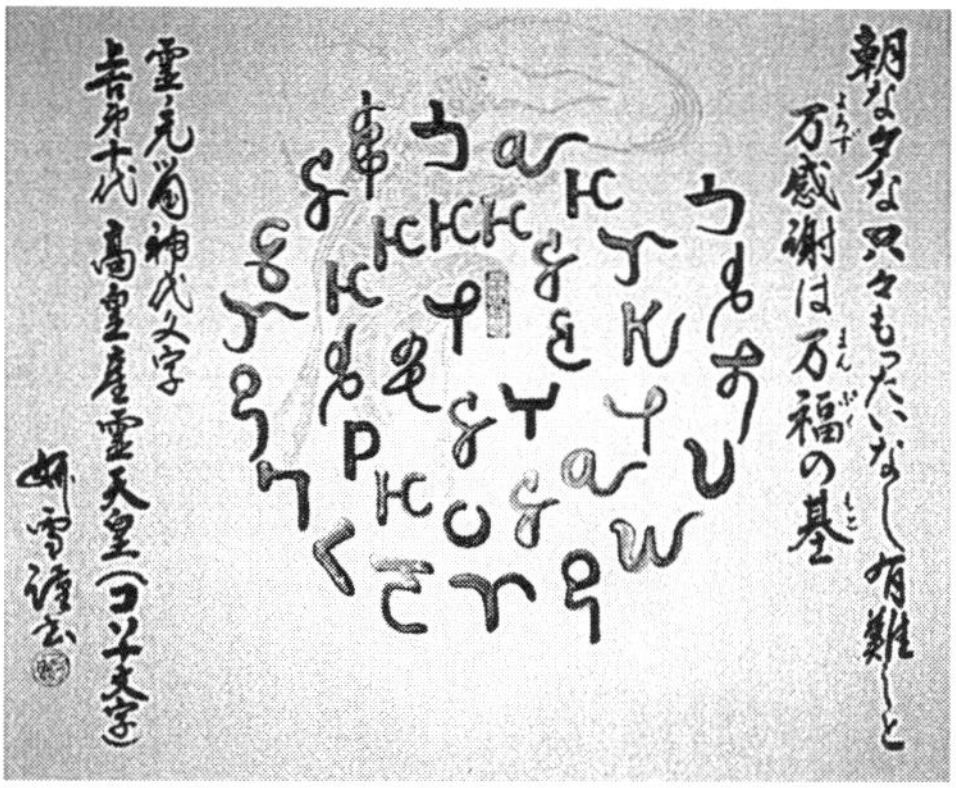

書16

朝な夕な只々もったいなし有難しと
万《よろず》感謝は万福《まんぷく》の基《もと》

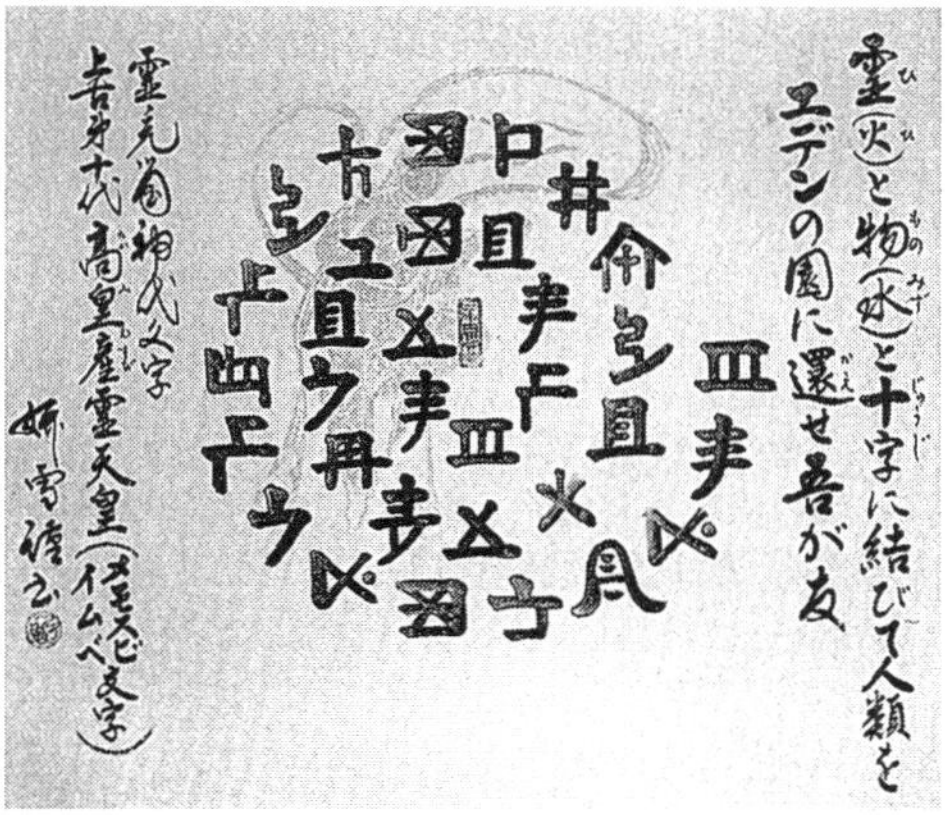

書17

霊《ひ》（火《ひ》）と物《もの》（水《みず》）と十字《じゅうじ》に結びて人類を
ヱデンの園に還《かえ》せ吾が友

阿弥陀如来

阿弥陀如来というのは神様なのですか？

アミターユス（Amitāyus）は無量寿、アミターブハ（Amitābha）は無量光のことです。無量寿、無量光は「無限の光明をもつもの」という意味をもっており、ともに阿弥陀《あみだ》如来のお名前として用いています。

報身仏で幽体神ですから、神界から幽界に降りてこられた如来（神様）なのです。

ちなみに、「アミダ」（阿弥陀）は本来ギリシャの神様です。

二十字の理（書17「霊（火）と物（水）」）

一七三頁に掲げました図は、タテ・ヨコともに神のエネルギーを表しております。このタテ・ヨコが組み合わされ、交流・融合することによって、宇宙が存在し、万物も生成発展しているのです。このことを「二十字の理」と呼んでおります。

二十字の理

タテ	ヨコ
火	水
カ	ミ
日	月
心（唯心）	体（唯物）
男	女
おしべ	めしべ
左	右
主	従
上	下
表	裏
陽	陰
積極	消極
求心	遠心
伸張	収縮
解散	整理
自由	束縛
赤	白
東南	西北
霊＝精神文明　＋	体＝物質文明
東洋文明　＋	西洋文明
資本主義（自由）	共産主義（非自由）
神	仏

＊　神とは、端的にいいますとエネルギーのことです。そのエネルギーの段階により、存在の次元が異なってくると考えられます。しばしば産土力《うぶすなりき》という言葉を耳にしますが、これはエネルギーの融合により、新しいエネルギーが産まれることを指しています。ここに掲げました図は、各項目ごとにタテとヨコがプラスされ、交流し、融合した時に、正しい働きやエネルギーが産まれることを示しています。たとえば、精神文明と物質文明がプラス融合された時に、正しい文明の働きが実現するのです。

タテ・ヨコの組み合わせや融合が十分でない場合、私たちは不完全な世界を享受しなければなりません。たとえば、精神だけにかたよっても、物質だけにかたよっても、それは不完全な世界であり、神様のご意思ではないのです。この世界には、祖神様（ス神）のご経綸とお仕組みが貫かれていることを知っていただきたいと思います。それを確信していれば、理想の世界、ミロクの世は必ず実現いたします。

なお、一七五頁の「三十字と三十字分明＝ミロクの原理」は、「二十字の理」をより詳細に説明したものです。現在、世界はこの原理によって動かされております。

＊　三十字と三十字文明＝ミロクの原理

火の精霊（火《ひ》霊《だま》＝火玉）	水の精霊（水霊＝水玉）	土の精霊
陽子（中性子）	電子	中間子
天	空	地
日	月	地
五	六	七（アミタ）
原子核	一電子	風物質（土）
先祖	我	子
親	子	孫 ｝生物存続の働き（非絶滅）
夫	妻	子
霊（主）	心（従）	体（属）
心臓（火）	肺（水）	胃腸（土）
気体	液体	固体
頭	胴体	四肢
統治者	民	国土
資本	労働	資源施設資材
中心	引力	斥力
軸	輻	輪
神	幽	現
神	先祖	我
唯霊医学 ↓ 〔日本〕神癒力（霊主）	唯心医学 ↓ 精神病理 精神療法 心理療法	唯物医学 ↓ 漢法 西洋医学（水と土が主）
心	体	物
80%	10%	10%

「二十字の理」以上に重要なのは、ここに掲げました「三十字の理」です。「火＋水＋土」という三つのエレメントの組み合わせは、人間が動植物とはまったく異なる原理によって動かされていることを示しています。この「三十字の理」は、今現在の宇宙の仕組みを解き明かした原理なのです。下部にそれぞれのエレメントのパーセンテージが示されておりますが、宇宙はこの割合でバランスをとりながら動いております。二十一聖紀には、それがより明瞭になり、表面化していくのです。

上古第十一代　天《あめ》三《み》降《おり》主《ぬし》天皇《すめらみこと》

豆まき（書18「恐ろし」）

豆まきの本当の意味は何なのでしょうか？

神様のご経綸が進んでいくうちに、日の神様（正神系の神）にかわり月の神様※が政権を担当することになりました。その弥栄《いやさか》えを祈り、正神系の神々を封じこめるための呪術として行われるようになったのが、節分の豆まきや鰯《いわし》の頭に柊《ひいらぎ》を刺したりする行事なのです。

また、正神系の神々の方へ注連縄《しめなわ》（七五三縄）を張ったり、鳥居を作ったりするのも、同様の意味をもった神事といえます。

また、民間習俗として定着している、「鬼は

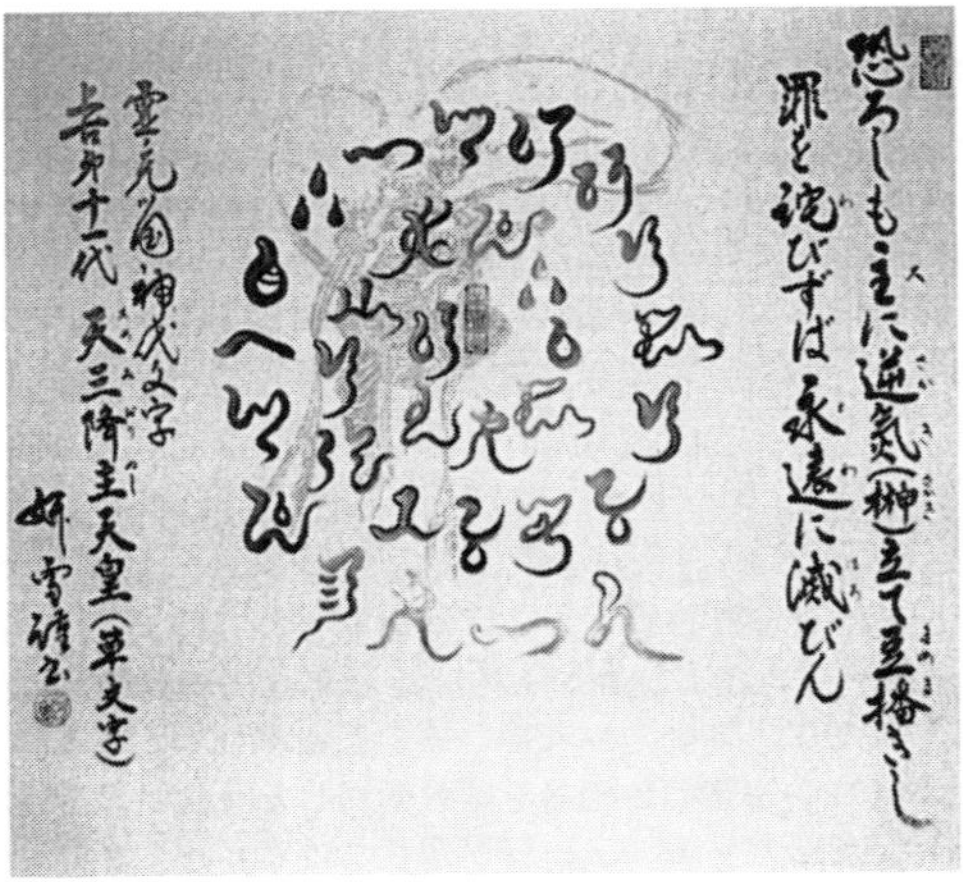

恐ろしも主《す》に逆《さか》気(榊)立て豆播《まめま》きし
罪を詫《わ》びずば永遠《とわ》に滅《ほろ》びん

書18

外、福は内」といいながら豆をまく行事は、艮《うしとら》の金神を追い出す祭りが民衆化したものなのです。つまり、艮《うしとら》の金神を鬼門《きもん》の神として特別視し、できるだけ正神系の神々と人間が接触しないよう試行錯誤してきたのが、今日広く行われている神社や寺の祭りなのです。

それでは榊とは一体何なのでしょうか？

榊《さかき》（逆気《さかき》）とは、正神系の神々（火の神）に逆らう気をいいます。つまり、榊を神事に用いるということは、火の神（精神文明を支配しているエネルギー）に対して水の神（物質文明を支配しているエネルギー）が反発する、あるいは対抗するという意味をもっているのです。

※月の神には神霊界の天若彦《あめわかひこ》神系（月系）と物質界の乙姫《おとひめ》神系（水系）の二系統があります。

上古第十二代　宇麻志阿志訶備天皇《うましあしかびすめらみこと》

ウマシ文字（書19「神と人」）

ウマシ文字とはどんな文字ですか？

ウマシ文字は「ＡＢＣ」の原型です。アルファベットは、ギリシア文字のα、βから出た語です。また、アルファベットは神代の文字をもとに作られたのですが、学界ではいまだ起原不明とされています。

アメリカの言語学者が四十数年を費やして、アルファベットの起源を研究したのですが、ついに匙《さじ》を投げたといわれているほどです。

しかし、本当は匙を投げたのではなく、実はアルファベットの元が日本語であるこ

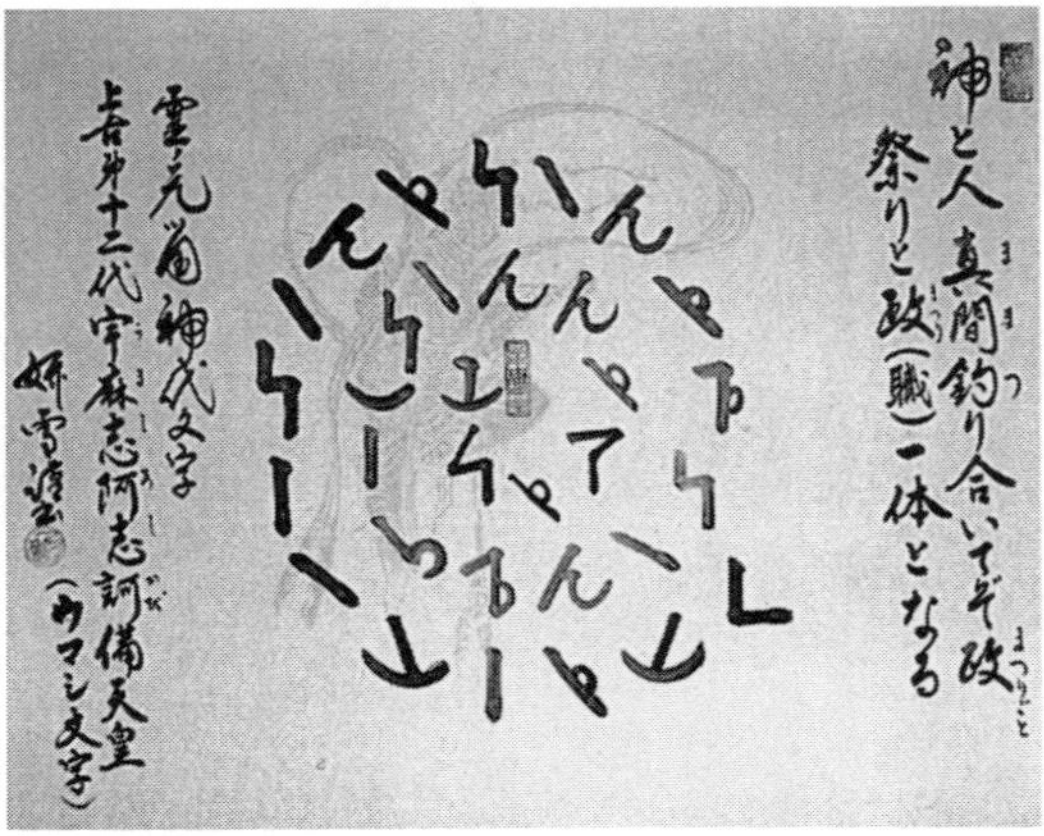
神と人 真間釣り合いてぞ政
祭りと政(職)一体となる
霊光筆 神代文字
上古第十二代宇麻志阿志訶備天皇
(ウマシ文字)

神と人真間《まま》釣《つ》り合《あ》いてぞ　政《まつりごと》
祭りと政《まつり》（職）一体となる

書19

とがわかり、アメリカの面子《めんつ》のために、隠しているのでしょう。これは、研究すればわかるはずです。

宇麻志阿志訶備《うましあしかび》（書19「神と人」）

宇麻志阿志訶備の意味は何なのでしょうか？

地球の隆起や噴火に代表されるような激しい変動が起った時、葦の芽が萌《も》え立《た》つように勢いよく立ち上がってゆく水蒸気の様《さま》を、神名として表現したのが「宇麻志阿志訶備比古遅神《うましあしかびひこじのかみ》」なのです。

「宇麻志《うまし》＝美《うま》し・善し」「阿志訶備《あしかび》＝水辺に生える葦の芽」「比古《ひこ》＝霊子《ひこ》」であって、これらはすべて天之御中主神《あめのみなかぬし》の「力」の一部なのです。また、「遅＝道（みち）」であって、勢いよく立ち上がってゆく様子とその道すじを形容しています。

水蒸気が冷たくなると雲になりますが、その冷却点を「天之常立神《あめのとこたち》」と名づけたのです。「天之常立神」は「底」の意味で「天」（空）の極限を示したものです。そして、地球が徐々に冷却して凝り固まる状態を「豊雲主《とよくもぬし》」といいます。

上古第十三代　天《あめ》之《の》常《とこ》立《たち》男《お》天皇《すめらみこと》

天《あめ》之《の》常《とこ》立《たち》之《の》神《かみ》（書20「只神の」）

天《あめ》之《の》常《とこ》立《たち》時代には何があったのですか？

現界では、国《くに》之《の》常《とこ》立《たち》神が天皇に化身されて政治をとられていました。第三回目の「天地かえらく」が起こり、地球は泥の海と化し、万物死すという事態が起こりました。

「神憩います世」を実現するには？

神と人が一つになることです。「神人合一」「神人一体」が達成され、「霊止《ひと》」が幸福になる「スガタ」を見て、はじめて神は安心して憩《いこ》えるのです。

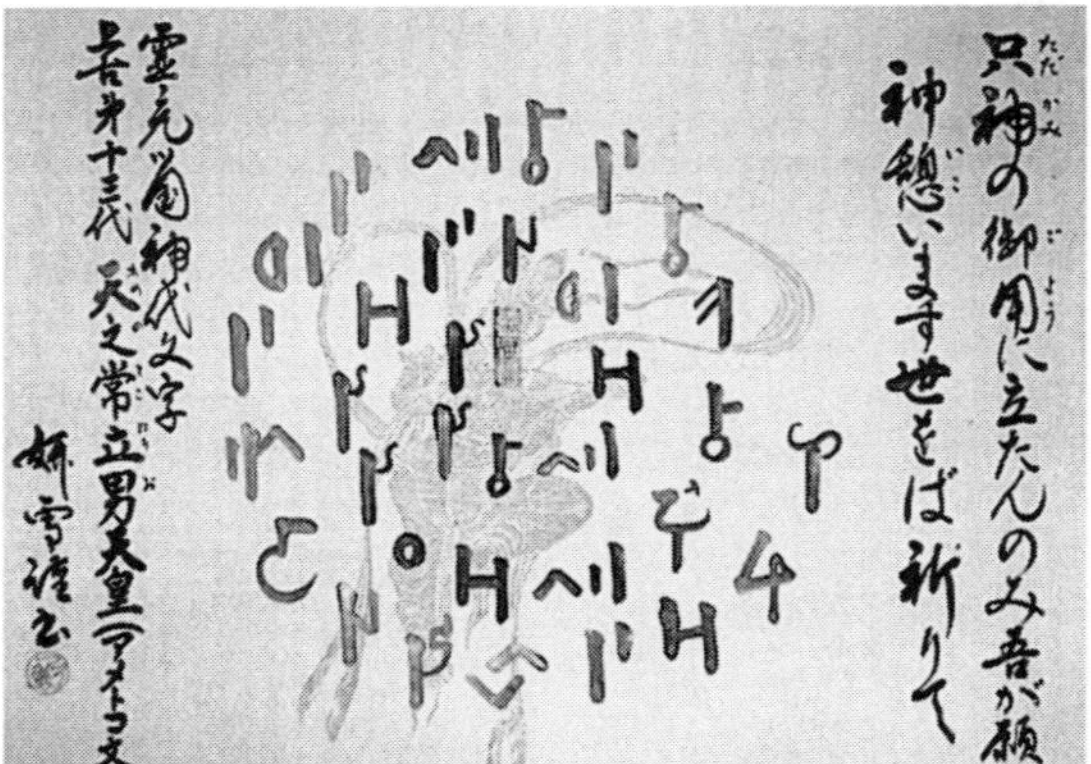

只《ただ》神の御用《ごよう》に立たんのみ吾《わ》が願い
神憩《いこ》います世をば祈りて

書20

上古第十四代　国《くに》之《の》常立《とこたち》天皇《すめらみこと》

霊《ひ》の文明（書21「陽霊の元」）

霊文明とはどのような文明ですか？

人類の完成期を指しています。

つまり、神が直接宇宙を支配される時代が到来し、人類が宇宙を直接運営することも許される時代が訪れるのです。

これは神性文明といってもよいでしょう。つまり、神様が「神経綸《かみけいりん》」として最初に考えられたことが実現するのです。神の大芸術の世界を地上に顕現させよう、神界の「スガタ」を地上に物質的に顕現させようといった、当初の目的通りの時代に入るのです。イエスが、「神のみ意《こころ》を地になら

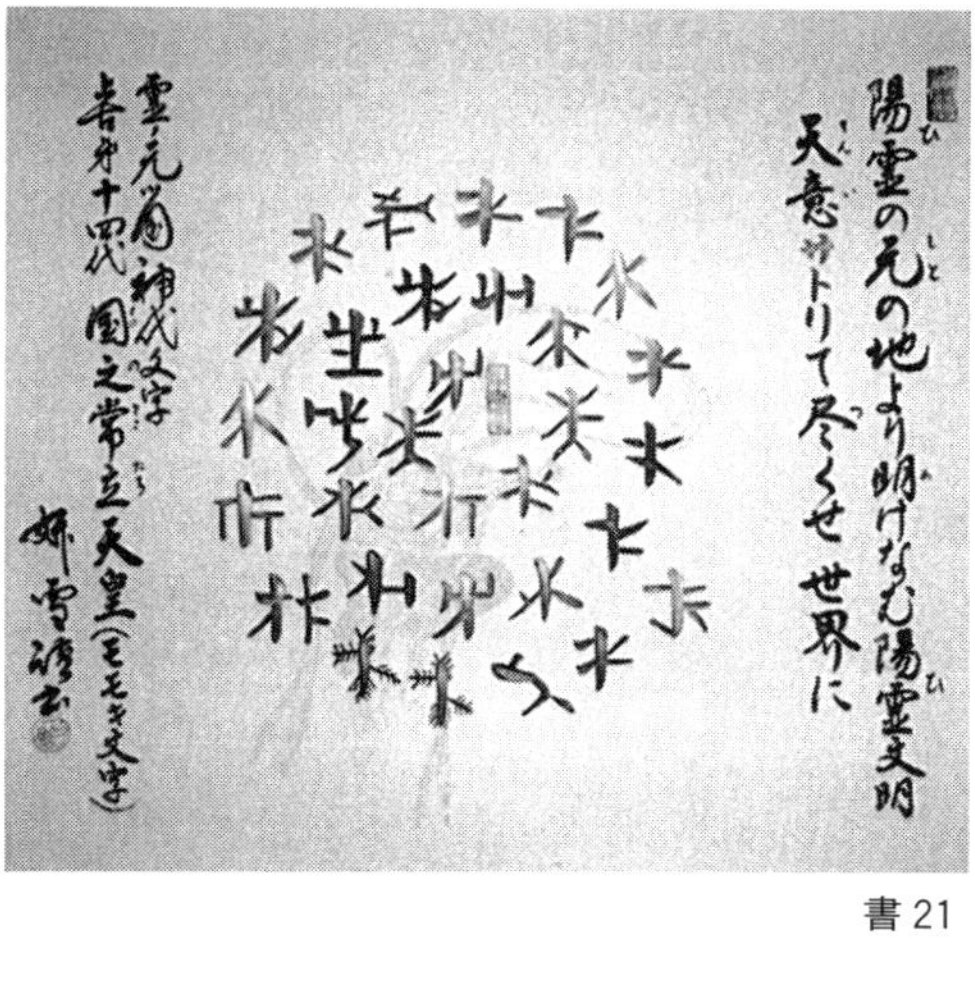

陽霊《ひ》の元《もと》の地より明《あ》けなむ陽霊《ひ》文明
天意《てんい》サトリて尽くせ世界に

書21

しめ給え」と祈ったのも、この時代が到来することを指しています。

神のご経綸は、このような順序で進められていきます。それを実現できる人間へと今から切り換えてゆかなければ、人間界の方が遅れてしまうのです。そうなってしまうと、人間界は責任を果たせないということになってしまいます。

したがって、この神のご経綸に合致する限りにおいて、宗教も科学も人間の想念も、全てが役立ってゆくはずなのです。

反対に、この神のご経綸に合致しないような、宗教、科学、医学、哲学ならば、これはいっさい滅び去るより仕方がありませんし、またそのようなものに関わり合っていたならば、人類は悲惨な運命をたどることになってしまうでしょう。

日本人（霊の元つ国人）は、今こそ神のご経綸、すなわち自然界の摂理を覚り、それぞれの場所において、自らの才能を十二分に活用し、世界の人々の魂と心の導きをしなければならないのです。それが「天意サトリて尽くせ世界に」の歌の真意なのです。

上古第十五代　豊雲《とよくも》野《ぬ》根《ね》天皇《すめらみこと》

ニホン（書22「ニホンとは」）

日本という国名の由来に何か深い意味があるのでしょうか？

精神と物質、縦と横、火と水が調和し、結び、融合した力を発揮するのが、この日本列島なのです。

ですから、「日（陽・火）の本の国」と呼称されているのです。

書22をご覧いただければお分かりになる通り、「日本」「ニホン」とは、タテとヨコが真十字に組みあった姿をした、「霊《ひ》の元《もと》」のことなのです。

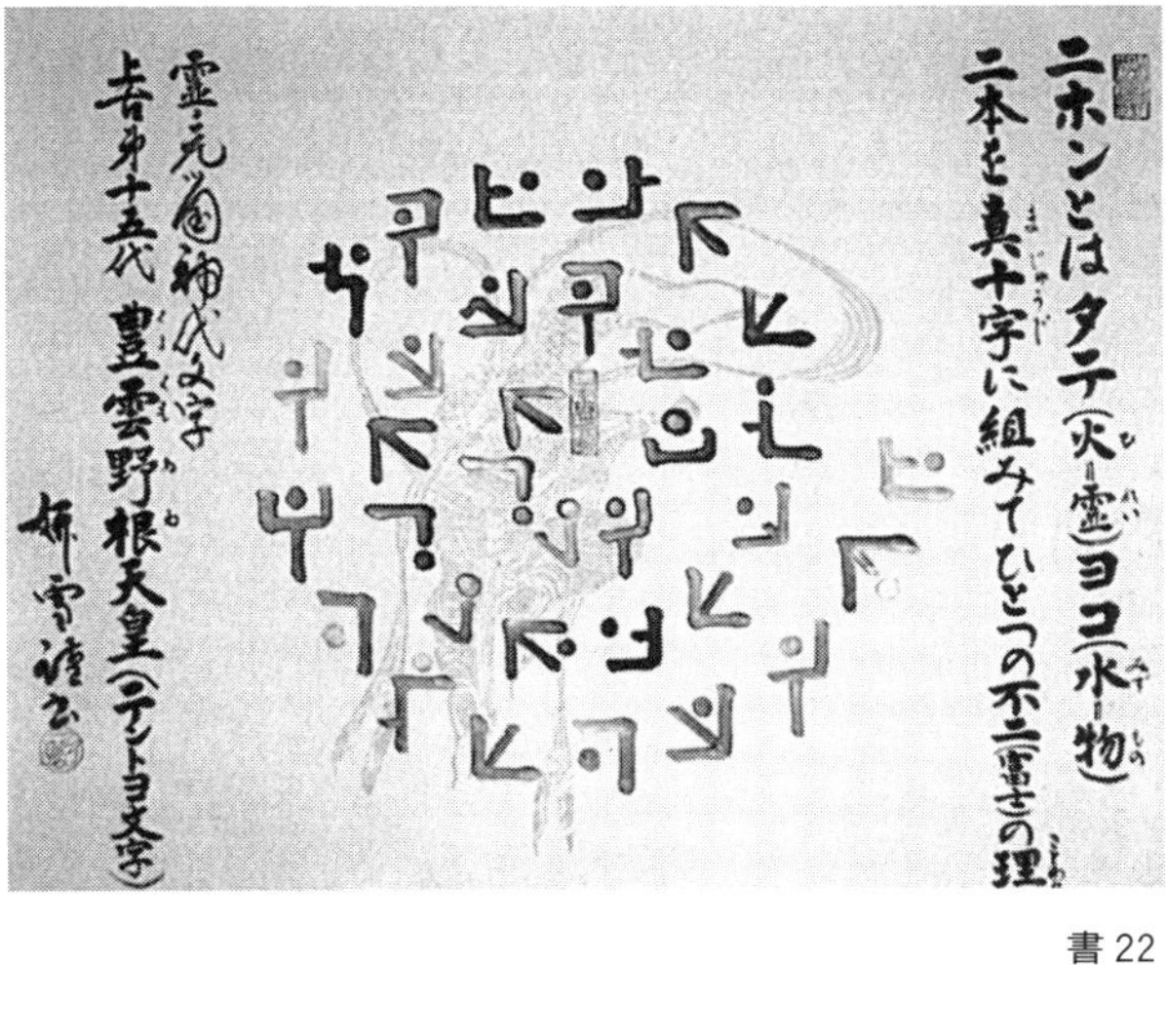

書22

ニホンとはタテ（火《ひ》・霊《れい》）ヨコ（水《みず》・物《もの》）
二本を真十字《まじゅうじ》に組みてひとつの不二《ふじ》（富士）の理《ことわり》

縦横の融合模式図

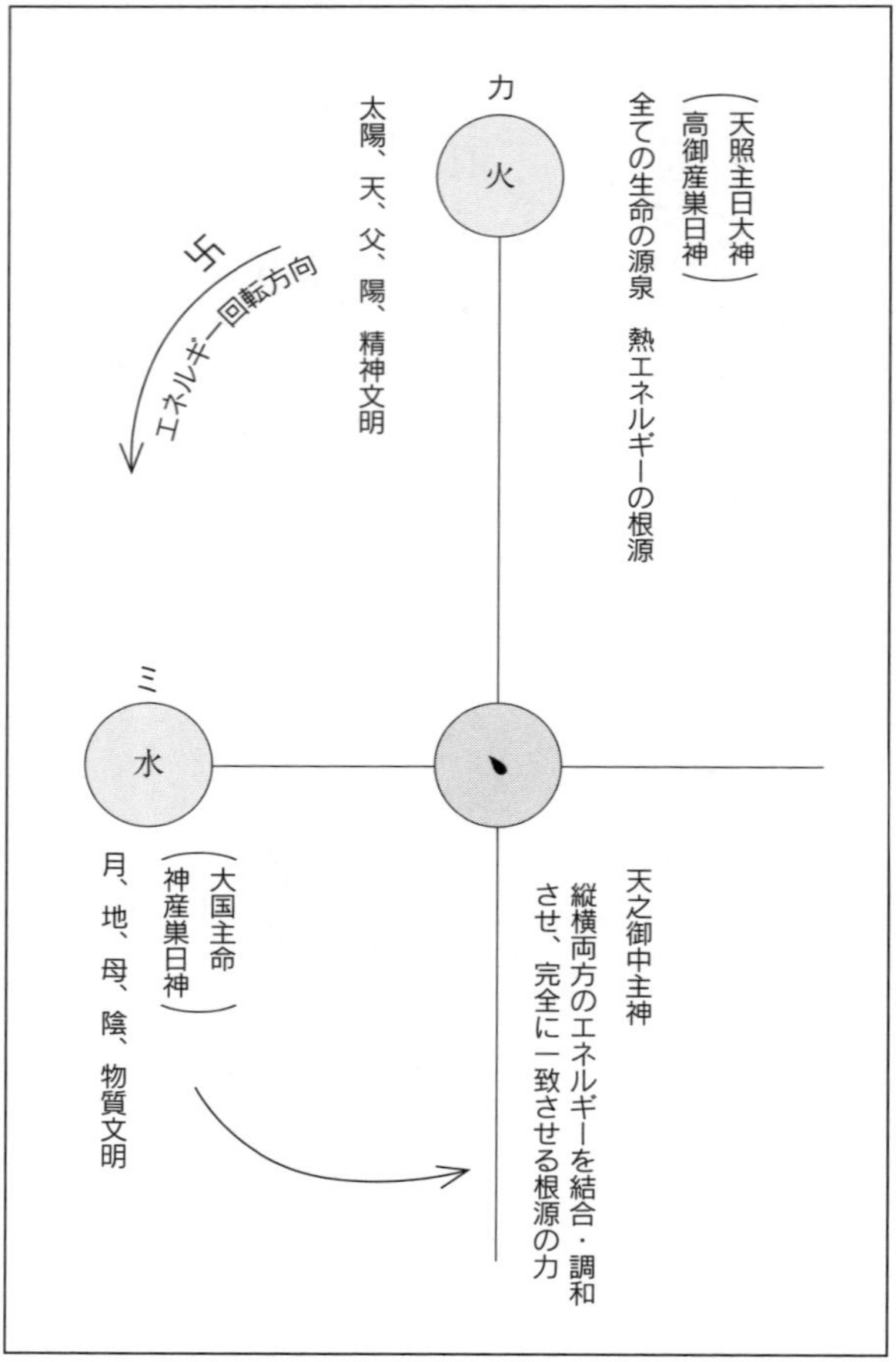

中央のスの神を中心に火水の原理を表したものです。火水の原理が交錯することによって、宇宙万物が生成発展していきます。

日本の国土開拓の神

日本国土開拓の神とは？

伊邪那岐《いざなぎ》神と伊邪那美《いざなみ》神です。二神は、神の光と命（氣）を地上に施（現）そうとして、「大八洲《おおやしまの》国」（地球上）に現れたのです。

伊邪那岐神と伊邪那美神はどんな神なのですか？

○伊邪那岐神（男）＝氣、精神を象徴しています。

- 伊邪《いざ》＝「いざ」「さあ」など物事を始める勢いの言葉。
- 那《な》＝声、言葉、ロゴス
- 岐《ぎ》＝気

高御産巣日《たかみむすび》神
神産巣日《かみむすび》神
天之御中主《あめのみなかぬし》神
｝三神の神気、理性のこと。

○伊邪那美神（女）＝身、物質を象徴しています。

美《み》＝美、肉体、物質などを表わす語です。

上古第十六代　宇《う》比《ひ》地《ち》煮《に》天皇《すめらみこと》

五大宗教（書23「仏教も」）

五大宗教とは何なのでしょうか？

五大宗教とは、仏教、基督教、回教、儒教、道教の五つをいいます。

五大宗教の元《もと》も一つです。つまり、霊の元つ国（日の本つ国）に幾百万年と伝えられてきた惟神《かむながら》の道、すなわち主神道があったのですが、そこから流れ出て、各地域と各時代に相応するよう修正されていったのが、五大宗教と五大文明なのです。

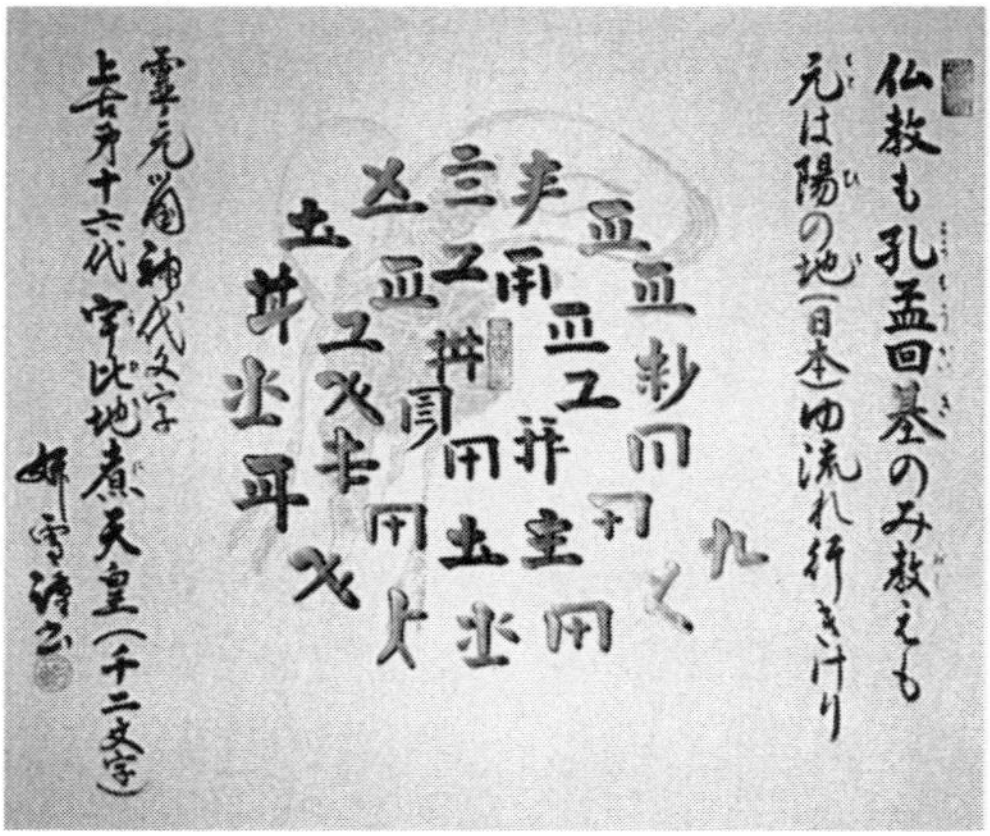

仏教も孔孟回基《こうもうかいき》のみ教《おし》えも
元《もと》は陽《ひ》の地《ち》（日本）ゆ流れ行きけり

書23

五大文明・五大宗教の発生源とその流れ

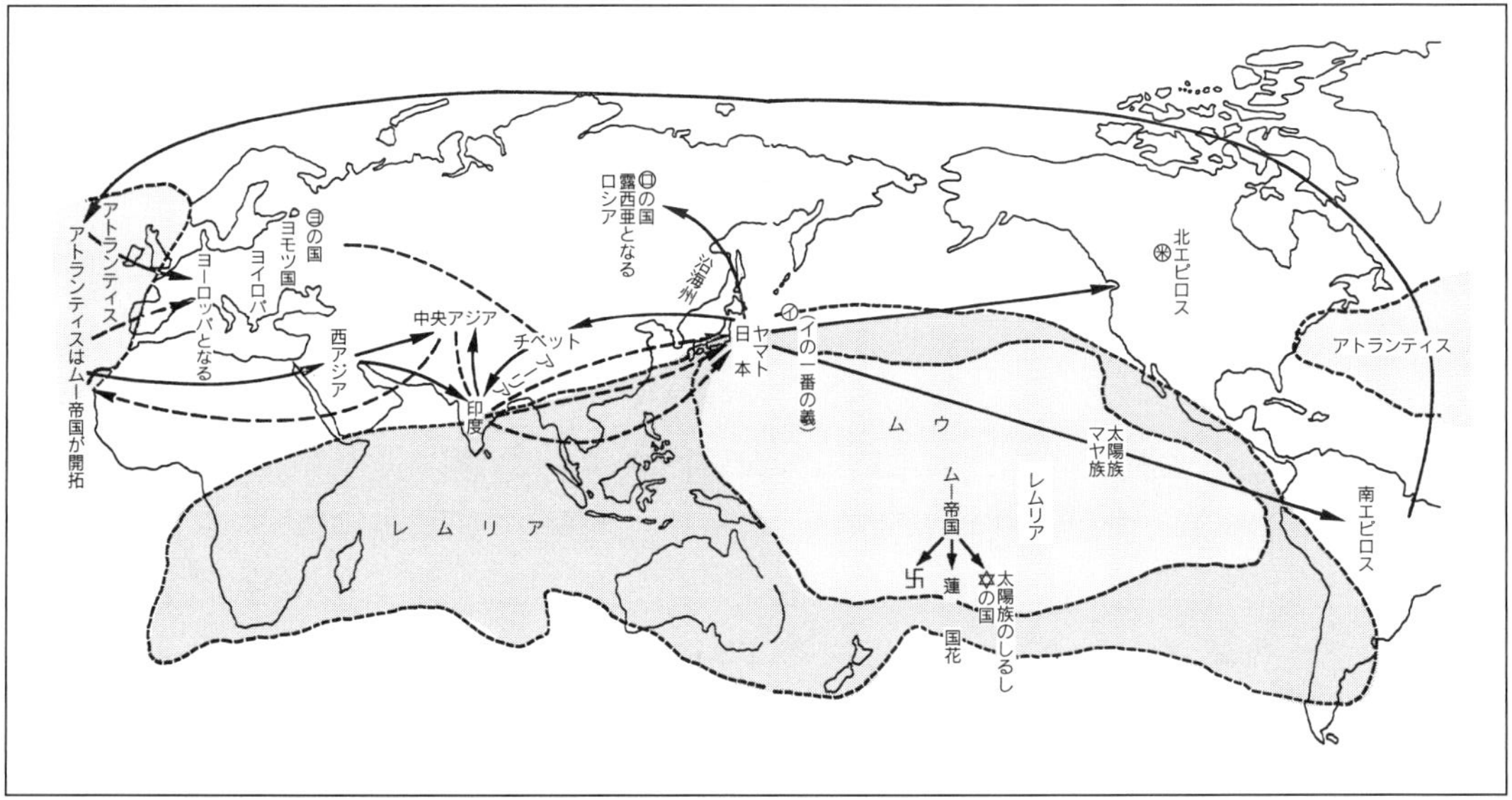

五大文明も五大宗教も元は一つであることを表した図です。全ての文化宗教が日本から発し、日本へと帰ってきているのです。若干視点は異なりますが、菊の紋章が世界各地に伝播し、現在も伝承されているのと同様の意味をもっています。

宗教は元一つだったということでしょうか？

そうです。元一つなのです。ですから、大元《おおもと》における教えや予言はみな同じで、ただ幾百万年と隔絶したまま発達しただけなのです。

「元」「芯」を失った、枝葉の教えが分立化するようになったのが、現在の五大宗教と考えればいいでしょう。五大宗教は、人類にとって対立、分裂、闘争などを醸成《じょうせい》する温床にしかならなかったのです。

今や人類は、人類創造の主、五色人、祖主に、さらには「総神向き」による霊界にも、現界的にも、万教帰一の「人類教」「悠久人類道」に復帰せねばなりません。そうしないと、永遠に人類協和が叶えられないところまで来ているのです。

崇盟五道

崇盟五道とは何なのでしょうか？

「崇」とは、人類共通の、永却不変の真理に接する際の心がまえをいい表わした言葉です。具体的には、人類が「幸」と化すか「不幸」と化すかの根本原理（タテの働き）を認識し、人知人力を超えた実在界の法則を「崇」として「アガメル」ことをいいます。

何をアガメルのですか？

「崇」の文字には、山が上にあります。山は、本質的に峯《みね》や頂きを具有しています。水源の大元《おおもと》は、たどっていくと峯にあります。峯は、根源にあって「唯一のもの」、つまりあらゆる教えの源泉、すなわち大元であり本源なのです。

山には、そういう大元や本源が状在しています。精霊のみ働きの中では、「タテ」すなわち「火の働き」の籠をもっているものを山としています。したがって、中央を高くし、「アガメル」ようにしてあるのです。

宗教ではなく崇教ということでしょうか？

「宗教」というのは「ヨコ＝水の教え」です。それに対し、「崇教」というのは「タテ＝火の教え」であり、「原動軸を中心とした教え」なのです。

宇宙万物創造化育の大元の主の神と、その仕組みの「法《ほう》」と「タテ」（人類）を中心として、「神の仕組みの置き手」「神理」とともに、生活、実践するのが崇教なのです。

いまや、人類帰一の主の神を「芯」とする、愛と真《まこと》の世の建て換えに邁進すべき時が来てしまっているのです。この点を認識して努力しない限り、神の怒りの表われである火の洗礼が下される日は、地上に避けがたいものとして迫っているのです。

つまり、今日ほど人類の責任が問われ、総反省が求められている時代は、歴史上いまだかつてなかったと申してもよいでしょう。

崇教に人種、国境の区別はありません。崇教は、分裂をくり返している既製宗教のように細切れの教えを説いたものでもなく、末梢に拘泥《こうでい》する教えでもなく、四畳半卓袱台《ちゃぶだい》式の生活べったりの教えを中心とするものでもありません。そういう世界から超越した人類普遍の教えの世界、すなわち超宗教的な真理を説いたものなのです。

神・仏・人類が互いに関連しながら、三千世界が動いていることを解き明かした法則といってもいいかもしれません。

盟にはどういう意味があるのでしょうか？

盟約の「メイ」で、「真《ま》へ誠《まこと》の実践の姿」を指しています。

崇盟とは、「タテ」の教え（火＝陽＝霊＝神）、すなわち主《す》の神の万象仕組みの置き手に「ス直」に従って、主神の御念願を実現してゆくことなのです。宗教家も、政治家も、教育家も、科学者も、経済学者も、すべてが我《が》を捨てて、高次元の大元《おおもと》の仕組みと法《のり》だけを明瞭に認識しなければなりません。それを、人類の神への「真《ま》行」としていく姿を表わしたのが

「盟」なのです。

五道というのはどんな意味なのでしょうか？

神は、宇宙に存在する万物を創造化育繁茂《はんも》せしめつつ、永却不変に無量寿と無量光をお照らしになっています。

そのような無限力のうち、地上を幸福者のみにするために（それがとりもなおさず神の大芸術御完成なのです）御策案された正法を「五道」というのです。

空海

空海とはどんな人物なのでしょうか？

空海（七七四〜八三五）とは、弘法大師のことを指しています。真言宗の開祖で、出身は讃岐国多度郡屏風浦です。

はじめ、京都の大学で儒教を学び、後に仏門に入りました。『三教指帰《さんごうしいき》』を著し、仏教が儒教・道教に勝ると論じておりますが、これは若いころの著述です。

延暦二十三年（八〇四）、最澄とともに唐へ渡り、恵果《けいか》の下で学びました。帰朝後、高野山に金剛峯寺を建て、真言宗の確立と弘法《ぐほう》につとめています。真言宗では、歴史的な釈迦仏を超えた永遠の宇宙仏である大日如来を真実の「仏」とし、『大日経』や『金剛頂経』を根本経典としています。さらに、金胎両部、五智、六大、四曼、三密などの説に依拠しながら即身成仏を説き、宮中とも深い関わりをもちました。真言密教を国家仏教として定着させたのは、ひとえに空海の力あってのことといわねばならないでしょう。

日蓮

日蓮について教えて下さいませんか？

日蓮（一二二二〜一二八二）は安房国小湊に生まれています。はじめ、天台宗を学び、高野山や南都などで修行しましたが、建長五年（一二五三）清澄《せいちょう》山で「南無妙法蓮華経」の題目を高唱し、日蓮宗開宗の宣言をいたしております。

辻説法を行ないながら布教につとめ、天変地異を憂い、文応元年（一二六〇）『立正安国論』を著わし、筆禍により伊豆に流されました。その後も弾圧を受け続け、佐渡にも流されています。

日蓮は、日本主義的な立場にたって『法華経』を経典としました。つまり、惟《かむなが》神《ら》の神国思想を仏教にとり入れようとしたのが日蓮なのです。そして、この前提のもと、安世治国の信念を貫き、政治・宗教の大改革を叫んで立ち上がったのです。しかし、このことは現在まったく無視され、日蓮の個人史から完全に削られているのです。

イエス

イエスとはどんな人物でしょうか？

一般に、イエスはナザレ人（エッセネ、サドカイ宗を信じる人のこと）であるといわれています。しかし、イエスの在世当時、ナザレという名称の地はありませんでした。イエスの生母が、エジプトでエッセネ宗（クムラン宗）を信じておりましたので、「ナザレ人」といわれたのです。

当時は、エッセネ宗とサドカイ宗が盛んでした。エッセネ宗には、『ゼンダ・アベスタ』（ゾロアスター教の聖典）の宗教思想がそのまま伝わっています。生母もイエスもエッセネ宗を信じていましたので、自分の罪穢《ざいえ》というものをよく知っていました。

やがて、ヨルダン川の辺《ほとり》でヨハネが洗礼を施しているのを知り、弟子になろうと思い立ち、「ミソギ」をしてもらったのです。イエスが『ゼンダ・アベスタ』を知っていたということは、ユダヤ教でモーゼ（モウシェ＝日本の古文献に記されている）が信仰されていた証左となるでしょう。

キリスト教

キリスト教とは何なのでしょうか？

ペトロがイエスの死後、五百年後に作ったものです。イタリアのローマで興《おこ》ったカトリックを、一般にはキリスト教と呼んでいるのです。

イエスの教えの発祥について少し説明しておきましょう。エジプトのアメンホテプ四世は、白色大同胞団という白人《しろびと》系の宗教団体を作りました。これがエッセネ宗で、その信者がナザレ人と呼ばれてきました。つまり、ナザレというのは地名ではなく、特定宗教の信者を指した呼称なのです。イエスはこのエッセネ宗の信者でした。イエスはヨルダン川で「ミソギ」（水注ぎ）を受け、一時はヨハネの信徒になりますが、後にユダヤでエッセネ宗を広め、「天国は近づけり、汝ら悔い改めよ」に代表される象徴的な警告を発しつつ、宗教改革を実践していくことになります。イエスは、それまで宗教界を支配していた形式主義を否定し、精神主義に切り換えていく必要性を説いたのです。民族主義的な覚醒ではなく、霊的な目覚めに導こうとして、惟神《かむながら》の「ミチ」（霊智）を説いたといった方がいいかもしれません。

ユダヤ教の成立についても付言しておきましょう。『ゼンダ・アベスタ』はゾロアスター教の聖典ですが、その中には神人合一、惟神《かむながら》の霊智《みち》、神と神の子の関係（神宝）といった宗教思想が記されていました。ここにはモウシェは登場しません。『旧約聖書』の創世記は、この聖典を翻案したものなのです。これをもとにユダヤ教が誕生することになったのです。

旧約聖書

『旧約聖書』とはどんなものなのですか？

モウシェ（モーゼ）が作ったものではありません。モウシェより千年も前のゾロアスター（ペルシャの大聖者。上古第二代天皇の十六人の皇子の一人で、古文献に載っています）が残した聖典『ゼンダ・アベスタ』を、ヘブライ語に翻訳したものに過ぎません。

ゾロアスターとは、ダビデの先輩でヤマト族です。日本の「スメル族」出身の、ペルシャの大聖者なのです。ゾロアスターの信仰は、イエスの師ヨハネに伝わっています。ユダヤ教の宗教思想の核になっている、「神は光なりき」の思想がそれに当たります。

＊　イエスとその信仰

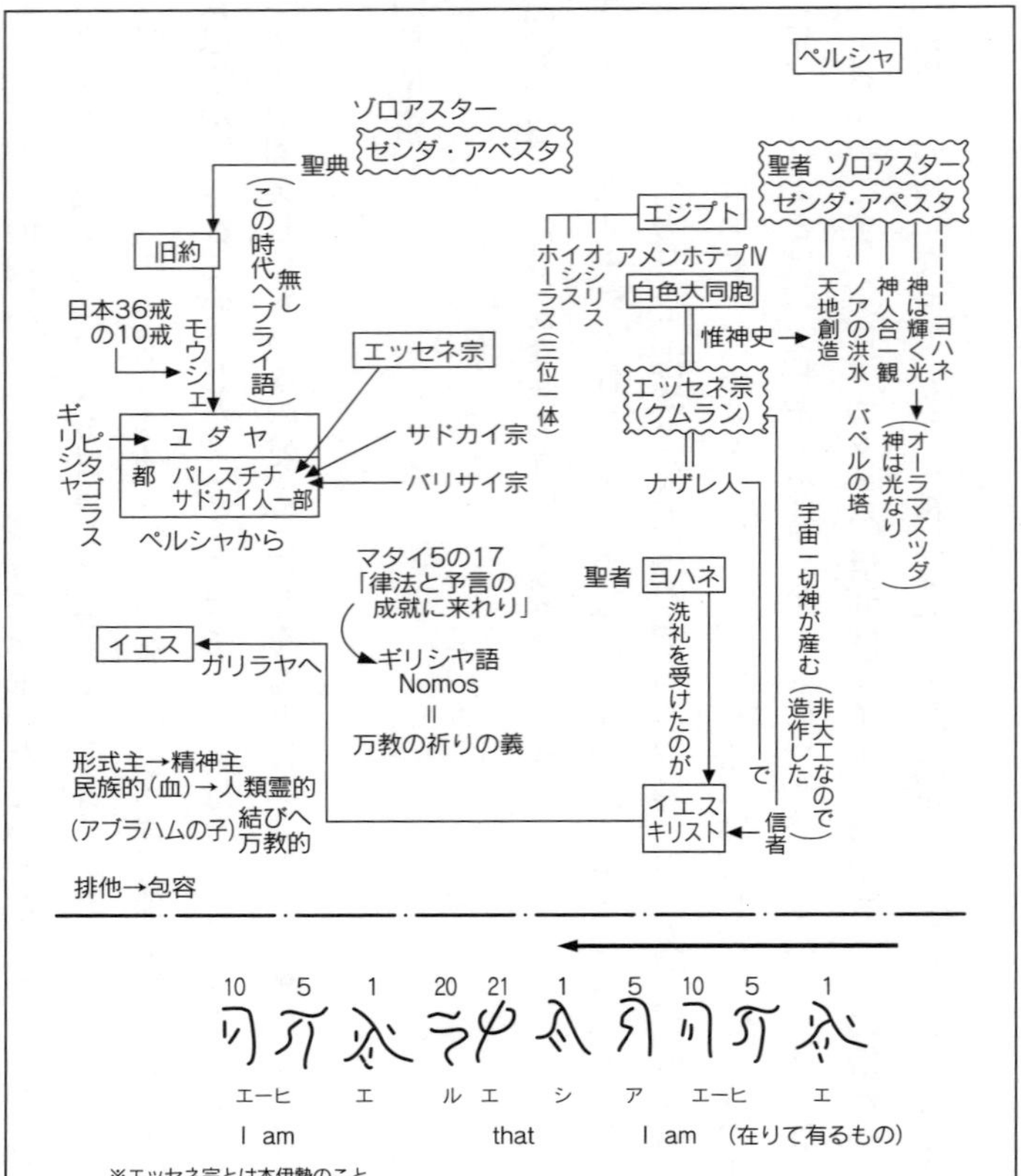

※エッセネ宗とは本伊勢のこと
クムランとは「くもらない」という意
※ナザレとはエッセネ・サドカイ宗の町
※ヨハネは五人います
※キリスト教はイエスの死んだ500年後にカトリック教としてできた。弟子がキリスト教を作った
※モーゼがユダヤ教を開きました
※エジプト文明は16人の王子が作りました
※神代文字の説明
1（エ）→主
5（エーヒ）→主の神様が5つの神に変化するの意
10→神生みをして十になります
1（シ）→天神第一代の時
21→上古第21代
20→上古第20代

『聖書』の本当の姿はどういったものでしょうか？

モウシエは十戒を石に刻みました。この十戒の文字（次頁の十戒石写真参照）は、実は日本の神代文字なのです。十戒も日本にあったものをそのまま記したものです。ユダヤ人には読むことができなかったのではないかと思われます。イスラエルの文字といえば、イスキリ文字を思い浮かべます。しかし、これとは別に、太古イスラエル地方に五色人の王様を派遣したとき、別の文字が与えられています。

イエスの弟子によって作られた『聖書』は、はじめはヘブライ語やギリシア語によって書き表され、それが原典になったといわれています。この原典はさらに英語に翻訳されますが、たとえば「エイーエ、アシェル、エイーエ」が「I am that I am」などと、まったく関係のない意味をもたされてしまったのです。原典の意味が大きく曲げられてしまったということになります。

『聖書』は、日本では明治初期から本格的に翻訳されはじめました。英語訳から漢訳し、さらに翻訳したのですから、意味の取り違いが出てもやむを得なかったのかもしれません。

しかし、本当の姿からかけ離れてしまった内容の『聖書』になってしまっていることも事実です。これが、今日の『聖書』なのです。

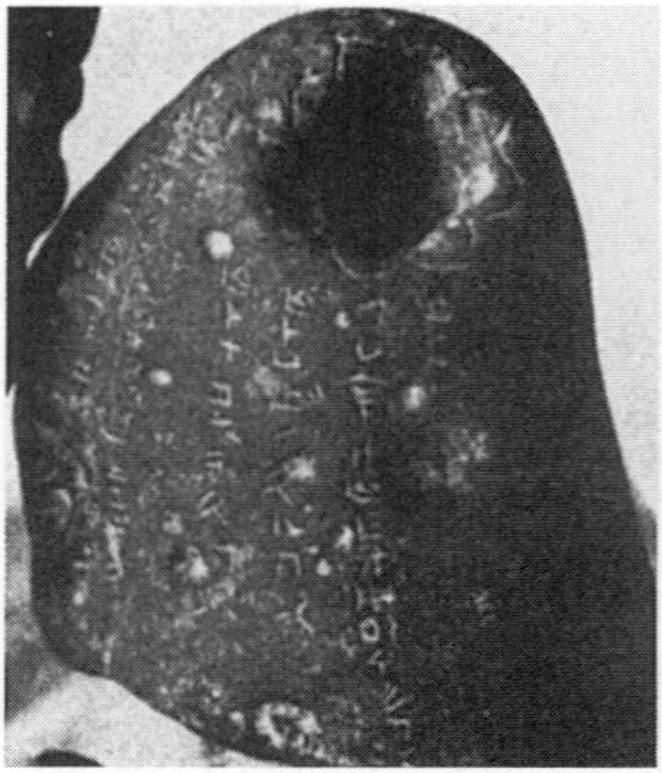

表十戒石
イスラエル人に対する十戒。三か所に穴があり、互いに貫通しています。底には日本を中心とした世界地図が描かれています。

裏十戒石
世界万国の五色人に対する十戒が書かれています。

モーゼ魂の形石
モーゼのお告げ文が書かれている魂の形石。

仏教

仏教というのは何なのですか？

釈尊の死後、数百年経《た》ってから、弟子たちが集まって作り上げたのが仏教の経典であります。

経文について

経文は、サンスクリット語の原典に、音の合った漢字を当てたものです。したがって、原典の本当の意味は失われてしまっています。

たとえば、「パーラミター」というサンスクリット語に「波羅蜜多」という字を当てています。これでは、どう解釈しても釈尊当時の「霊眼《ひがん》を開く」という意味など出てきません。

また、「観自在」はサンスクリット語では「アポロギータシュバラ」（Avalokiteśvara）です。これは元来人の名前です。南方インドのマラーバル地方にある摩頼耶《まらや》（Malaya）山中の補陀落《ふだらく》（Potalaka）で、大慈大悲（神の大愛）を説いていた南海大師というお方がおりました。その方が亡くなられたときの諡《おくりな》が、「アポロギータシュバラ」という名前だったのです。それを鳩摩羅什《くまらじゅう》が「観世音」（観音）と訳したのです。

モウシェの十戒

モウシェ（モーゼ）の十戒の原文はヘブライ文字で書かれています。日本の古文献によると、この文字は神代に日本からヘブライ民族のために与えられたものとされています。十戒石は、かつてはイスラエルの宮殿にあったのですが、今日では盗まれてしまって所在不明ということになっています。しかし、実はこの十戒石は本家の日本へ帰って来ているのです。

それを見てみますと、最初に「テンゴクノ　カミノ　オカミ　ナムアミン」と彫ってあります。これは、「天国の神の大神はナムアミン」ということで、絶対無極の神を指しています。

次に、十戒の第一には「テンゴク　オムヤカミ　ハイレセヨ」と刻まれています。この

「天国」は「アミンの地」を指しています。日本の古文献によると、宇宙天地創造の主神《ぬしがみ》、大根元の神を「アミン」といっておりますから、「アミンの地」は日本の国になります。その国の一番元《もと》の祖神様《おやがみ》を拝礼せよということを、モウシェはユダヤ人に要求しているのです。

さらに、第八では「天国の神に背くな」と要求しています。イエスも、五色人への遺言書の中で、日本の天津神に背いてはいけないといっております。つまり、日本の神様に忠誠を尽くさなければいけないということをイエスは遺言しているのです。

モウシェが十戒を出した裏には、真の歴史の根源がどこにあるかという問題がひそんでいます。日本の神代には三十戒がありました。モウシェはそのうちの、表十戒と裏十戒の二十戒をもってユダヤの地に渡ったのです。やはり、モウシュは惟神《かむながら》の神道を学んでいたのです。

そこで、十戒のその他の項目を見ますと、

他人の物を盗むな。

他人の女房を横領するな。

他人に嘘をつくな。

他人を殺すな。

他人との境を破るな。

他人を悩ますな。

という戒がならんでいます。

釈尊の説いた八正道《はっしょうどう》も、元《もと》はモウシェと同様に、神代の日本にあった三十戒から出ておりますす。ただし、八正道には「天国の祖神《おやがみ》を拝礼せよ」という項目は入っておりません。

これは、釈尊が「ホドキ」の役だったからだと思われます。つまり、釈尊は「火・日」から「水・月」へ「ホドカ」ねばならない役目をもっており、その関係で「天国の神に背くな」というようなことは省かねばならなかったのではないかと推測しています。

しかし、八正道の中に「天国の神に背くな」を意味する言葉がまったくないかというと、そうではありません。釈尊は「正見」とか「正念」という言葉で、「正しい見解」や「正しい思念」をもたなければならないと要求しているのです。

ところが、「正しい見解」や「正しい思念」である「正覚」というものは、神の御経綸を知らなければわかりません。神の御経綸を知らなければ、人類は本当に正しい善悪の判断を下すことが永久にできないのです。

モウシェはこの点はっきりと、「天国の神に背くな」、すなわち天国の神の教えに背いてはいけないといっております。

八正道では「正見」「正念」ということでぼかしているだけなのです。そのほかの戒は、モウシェが日本からもっていった十戒とほぼ同様です。「悪口を言うな」「殺生をしてはいけない」「他人の女房を横領するな」などは、八正道では「正業」のところに出ております。このほか、「他人に後指をさされるようなことをするな」「意義あることに努力すること」などいろいろありますが、すべてモウシェの十戒と同じことを説いているのです。

ですから、八正道にせよ十戒にせよ、日本の「惟神《かむながら》の神道」から出ていることは明らかなのです。いずれも、釈尊やモウシェの発明ではないのです。モウシェは「天国の神の教えを守れ」とユダヤ人に要求し、イエスも「日本の天津神に背くな」と遺言しているのですから、やはり「戒」の根源は日本にあったのです。

以上のようなことを知らず、歴史的あるいは宗教的にも、人類は大きな間違いを犯し続け、一切を迷蒙《めいもう》の雲で掩《おお》い隠してきてしまったのです。そして、自分の方が真理だとか、自分の方が偉いと主張し、信者を獲得する競争をしてきたのが宗教なのです。

したがって、

為に逆法真如をば正法神理と錯覚迷いつつ、あわれ胎蔵陰光の中にまさぐり、分化し過ぎ、十字に結ぶ総合を成すべき力弱り果て、唯徒《ただいたず》らに分化対立し、末法末世暴逆の世と化せしめしぞ口惜しき。

となり、「まことに口惜しいことである」と、神様をしておっしゃらせてしまっているので

八正道

苦の原因は何であるかと言えば、それは集である。集というのは真理に背いた惑に基づいた行動（業）が招き集めた結果であるから、そうしてその業の原因たる惑を、道の力で滅しさえすれば、人生の矛盾を解決して悟の生活にはいることが出来るというのである。即ち、苦は惑の結果、集は惑の原因、滅は悟の結果、道は悟の原因ということになるのである。

その惑の本質は何であるかというと、貪瞋痴《とんしんち》の三毒といって貪欲瞋恚愚痴《とんよくしんにぐち》のことである。貪欲にも色欲・食欲・眠欲の三欲（今のいわゆる本能にあたる）という説もあるし、又色声香味触の五欲とも説いてある。

その苦の原因たる集を滅することが出来るかというと、その方法が道諦であって、それに八種の正しい道を説くのである。即ち八正道、又は八聖道というのがそれである。

八正道	正　見	正しい見解
	正思惟	正しい考察
	正　語	正しい言語
	正　業	正しい行動
	正　命	正しい生活
	正精進	正しい努力
	正　念	正しい思念
	正　定	正しい統一

正　見　四諦の道理を明にし因果の法則を信じて邪見に囚われないこと。

正思惟　事態の考察を正しうして貪瞋痴の三毒に犯されないこと。

正　語　虚言《うそ》、綺語《むだごと》、悪口等を用いないこと。

正　業　殺生、偸盗、邪淫、妄語、飲酒等の間違った行を為さざること。

正　命　人に後指さされるような生活をしないこと。

正精進　意義あることに努力すること。

正　念　仕事も歪曲することなく、あるがままに把握して心に止めること。

正　定　心の動揺を静めて事態に善処すること。

これが即ち苦の原因たる集を滅する道諦であり、解脱を求める中道の救いである。

す。

人類は正法と逆法をはっきり見分けることができなくなっています。たとえば医学をみましても、ユダヤの石工が発明した術を救世の業《わざ》と思い込み、今日まで用いてきてこういう世の中を作ってしまったのです。

今ごろになって心霊医学会を興《おこ》しても遅いのです。臓器移植しかり、毎日のように新聞を賑わしております医者に対する不信感しかり。これらはすべて正法を取り違えてきた結果といえましょう。

●モウシェの十戒（原文ヘブライカナ、すなわち伊邪那岐文字）

テンゴクノ　カミノオカミナムアミン　天国の神の大神　南無アミン（絶対無極）

テンゴク　オムヤカミ　ハイレセヨ　一、天国の祖神を拝礼せよ。

ヒトノ　モノトル　ナヨ　一、他人の物を盗むな。

ヒトノ　オトミオヨコトリスルナヨ　一、他人の女房を横領するな。

ヒトニ　ウソツク　ナヨ　一、他人に嘘をつくな。

ヒトオ　ゴマカス　ナヨ　一、他人を欺くな。

ヒトニ　ガイスル　ナヨ　一、他人を殺すな。

ヒトノ　サカエオクジキ　　ナヨ　　一、他人との境を破るな。
テンゴクノ　カミニ　ソムク　ナヨ　　一、天国の神に背くな（陽の大神のこと）。
ワレノ　オシヒホオニソムク　ナヨ　　一、吾誡法に背くな。
ヒトオ　コマラス　　ナヨ　　一、他人を悩ますな。

アダムイブロクジュウダイ　ロミュラス　イツイロヒトノホ
ムオゼノトカへ
ヨムツクニ　シナイサン　シロニテツクリ

バベルの塔

『旧約聖書』創世記第十一章に、神エホバ（ヤハウェ）の命令で、言葉は一つの種類だけではなく、民の異なる毎《ごと》にあるべきであると示してあります。
『聖書』では、「バベル」は「混乱」を意味するといわれています。また、天と地の絆《きずな》を象徴するものともいわれていました。

紀元前一七九二年、ハンムラビ王子の頃には地上に存在していたのですが、紀元前一五九五年、ヒッタイト族に破壊されてしまいました。

上古第十七代　角《つぬ》織《ぐい》天皇《すめらみこと》

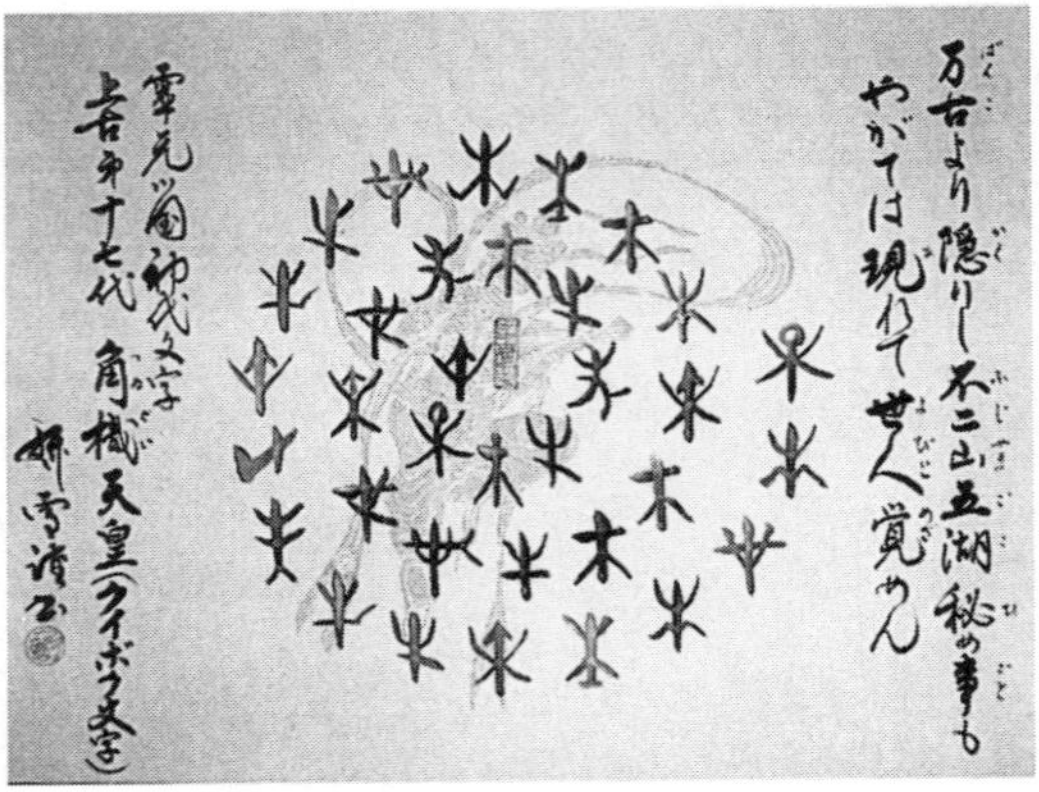

書24

万古《ばんこ》より隠《かく》りし不二山五湖《ふじやまごこ》秘《ひ》め事《ごと》も
やがては現《あ》れて世《よ》人《びと》覚《めざ》めん

万国地図（4）

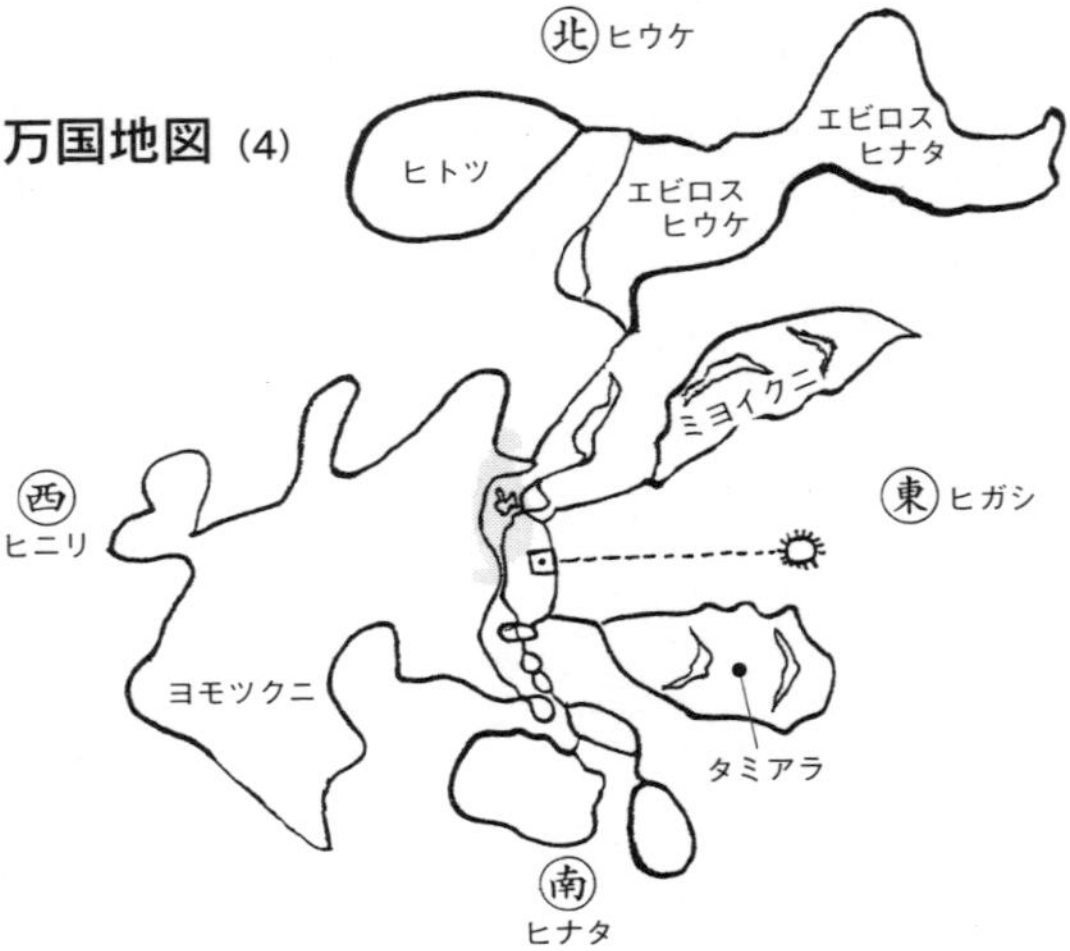

上古第十一代一世神皇産霊身光天津日嗣天日天皇御作成の万国地図。『竹内文献』所収。

不二・富士山（書24「万古より」）

富士山の項上には梅の花をおもちになった観音様、麓《ふもと》には桜の花をおもちになった観音様がお祀りしてあります。

すなわち、「火」と「水」が「ホドケ」（仏）で祀ってあるのです。

これは、「仏《ほとけ》の世」であったからです。

天意転換期に入り、「仏の世」が終わった今、「火《か》と水《み》」は十字に組まれ、「十《カミ》の世」へと入っていくのです。

「不二」とは、二つとないという意味であり、「二つで一つ」「統一される」ということにもなります。

ちなみに、観音様とは、太陽族の神様、太陽神のことです。お像の頭の毛も日本人のようです。

つまり、ムー大陸のマヤ族や日本のヤマト族のように、頭髪がまっすぐなのです。

また、観音様は仏とは違う意味で非常に高貴な方でいらっしゃいます。その証拠として、首飾りをつけておられることや、王冠をかぶっていらっしゃることがあげられます。

ハスの花をもっておられる観音様がありますが、これは仏界に降りられた姿や現界に降りられた姿であって、聖観音ではありません。

神秘な数字「五」

この「五」という数字は、まことに神秘的ないわれをもっています。

人類の発祥の起源は、これまで述べてきたように「五色人」に求められます。神様が人間をお造りになり、五人の兄弟に五つの色をつけられたのがはじまりです。

神代では、「イロビト」と読まれ、神代文字で記されていましたが、後世になって「五色《いろ》人《びと》」という文字をあてはめるようになったのです。


どうして五つということになったのでしょうか？

天地創造の五大神と関係しています。

モウシェがシナイ山にのぼって神様にお会いした時、「エイーエ・アシェル・エイーエ」

という神のみ声を聞きました。英語では「I am that I am」（我は、在りて在るもの）となります。

「エイーエ・アシェル・エイーエ」はヘブライ語であり、「一・五・十」という数字です。

これは、天地創造の時の神様のご出現の順序なのです。

どのようにご出現されたのですか？

最初に「主《す》の神様」がご出現になりました。次に時間の神、空間の神、一人の直系の神、最後に火の神様という順序で四大神がお生まれになり、天地創造の「四大源力」となられました。そして、主神とともに五大神となって、大活動をされたのです。

一万五千年前のムー大陸の石板の絵文字に「スワスチカ＝卍」が描かれていました。

スワスチカは、四大神を「四大源力」として表徴したものです。

主の神様と四大神――この五大神のご活動によって、人類の霊成型《ひながた》、五色人の霊成型《ひながた》が造られました。そして、それを降ろされたのが日本であり、日本は五つの島から成っています。

また、人間の体を五体といいます。五体とは、胴と四肢をいいます。人間の内臓を五臓六《ごぞうろっ》腑《ぷ》といいます。臓と名のつくものが五つ（心臓・肺臓・肝臓・腎臓・脾《ひ》臓）体内に入っていて、それらが重要な働きをしています。さらに、人間の感覚を五感といいます。五感とは視・聴・嗅・味・触をいいますが、これらを生ずる器官は眼・耳・鼻・舌・皮膚の五官であり、ここでも五がキーワードになっています。

では、五月五日の男の節句にも何か意味がありそうですが？

五月五日の「五」は、「ヒ＝火」で、「日《ひ》」「陽《ひ》」「霊《ひ》」であり、神なのです。ヒは火ですから燃え上がります。火はタテの運動を起こす本質をもっています。

火の点々「灬」を右側にもってきますと、「心」という字になります。心は、沈んだり、浮き浮きしたりして、タテの運動を起こしますので、これもやはり五の働きということになります。

また、火の中央にヨコ棒を入れますと、「光」という字になります。四方八方を照らす光です。その本質は火であって、やはり五の働きがもとになっています。

つまり、五という字は、言霊でいいますとスの働きをしていることになります。

たとえば、「五十川」と書いて「イスズ川」と読みます。英語では神様のことを「ゴッド」といいます。「ゴッ・ド」は「五・十」であり、これは「五十川」の「五・十」に淵源しているのです。

なぜ五がスの働きになっているのですか？

五という字は、一から九までの数字の真中にあります。上から読んでも、下から読んでも、一と九を合わせても、二と八を合わせても、十になります。真中にあるのが五で、これは数の元《もと》になっていると考えられます。どれを合わせても「ヵ十《ミ》」の働きになります。その中心の「ス」の数霊が、五なのです。

五月は、火・日・陽の月で、燃え上がる、萌《も》え立つという現象が自然界で起きています。燃え上がると自然の火の気をキャッチするようになりますから、人の運命力も健康力も強くなってきます。そういう大切な季節が五月なのです。

万象は絶えず燃えています。太陽も地球も年中燃えていて、木の根の下は熱くなっています。

秋・冬、落葉の下は熱くなっており発酵しています。木の芽は真冬の間に固い蕾《つぼみ》になり、萌《も》え出そうとエネルギーを蓄えています。それが顕現《けんげん》して、外へ萌え出てくるのが春であり、五月であるということです。

上古第十八代　大《おお》斗《と》能《の》地《ち》天皇《すめらみこと》

天《てん》意《い》転《てん》換《かん》（書25「人類よ」）

天意転換とは聞き慣れない言葉ですがどのような意味なのでしょうか？

「天《てん》意《い》」とは神様のみ意《こころ》のことです。

「転換」とは変化するということです。

素直に解釈すれば、神様のみこころが変化するということになりますが、宇宙を運営しているエネルギーが変わりましたよ、という捉え方もできるでしょう。

人類よ神策成就《しんさくじょうじゅ》の大神業《おおかむわざ》は
厳《きび》しく廻《まわ》る大建《おおた》て換《か》えのみ代《よ》

書25

＊　天意転換前と天意転換後の比較

	天意転換前	天意転換後
医学 あらゆる 治療法	対症療法しかない 固めるか　抑える } 破壊へ行く 誤魔化し、誑かし、無くす外ない→手術	霊主 　原因療法時代へ 無病化へ
歴史	日本は新しい国という迷信 　五大文明の元が霊の元つ国 　須弥山 } 不明確化	五大文明の大元　　五色人の元 五大宗教の元地がわかって来る 亜熱帯時代へ復帰する 考古学界へ曙をもたらせる
科学	機械・化学の発達 機械の犠牲	唯物科学の一切行き詰まる 神の大前に無力を暴露する 時代へ
宗教	四苦四諦 ──→ 諦め 無力化　支離滅裂化 人類分裂の温床化 四足獣人化　無秩序混沌の世へ導く	七苦七諦化 ──→ 題目 　有力化 　霊力化時代 　人間神性化へ 　　正法悠久人類教発生 　　　　　　崇教時代へ
ミチ	人物主信仰　　　非 道(徳)　心主┐　経 　　　　肉主┘　↓ └→偽善家(偽善信仰)時代　緯	神主神向 霊主心従・体属 霊《ミ》(実)智《チ》時代へ(善得)
経済	肉主　　金儲け主 　利潤が一切 　対立闘争が経済論　非共栄論 　　　　　　　　　且つ我利の世で 　　　　　　　　　逆効果時代 　民族興亡激化 　経済闘争で 人類は果てしない不経済、貨幣価値の 　　　　　　　　　甚だしい下落	霊主　　神と人 　　　敬賦時代へ 　　　火水のパプテスマによる 　　　浄化 霊的経済学発育 世界共栄化の世 利他主の世 無貨幣時代の出現
	悟り ──────→ 覚り	──────→ 差取り
人類	迷わせ・償い	大ミソギ

昭和37年～

上古第二十一代　伊邪那岐天皇《いざなぎすめらみこと》

伊邪那美命　伊邪那岐命（書26「あかとき」）

伊邪那美命《いざなみのみこと》は、「吾が身は、なりなりて、なり合わざる処《ところ》一処《ひとところ》あり」とおしゃっています。つまり、自分の実相には、鳴りて響《ひびき》の鳴り響かざる部分があるといわれたのです。


「鳴り響かざる部分」とは何でしょうか？振動のことです。

振動は言霊そのものです。言霊は音声として顕われますが、実は神そのものの振動なのです。

電子も原子も、その振動がなければ存在

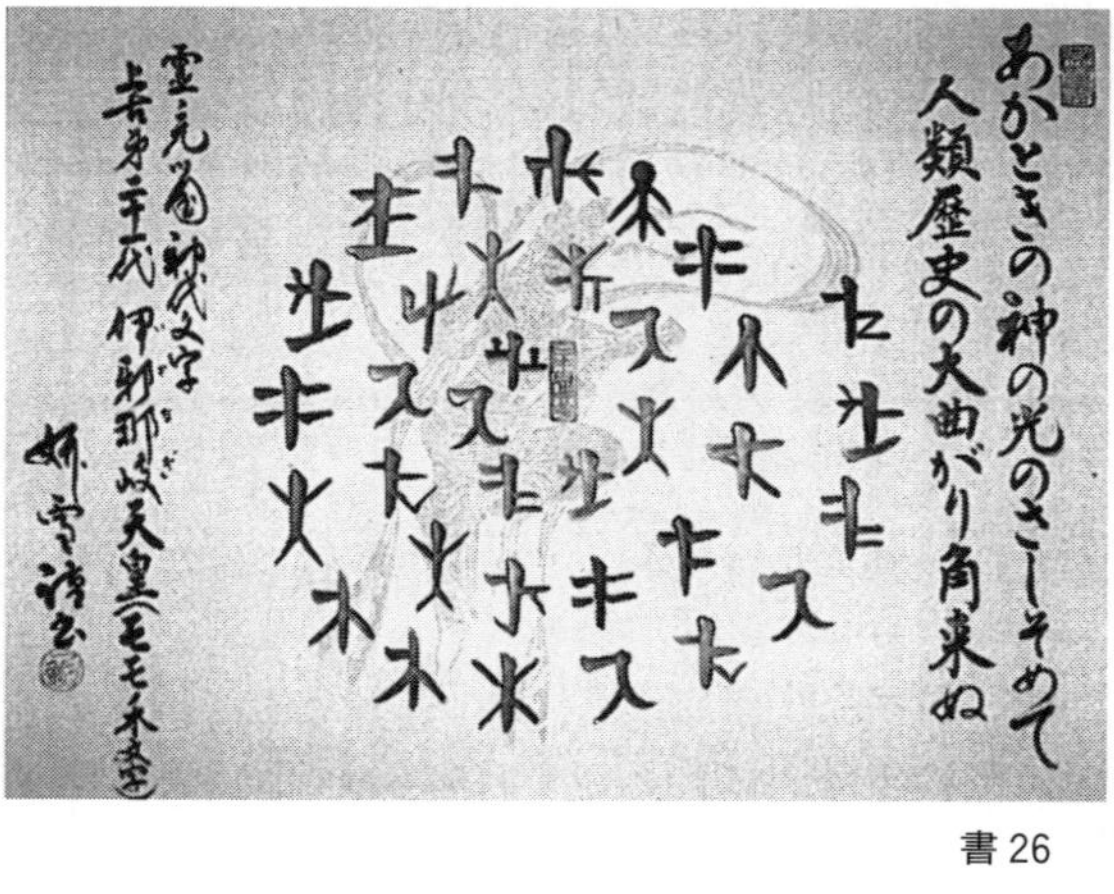

あかときの神の光のさしそめて
人類歴史の大曲《おおま》がり角《かど》来《き》ぬ

書26

しません。

振動のあるところには、神がいらっしゃいますから自由と発展増加があります。逆に振動のないところには、神は宿られませんので、不自由と固定・滅びしかないのです。

伊邪那美命に対して、伊邪那岐命《いざなぎのみこと》は「吾が身は、なりなりて、なり余れる処一処あり」といわれました。自分は、鳴り鳴りて、どこまでも、いつまでも鳴り響いて、無限の振動を行っているといわれたのです。

常時、無限に振動していますから、「自由」であり、「光」であり、「動」であり、「波」なのです。そして、これこそが神の属性なのです。

このような振動によって、陰と陽、静と動、分と合が統一を得て、天の摂理を地上に固着成立させることになったわけです。

伊邪那岐・伊邪那美二神は「天之真柱《あまのまはしら》」をめぐって契《ちぎ》られたわけですが、この「天の御柱廻《めぐ》り」には重大な意味があるのです。

どのような意味でしょうか？

「廻《めぐ》る」は、「回《まわ》」るであり、「丸」「円」を描くことです。「円」はいっさいを包含しています。また、そこにはすべての自由が内包されています。したがいまして、「円」は活動円満を表す唯一の形象《かたち》なのです。

「天の御柱廻り」は、天之御中主神《あめのみなかぬし》を中心に、「高御産巣日《たかみむすび》」「神産巣日《かみむすび》」二神が働かれますが、円満で包容力に満ちたそのご活動全体を象徴的に示された行為なのです（図A）。

もう少し詳しく、この意味についてご説明しましょう。

あらゆる「物」の本体は「力」です。

万物は原子核と電子の結合体であり、原子と原子、元素と元素が結合することによって成り立っています。

たとえば、水は酸素（O）1と水素（H）2の結合体であって、この二つの元素が一定の方式で結合したとき水となります。

ですから、すべての「物」の本体は、結合する「力」であり、その力の発現である「むすび」（結合）によって存在しているのです。『古事記』では、これを「産巣日《むすび》」と記しています。古代の日本人が、何かを結びつけていく自然の力を「神」と呼んでいたことがおわかりになるでしょう。

「図B」の造化三神は、「力」そのものですから肉眼では見えません。三神は、それぞれ原子核を形成している中性子・陽子・陰子に配当することができます。

「力」が働くとき必ず「振動」が生じます。振動は音です。「音」は見えませんが、「有る」

もの、「存在する」ものです。

神々のお働きそのものである「無限の振動」は、現象は常住実在ではなく、限りあるものであるということを示しています。つまり、「無限の振動」によって、森羅万象の変化は生じているのです。

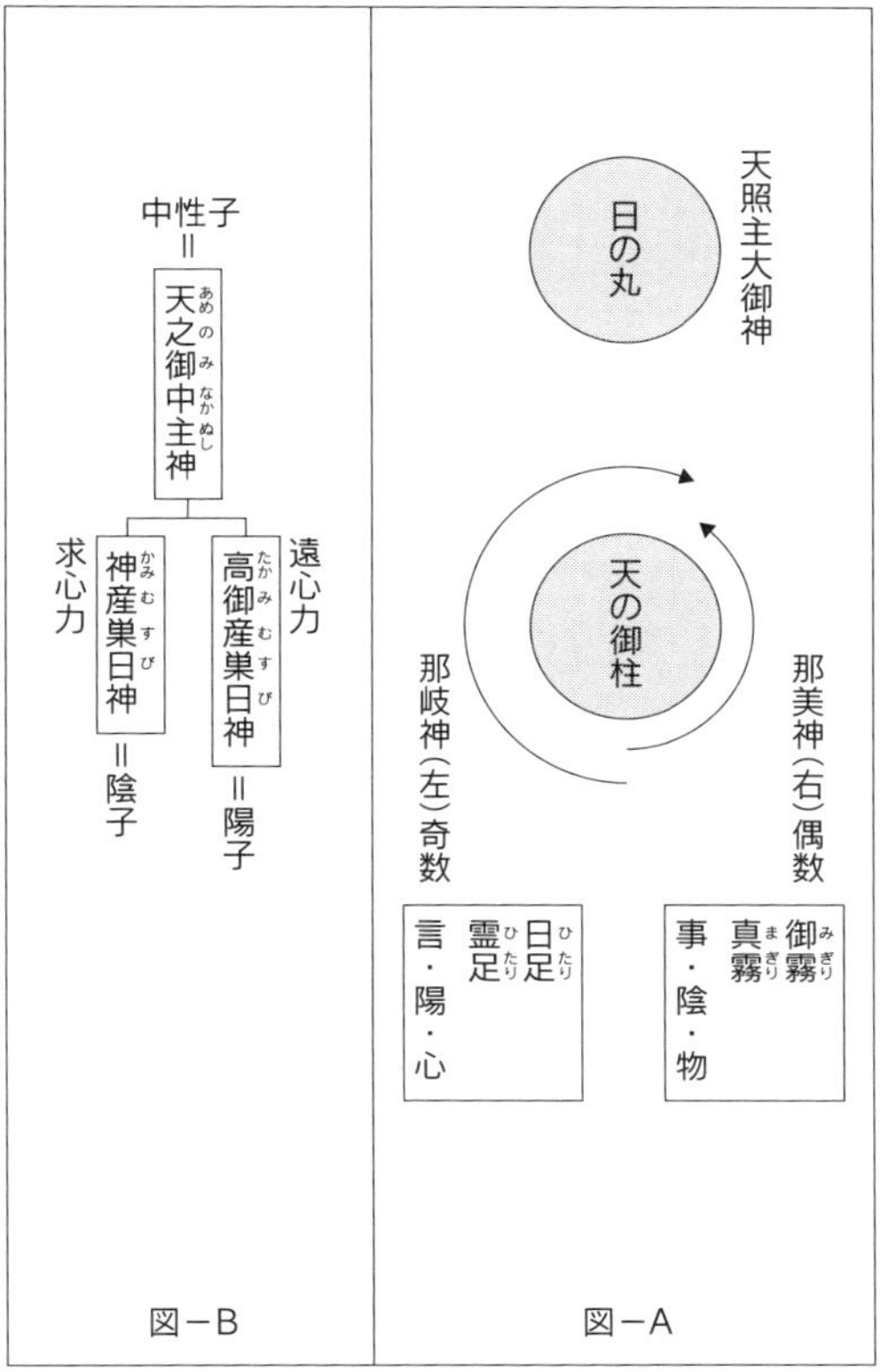

神のエネルギーの動きを数理科学的に考察しますと、ここに図示したような形になります。

上古第二十二代　天疎《あまさかり》日《ひに》向《むかい》津《つ》比《ひ》売《めの》天皇《すめらみこと》

この天皇の御代に、第五回目の「天地かえらく」が起こりました。

天疎《あまさかり》日《ひに》向《むかい》津《つ》比《ひ》売《めの》天皇は、後世「天照《あまてら》皇大神《すめおおかみ》」とご称名された方です。「比売」とある通り、女神でいらっしゃいます。

天地創造の時にご出現されました天神第七代の「天《あめ》御《の》光《みひかり》太陽《おほひ》貴《なかき》王《おお》日《ひ》大神《おほかみ》」は、またの名を「天照《あまてら》主《す》日《ひの》大神」とも申します。

この神様は、「天照皇大神」のご先祖に当たられますが、中世以降、神道界では、この両神を混淆《こんこう》してしまっています。

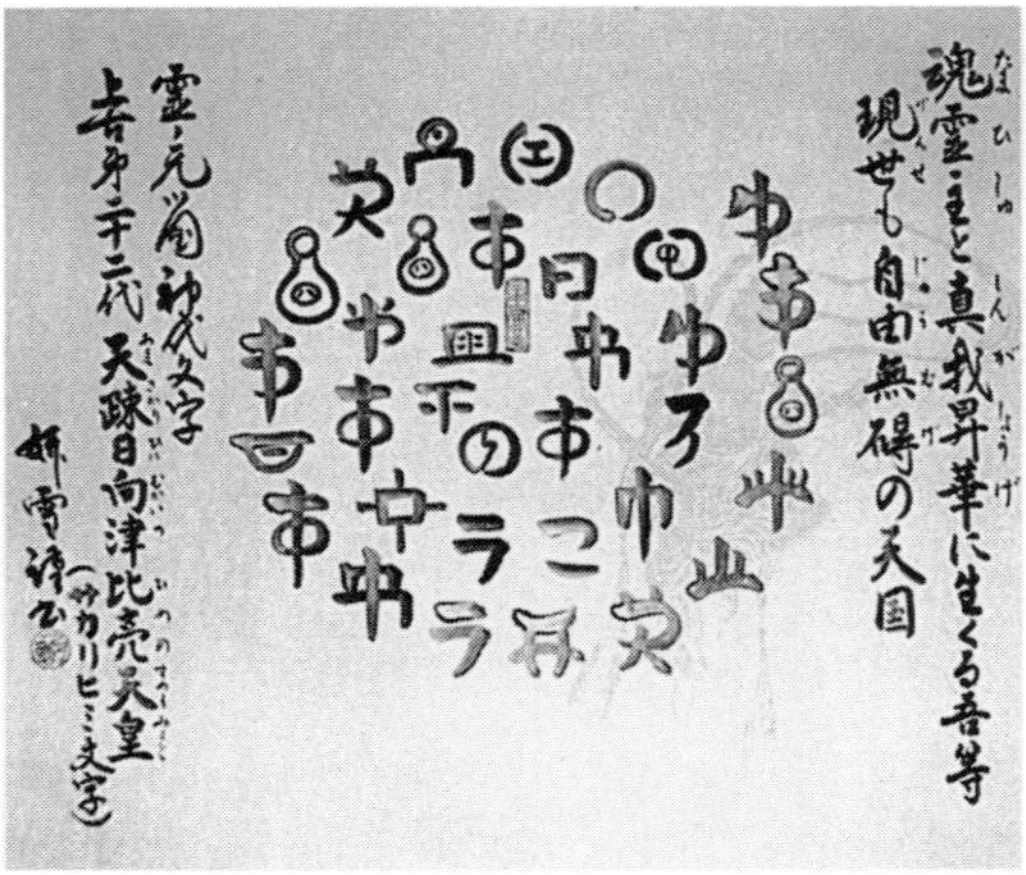

魂霊主《たまひしゅ》と真我昇華《しんがしょうげ》に生くる吾等《われら》
現世《げんせ》も自由無碍《じゆうむげ》の天国

書27

自由無碍ということ（書27「魂霊主と」）

神様の世界を例にとって、この「自由無碍」ということを考えてみましょう。
神界では、主の神様の下に四十八《よとや》の神様を一体化させるということがございます。逆に、欲心を起こして競争させなければならない時には、欲心を起こして競争させます。そして、再び競争をしてはいけない時代、いわゆる天意の転換期が来ると、皆目的に向かって一体化するように動き出します。

このような神様の御経綸は、現界にも貫かれております。対立競争をくり返していても、一体化する必要がある時期がまいりますと、オリンピックや万国博覧会といった行事が盛んに催され、人と人が境を解いていくようになるのです。これは一見すると矛盾するようですが、非常に自由無碍な姿なのです。

つまり、「一体化→競争→一体化」という宇宙の摂理をよく知った上で行動を起こすことこそが、真の意味での自由無碍ということになるのです。

上古第二十三代　天《あめ》之《の》忍《おし》穂《ほ》耳天皇《みみのすめらみこと》

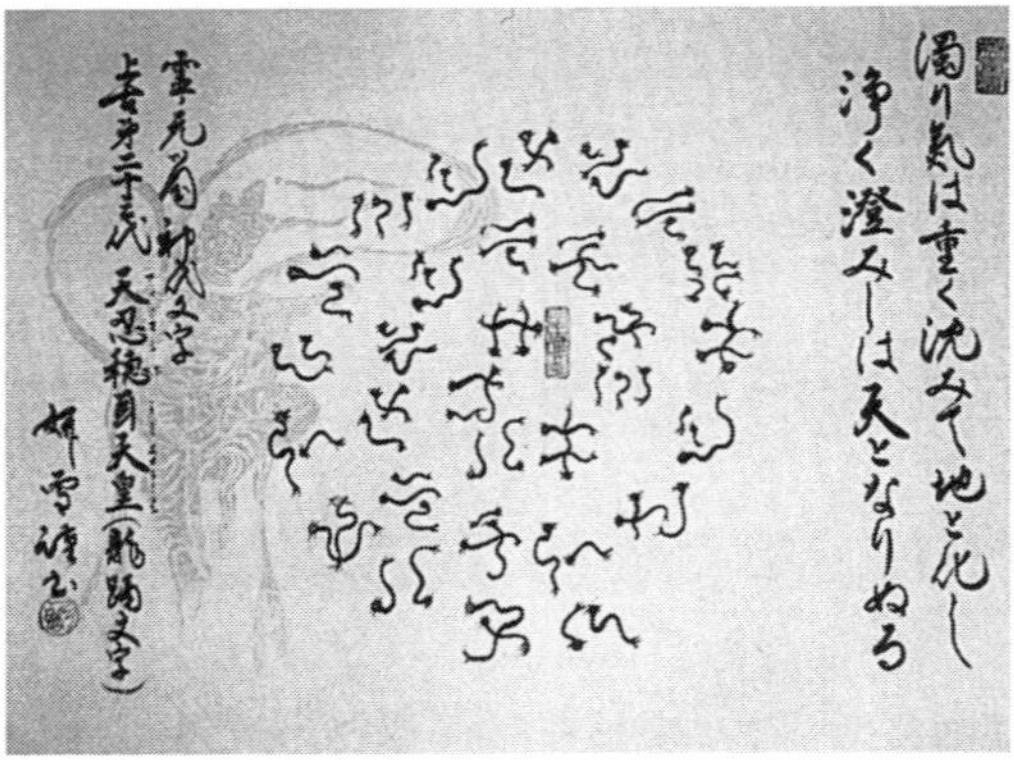

書28

濁り気は重く沈みて地と化し
浄く澄みしは天となりぬる

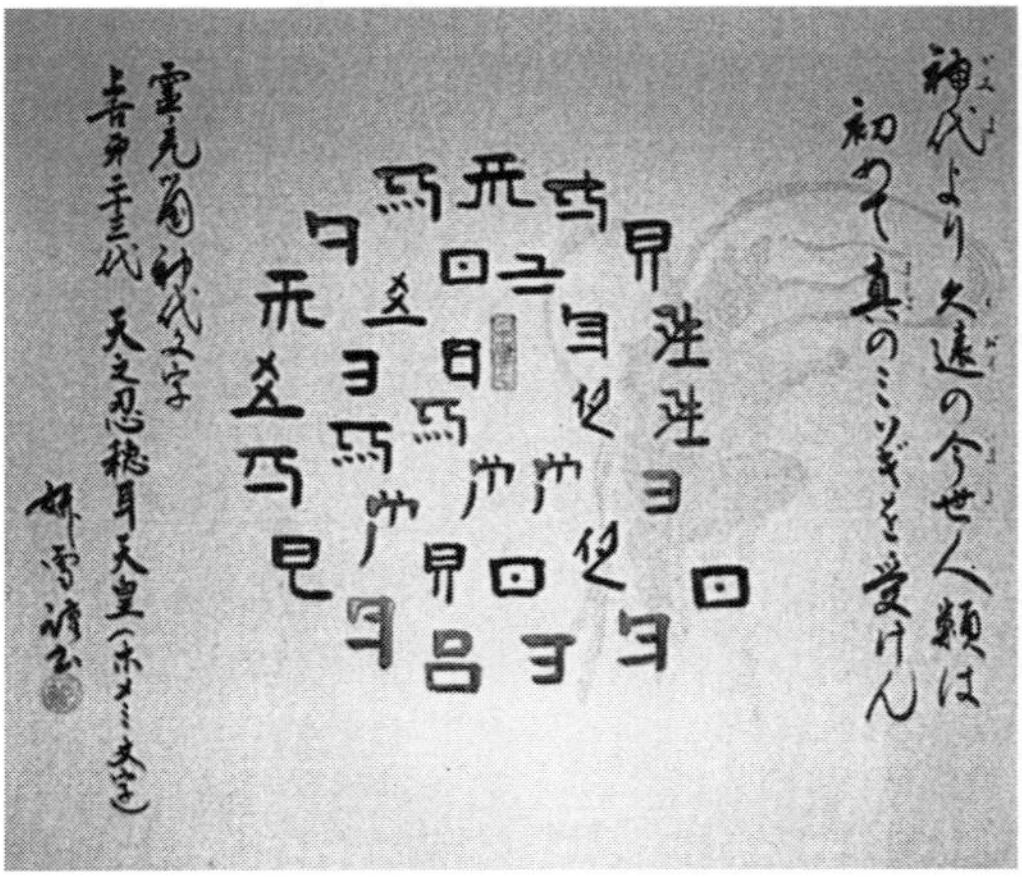

書29

神代《かみよ》より久遠《くおん》の今世《いまよ》人類は
初めて真《まこと》のミソギを受けけん

ミソギハラヒ（書29「神代より」）

ミソギハラヒという言葉をよく聞きますが何のことでしょうか？

「ミソギハラヒ」は、漢字で表記すると「霊削《みそ》ぎ開陽霊《はらひ》」となります。三毒五濁《じょく》を浄化することを意味しています。

三毒とは何でしょうか？

三毒とは、「貪《とん》」「瞋《しん》」「痴《ち》」のことをいいます。

「貪《とん》」とは、「物だ」「金だ」といって欲ぶかいことです。他人のものでさえ奪い取ってしまうほどの貪りのことです。

「瞋《しん》」とは、仏教では「瞋恚《しんに》」といって、非常に怒りっぽいことをいいます。愚痴っぽく、不平不満だらけのことです。

「痴《ち》」とは、「愚痴」「愚知」に通じています。愚かな「知」と「技」で心の世界が病んでいることです。「智慧の実」を食べてしまった姿です。

神から離れた人間

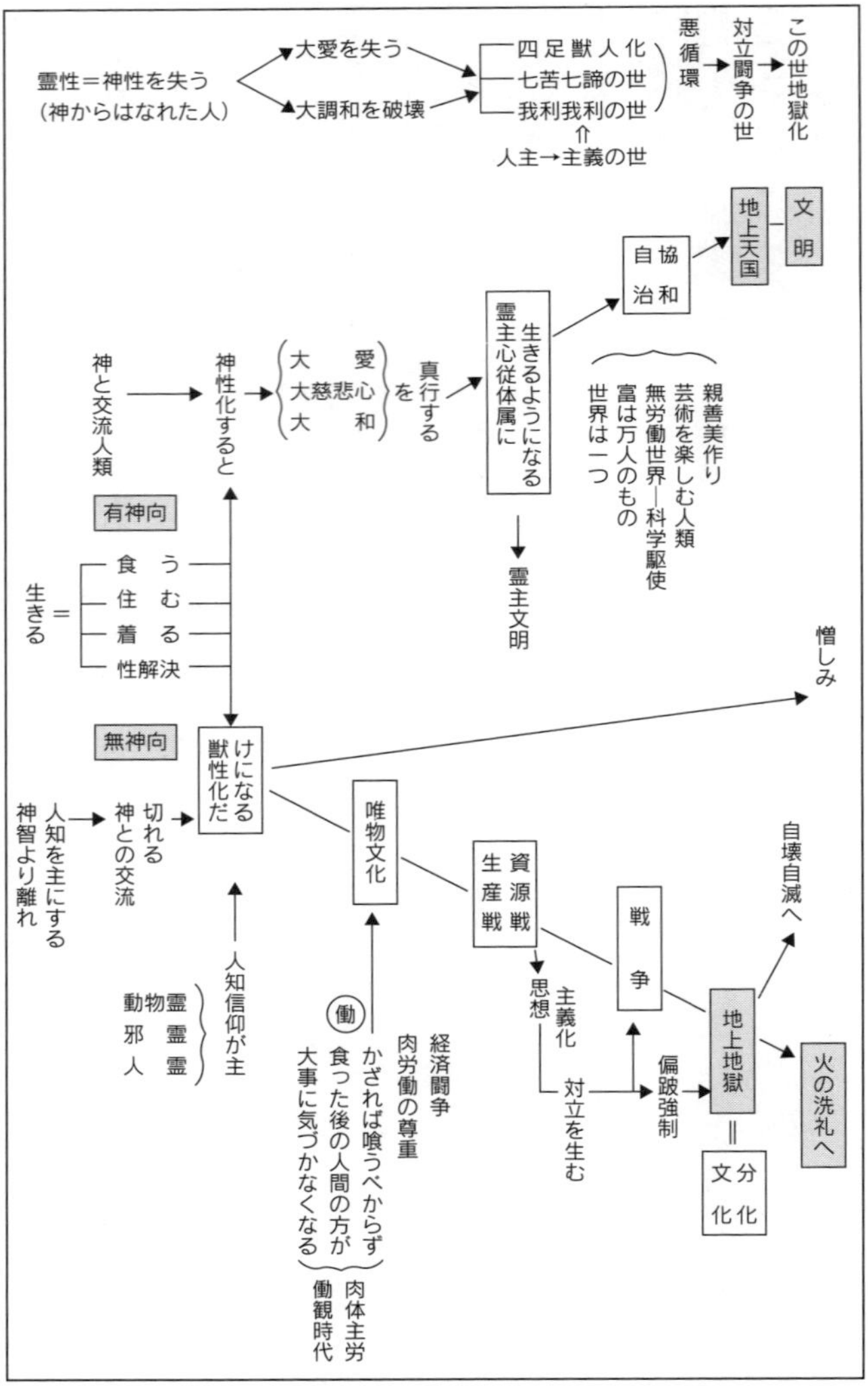

＊　人間（人類）が自ら選択する人生の方向性を示した図です。「有神向」「無神向」から出発し、どちらの道を選ぶかが問われます。現在の世界状況は「火の洗礼」の方向に向かっています。

では、五濁というのは何を指すのですか？

五濁とは、眼・耳・鼻・舌・身の濁りのことを指しています。つまり、五官の濁りということです。

五官とは、人が本来備えもっている五感であり、五つの官能です。人は、ともすると肉体の快楽、肉欲に自分の一生を捧げてしまう肉欲主体人になりがちです。「神の子」ではなく、「人の子」、いや「肉の子」になりきってしまうおそれを常に秘めているのです。

これは、「人」が「人間」となって、肉の塊である四足獣人化してしまうことなのです。

こうなってしまいますと、一人の人間の人生においても、また人類全体としましても、「贖《あがな》い」の現象が起きてまいります。

物質的な欲は、物質によって贖わなければなりません。商売の失敗、経済恐慌、物価高、賃金闘争、あるいは病気、火事、事故など、すべて金や物を出して贖ってゆかなければならないのです。

人生が「地獄の道」化するのです。

生きながらの地獄道といっていいでしょう。

そして、この元凶は五欲（五官がもとで起こる五つの欲望のことで、眼＝色欲、耳＝声欲、鼻＝香欲、舌＝味欲、身＝触欲を指しています）にあるのです。

以上のような三毒五濁を、人類は自分自身で清められないのです。神様が「ミソギハラヒ」（霊削ぎ開陽霊）をしなければならない理由はここにあるのです。

人が低次元生物化してしまっている現代では、「アバキ」「アガナヒ」「アガキ」現象を体験させられます。自ら滅びてゆく姿をまざまざと見せつけられるわけです。

上古第二十五代　天《あめ》津《つ》彦《ひこ》火《ほ》火《ほ》出《で》身《み》天皇《すめらみこと》

真理のみ魂とは（書30「光あれ」）

イエスは、「真理のみ霊は、やがて世に降りて真理を述べん」といわれました。この「真理のみ霊」というのは、父《ちち》「トトの神」より遣わされんとする助主《たすけぬし》、スの御国《くに》直系の神様で、天照《あまてら》主《す》大《おほ》日《ひ》大神様と国《くに》万造主《よろずつくりぬし》大神様からのお使いのみ霊のことを指しています。

そのみ霊によって、来たるべき文明のありようを、神のご経綸（計画）とともにお示しになり、人類を正しく導くということなのです。

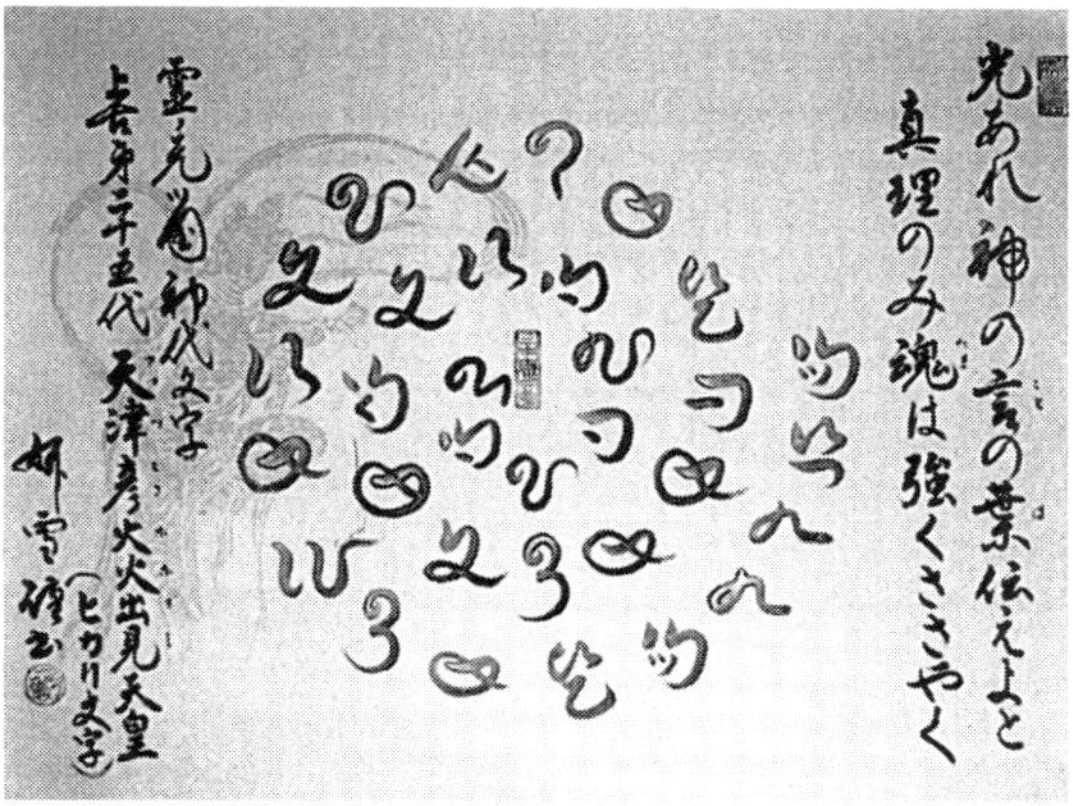

光あれ神の言《こと》の葉《は》伝えよと
真理のみ魂《たま》は強くささやく

書30

不合《ふきあえず》朝第三代　真《ま》白《しら》玉《たま》真《ま》輝《てる》彦《ひこ》天皇《すめらみこと》

「ラルロの嵐」とは（書31「天陽魂」）

「ラルロ」とは、「ラリルレロの世」のことを指しています。「ラルロの嵐期」に入ったということは、混迷混沌の世になり、「神裁き」「仏滅」「火の洗礼期」へと神の御経綸（計画）が進んでいるということです。

「ワヰウヱヲ」と進んだ時、「和の世界」、つまり「地上天国の建立《こんりゅう》期」に入るのです。その前に一度、根底から壊してしまわれるのが「ラ行」のご経綸なのです。

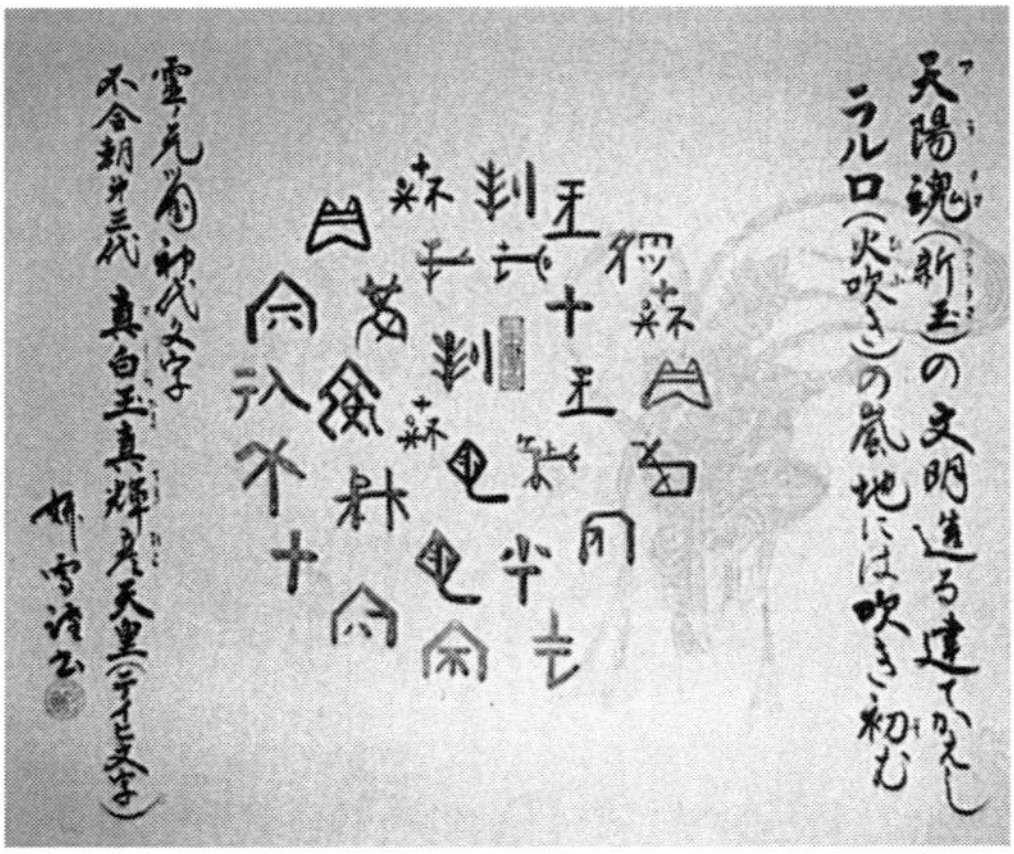
天陽魂（新玉）の文明造る建てかえし
ラルロ（火吹き）の嵐地には吹き初む
不合朝第三代　真白玉真輝彦天皇

天陽魂《あらたま》（新玉《あらたま》）の文明造る建てかえし
ラルロ（火吹《ひふ》き）の嵐《あらし》地には吹き初《そ》む

書31

神の経論と人の心得

今、私たちは、私たちの身辺で起きている様々な出来事に心を奪われ、将来に対する希望を失っております。しかし、この宇宙に意志というエネルギーがあるとするならば、私たちが生きているということも、私たちの未来も、そのエネルギーのたまものと感じ取ることが必要ではないでしょうか。そして、この宇宙のエネルギーが一分の狂いもなく動き、計画的に「こと」を運んでいるということを知らねばなりません。

とすれば、その動きがこの先どのような方向に進んでいくのかをいち早く感じ取り、それに乗ってひと時ひと時を過ごして行ったなら、何も不安もなく、大安心のもとで二十一聖紀をすごすことが出来るように思えます。しかし、その宇宙エネルギーの動きを感じ取るには、肉体のレベルではなく、私達の存在の核である魂のレベルでとらえるしかありません。それができますと、二十一聖紀は「ス」晴らしい時代になるはずです。精神的、物質的にも最高の次元に達し、この地球上に生かされながら天国を味わあわせていただくような時代を迎えられるのです。

「天地カエラク」について

上古第二代　造化氣《つくりぬしき》万《よろず》男《お》身《み》光《ひかり》天皇《すめらみこと》

天皇の御代に、天下とこよ国全部土の海となる事八十四度カエラクす。

上古第三代　天日《あめのひ》豊本《のもと》黄人《ひのひの》皇主《みのぬし》神《かみ》身《み》光《ひかり》天皇《すめらみこと》

天地分主大神の御代より、地球全部数百度土の海となる。

上古第四代　天《あめ》之《の》御《み》中主神《なかぬしかみ》身《み》光《ひかり》天皇《すめらみこと》

御子　日ナタ火赤人男女二神――

御子　天タミアラ国主命

御子　天ノミヨイ国王命《大平洋中に陥没した、ミユ、タミアラ大陸の国王のこと》

上古第七代　天《あめ》相《あい》合美《あわすみと》身《み》光《ひかり》天皇《すめらみこと》

天皇即位百億万年、大変動土の海となる。

上古第九代　天《あめ》八《や》十《そ》万《よろず》魂《たま》身《み》光《ひかり》天津《あまつ》日《ひ》嗣《つぎ》天皇《すめらみこと》

天下万国全部土の海となる。

上古第十代　高《たか》皇《み》産《むす》霊《び》身《み》光《ひかり》天津《あまつ》日《ひ》嗣《つぎ》天皇《すめらみこと》

即位二十五億万年、ハヤレツキ立十日、詔して万国御巡幸ミヨイ国、タミアラ国(その他に)天皇天降る。

上古第十一代　神《か》皇《み》産《むす》霊《び》身《み》光《ひかり》天津《あまつ》日《ひ》嗣《つぎ》天《あめ》日《の》天皇《すめらみこと》

天下万国全部土の海とカエラクす。

上古第十二代　宇《う》麻《ま》志《し》阿《あ》志《し》訶《か》備《び》比《ひ》古《こ》遅《ち》身《み》光《ひかり》天津《あまつ》日嗣《ひつぎ》天皇《すめらみこと》

御子　天之三代イ姫命　ミヨイ国王となる。

御子　天之民阿良姫命　タミアラ国王となる。

天皇即位二十億百万年、ウベコ月円一日、詔して自身万国巡幸、……タミアラ国、ミヨイ国、ヒウケエビロス国、ロキー山脈に天降る。

上古第十三代　天《あめ》之《の》常立《とこたち》男《お》身《み》光《ひかり》天津《あまつ》日《ひ》嗣《つぎ》天《あめ》日《の》天皇《すめらみこと》

御子　天ミヨイ主命

御子　天タミアラ主命

上古第十四代　国《くに》之《の》常立《とこたち》身《み》光《ひかり》天津《あまつ》日《ひ》嗣《つぎ》天《あめ》日《の》天皇《すめらみこと》

天皇天浮舟に乗りて、タミアラ、ヒハイレ山峯に天降り、天日国天皇大前早刻参朝、タミアラヒライ民王、天タミア主命王拝礼し、大花捧楽奏す。天皇詔して国守任ず。天皇天浮舟に乗り、ミヨイ国ヒワタミ山宮に天降り、天日国天皇大前早刻参朝、ミヨイヒワン民王、ヒルヲン民王天ミヨイ主命王拝礼舞ワカを奏す。天皇詔して、天ミヨイ主命国王に任ず。

上古第十七代　角《つぬ》樴《ぐい》身《み》光《ひかり》天津《あまつ》日《ひ》嗣《つぎ》天《あめ》日《の》天皇《すめらみこと》

天皇即位百五億万年、ウベコ月立二日、天下万国土海とカエラクす。五色人全滅す。

上古第二十一代　伊《い》邪《ざ》那《な》岐《ぎ》身《み》光《ひかり》天津《あまつ》日《ひ》嗣《つぎ》天《あめ》日《の》天皇《すめらみこと》

天皇即位八十億万年カナメ月円六日、万国土の海と大変動カエラクす。五色人全部全滅す。

上古第二十二代　天疎日向津比売《あまさかりひにむかいつひめの》身光天津《みひかりあまつ》日《ひ》嗣《つぎ》天日天皇《あめのすめらみこと》

天皇即位五百万年ナヨナ月立三日より、地球万国大変動土の海とカエラクす。

不合朝第四代　玉噛彦《たまかみひこ》天津日嗣不合四代天日天皇

天皇即位五年ハヤレ月、天地、土の海となり、トコヨのクニ五色人、全部かみさります。アアナンム。

不合朝第十八代　皇妹依細里《よいほそり》媛天皇不合十八代天日身光天皇

即位二百五十三年ナヨナ月立九日、天越根国大変動、ジシン、人全部死す。

不合朝第二十一代　天饒明立《あめにぎあかりたつ》天皇不合二十一代天日身光天皇

御子　タミアラ大足長姫尊

不合朝第二十六代　種淅彦《たなかし》天皇不合二十六代天日身光天皇

天皇即位八十二年ケサリ月立一日、詔して万国を巡幸す。天皇付臣三百十七名、万国を巡幸する内百十一名各所にのこり、其居る所の長官に任ず。タミイヒハレ媛命ミヨイヒワタミ命居る。

不合朝第三十七代　松照彦《まつてるひこ》天皇不合三十七代天日身光天皇

御子　ミヨイ媛命　ミヨイ国王に任ず

御子　タミアラ大彦命　タミアラ国王に任ず

不合朝第四十一代　神楯広幡八十足彦《かんだてひろはたやそたるひこ》天皇不合四十一代天日身光天皇

御子　タミアラ大彦命　タミアラ国主任ず

御子　ミヨイ大道媛命　ミヨイ国主任ず

不合朝第五十四代　高天原《たかまのはら》輝徹国知《てるとほるくにしる》天皇不合五十四代天日嗣天皇

御子　タミアラ、ヒワタミ姫命　タミアラ国王

御子　ミヨイ、ヒハイレ彦命　ミヨイ国王

不合朝第六十九代　神足別豊耡《かんたるわけとよすき》天皇不合六十九代天日嗣天皇

即位三十三年サナヘ月、天地万国大変動五色人全部死す。ミヨイ国、タミアラ国、海のそこにしずむ。

不合朝第七十一代　天照国照日子百日臼杵《あまてるくにてるひこももひうすきね》天皇不合七十一代日嗣天皇

即位二十一年カナメ月、南無大地変、五色人全部死す。万国大地変動す。

『竹内文献』の記述をもとにまとめた「天地カエラク」（天地の大変動）の一覧表。本文の随所に挿入した歴代天皇御作成の万国地図を参照しながら、大天変の跡を確認していって下さい。

主神の御経綸進展と人の進化の行程図

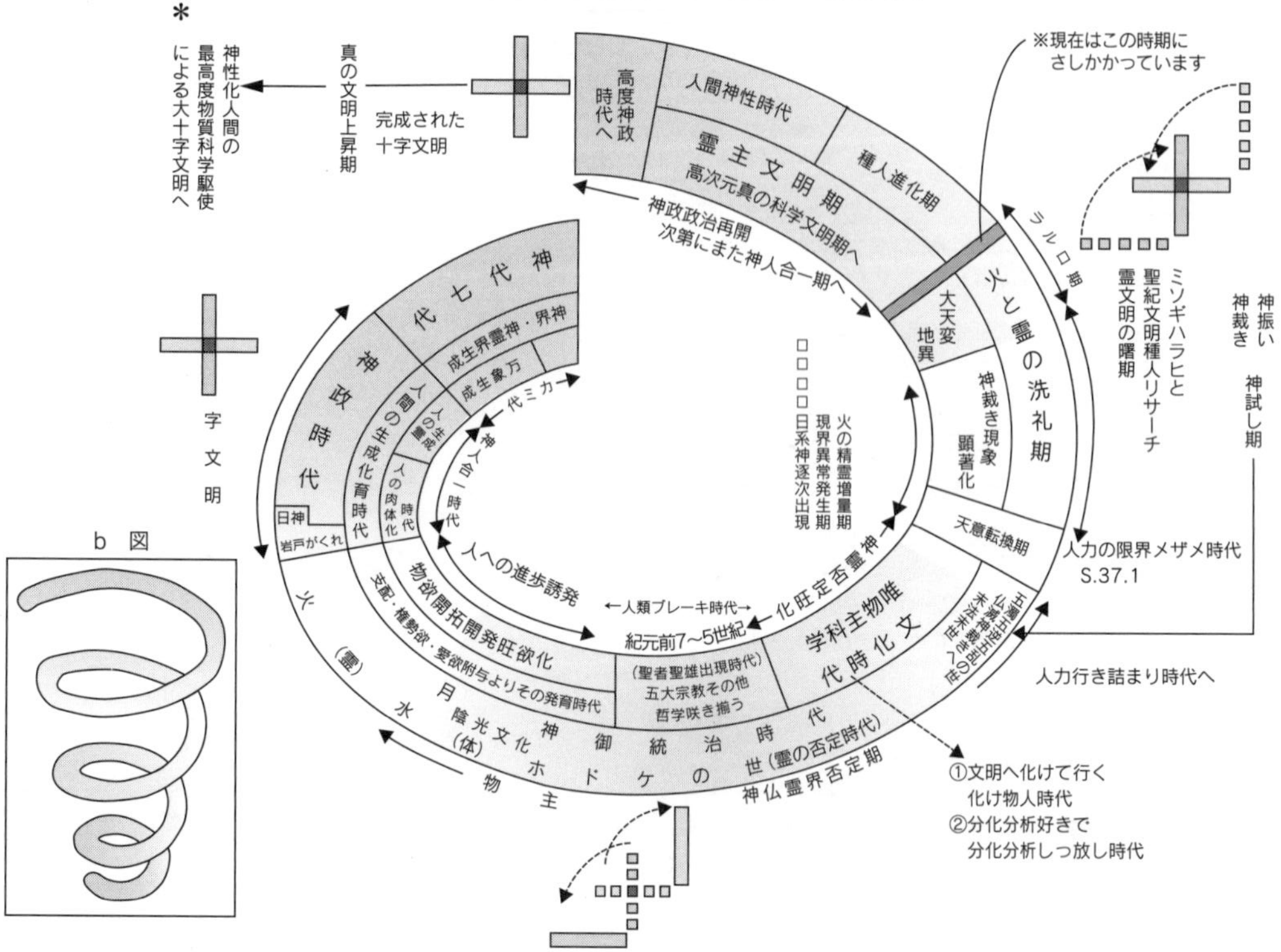

232

今、私たちが感じております不安は、その時を迎えるための準備期に入っているからなのです。

そのような「ス」晴らしい時に遭遇しておりますことに感謝し、個々の魂のレベルアップをし、次期文明に追いついてまいりたいものです。

＊　神経論上から見たの天意転換説明図

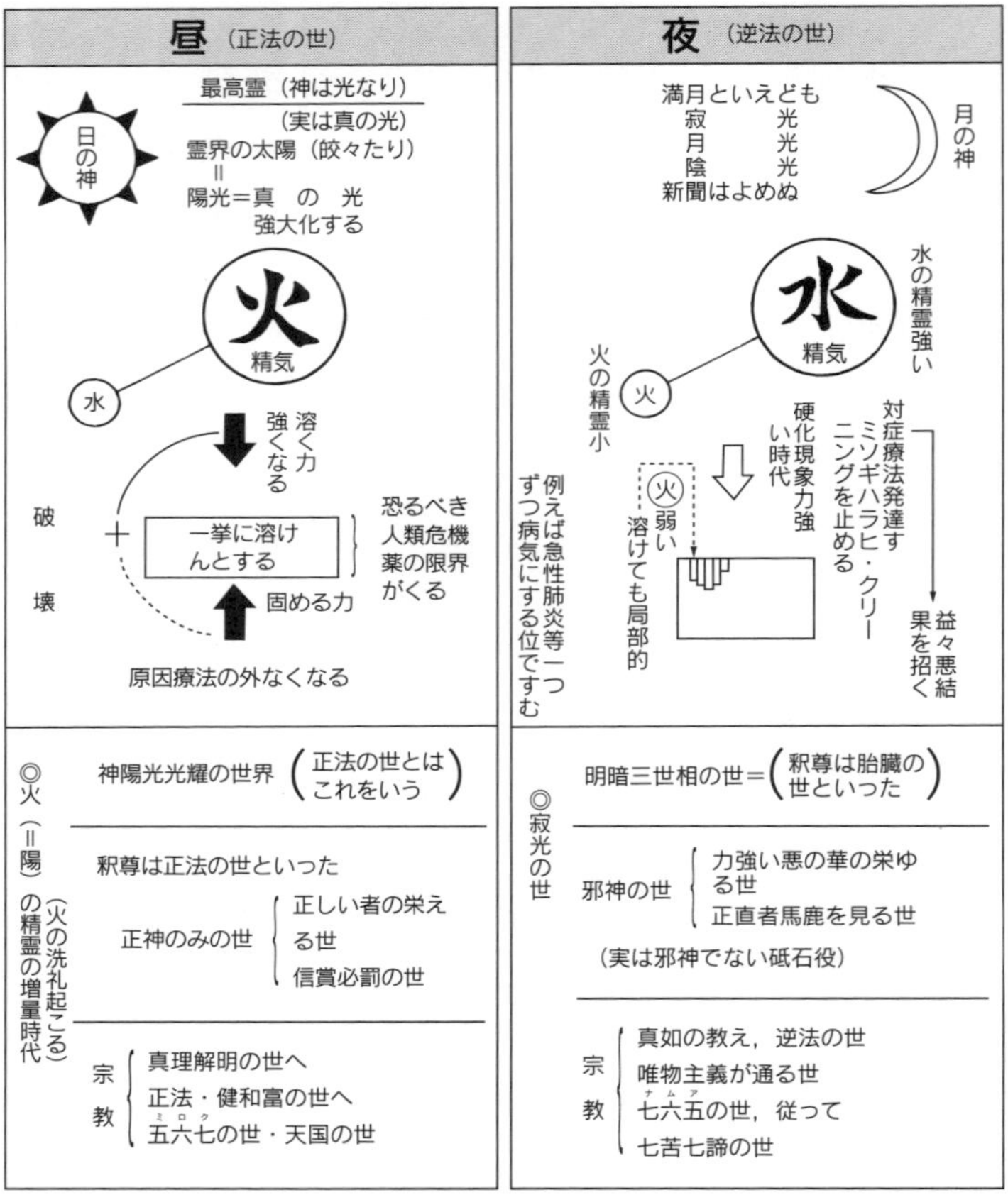

有信仰・無信仰に関係なく、人類に訪れてくる重大影響を図示してみました。宿命、政治、経済、教育、医学、宗教など、すべてにわたって適応できます。日系の神が主となり、月系の神が従となっておりますが、この両者がタテ・ヨコで結び合うと十《カミ》となり、新たな文明がはじまります。この結び（ムスビ）現象の時には、現界に「火の洗礼」と「大荒れ」が到来いたします。

不合《ふきあえず》朝第九代　千種《ちくさ》媛《ひめ》天皇《すめらみこと》

日の丸（書32「人類史」）

「日の丸」について教えて下さいますか？

「日の丸」には、すべての基本・中心を大自然（太陽）に置くという思想がこめられています。これは、「日の丸」の旗が神と結んでいることを意味しています。純真、無垢、公平「ス」直な白い生地に、赤き真《まこと》の心を気結《きむすび》、生結《いきむすび》、和久結《わくむすび》することによって、一切を仕組んでいるのです。

天津《あまつ》（魂《こん》）という「縦の結《むすび》」と、国津《くにつ》（魄《はく》）という「横《よこ》の結《むすび》」を「赤白《こうはく》の結《むすび》」に置きかえたものが、「日の丸」だと考えていいと思います。これは、生きとし生けるもの、

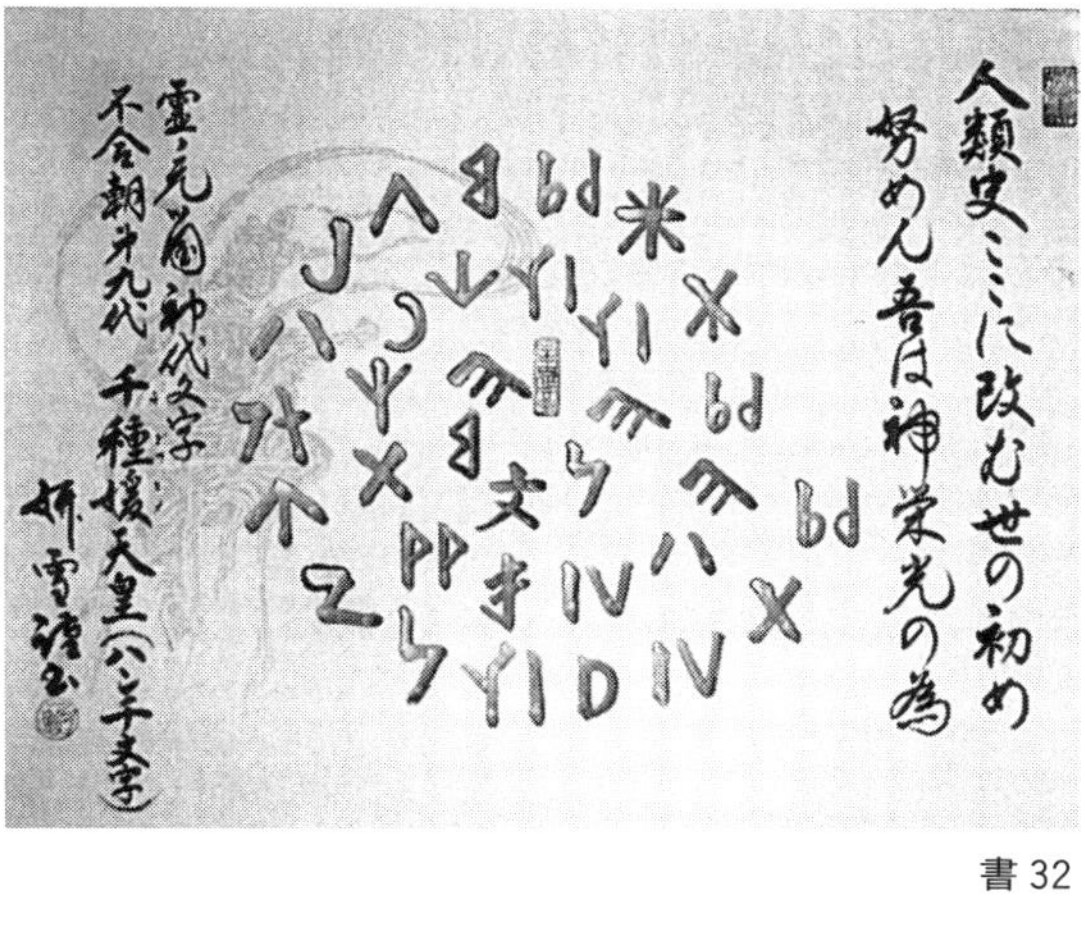

人類史ここに改む世の初《はじ》め
努めん吾は神栄光の為

書32

一切万有に欠くことのできない「火心と水心」「陰と陽」「父と母」の和合・結合という「芽出度き結」を表徴しているのです。

生きる最高の悦びを極め尽くした、一切生命（魂命霊気《おおみたま》）の華表が「日の丸」なのです。

白地にはどのような意味があるのでしょうか？

白地は「水心」を表わしています。すなわち、母の位を示したものです。

水心は、一切万物が生れ、生じ、成る、「一初《いちはじ》めの位」にあるものです。絶対純真の「ス」直であり、常に大自然の法則に従い、円の器に従う大慈悲をもった愛のことです。

豊にして大らか、いかなるものも抱擁なし結ぶ、というこの真価は、母の位にあるものなのです。

白は魄《はく》の結《むすび》です。すべての形あるもの、種の存続、女《にょ》（内気）の態《たい》（体）を表し、生々して止むことのない「横の結」「地の結」を象徴しています。

それでは、赤い円のもつ意味とは何なのでしょうか？

赤い円は火心を表わしています。すなわち、生命の本源、日嗣《ひつぎ》を示したものです。

火心は、魂《こん》の結です。これは「縦《たて》の結」「天の結」「父（外氣）の結」であり、赤き氣、赤き血の大活動大飛躍を象徴しています。

日の丸が日本の旗となったのはいつの時代だったのですか？

日の丸は、不合六代（上古第三十一代）天皇の旗で、「日ノ神赤玉の旗」と名づけられていました。これが日本の国旗の濫觴なのです。

石鉾歯並執楯天皇の御代には、日の丸が天皇の旗として定められ、「日ノ神赤玉の旗」と命名されています。これが後に日本国の国旗となったのです。

石鉾歯並執楯不合六代天日天皇御作成の万国地図。
『竹内文献』所収。

天日根国の外の国をトコヨ国と言う

万国地図 (5)

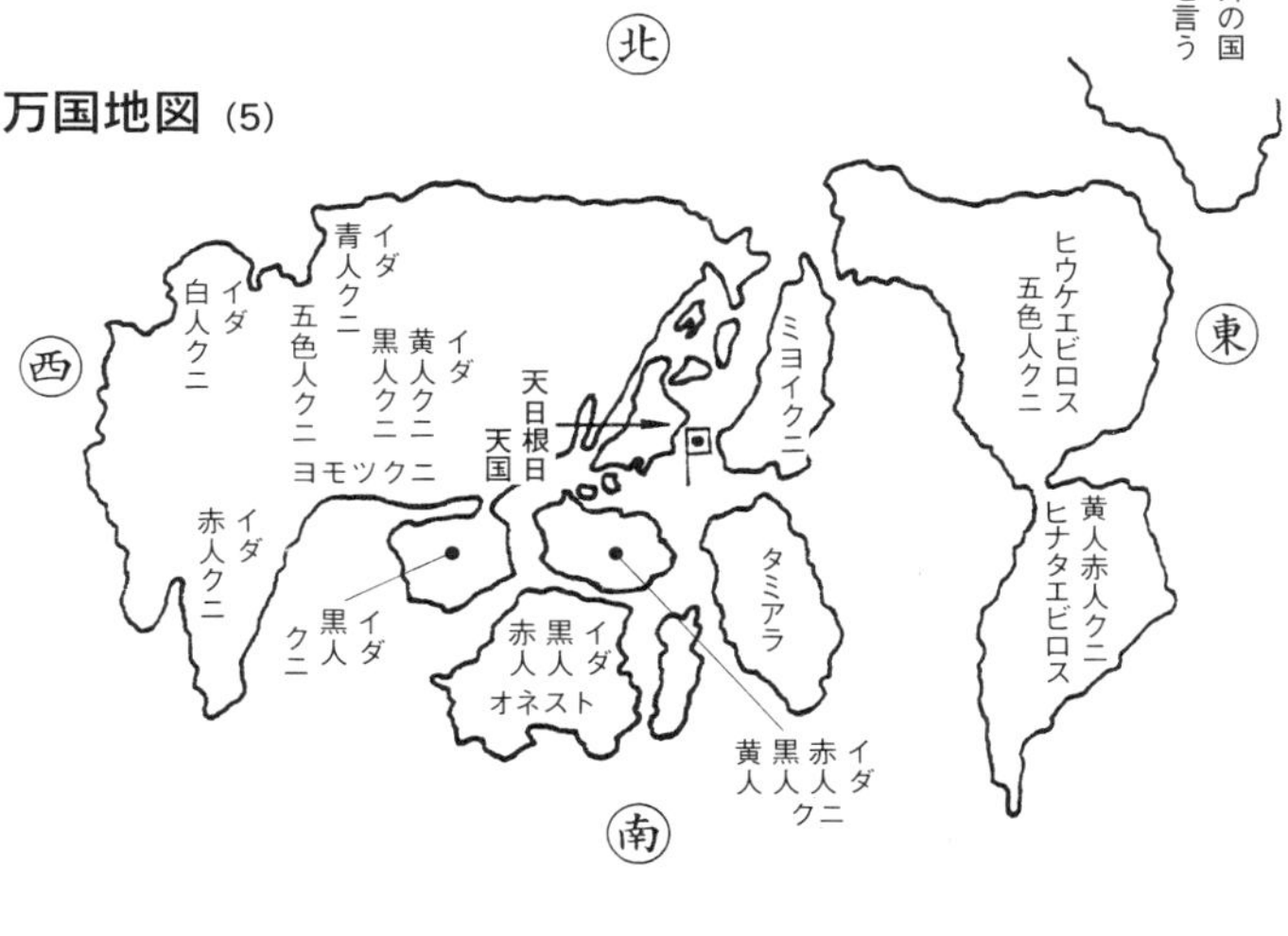

想念時代

今、人類はようやく、自分たちが心の底に秘めもっている魂の世界を改める以外に、個人的にも、社会的にも、民族的にも、人類的にも、幸福を得る道はないということを悟る時代に入りました。それは、本当の意味での「天の岩戸開きの時代」、つまり「天意の転換の時代」にはいったからです。人類としては、神道家も、仏教者も、キリスト教徒も、宗門宗派の護持というような狭い枠から脱皮して、徹底的な活動を開始しなければならない時代がやってきているのです。とくに日本人は、自らの「霊籍《ひせき》」というものを、明らかに悟らなければならない時代に直面しています。日本人は、国籍、市民籍、党籍、宗門宗派の籍などといった狭い枠を早く脱して、「霊籍」に生きなければならないのです。

「霊籍」について、もう少し詳しく説明しておきましょう。まず第一に、私たちは本来「神の子」であるという霊籍をあげておかねばなりません。私たちは、人間ではなく、実は神の子なのです。神の子が一歩一歩神性化していけば、最終的には生きながら神と化すこともできるのです。

次に自覚しなければならないのは、「霊《ひ》の元《もと》つ国人《くにびと》」としての霊籍です。神の子としての霊籍は「人類」共通のものですが、こちらは「日本人」にのみ要求される特殊な自覚といっていいでしょう。

これまで述べてきたとおり、日本は万象の霊成型《ひながた》、五色人の霊成型《ひながた》が創られた国です。神様のみ意《こころ》からいうと、日本の国民《くにたみ》は、日本人のための日本人ではなく、世界五色人のための「霊の元つ国人」なのです。

いいかえると、私たち日本人は、世界の五大文明や五大宗教を起こした、人類の本家に相当する霊籍のことを、しっかりと自覚しなければならないのです。

『聖書』に「選び子」という言葉が出てまいります。これは、すでに「在る」人々ではなく、これから神様が次の文明の種人《たねびと》として残していかれる人々を指しています。

日本人が、次の文明の種人、選び子としての自覚をもつようになれば、健康、和合、富といったものも自然と成就されてくるでしょう。そして、それだけではなく、日本の文明にも想像だにしなかったような奇跡が起きる時代が来ると思います。

現代という時代は、霊的な奇跡を起こす以外に、真の進展は望めず、滅びからまぬがれる方法もないところまで来ているのです。

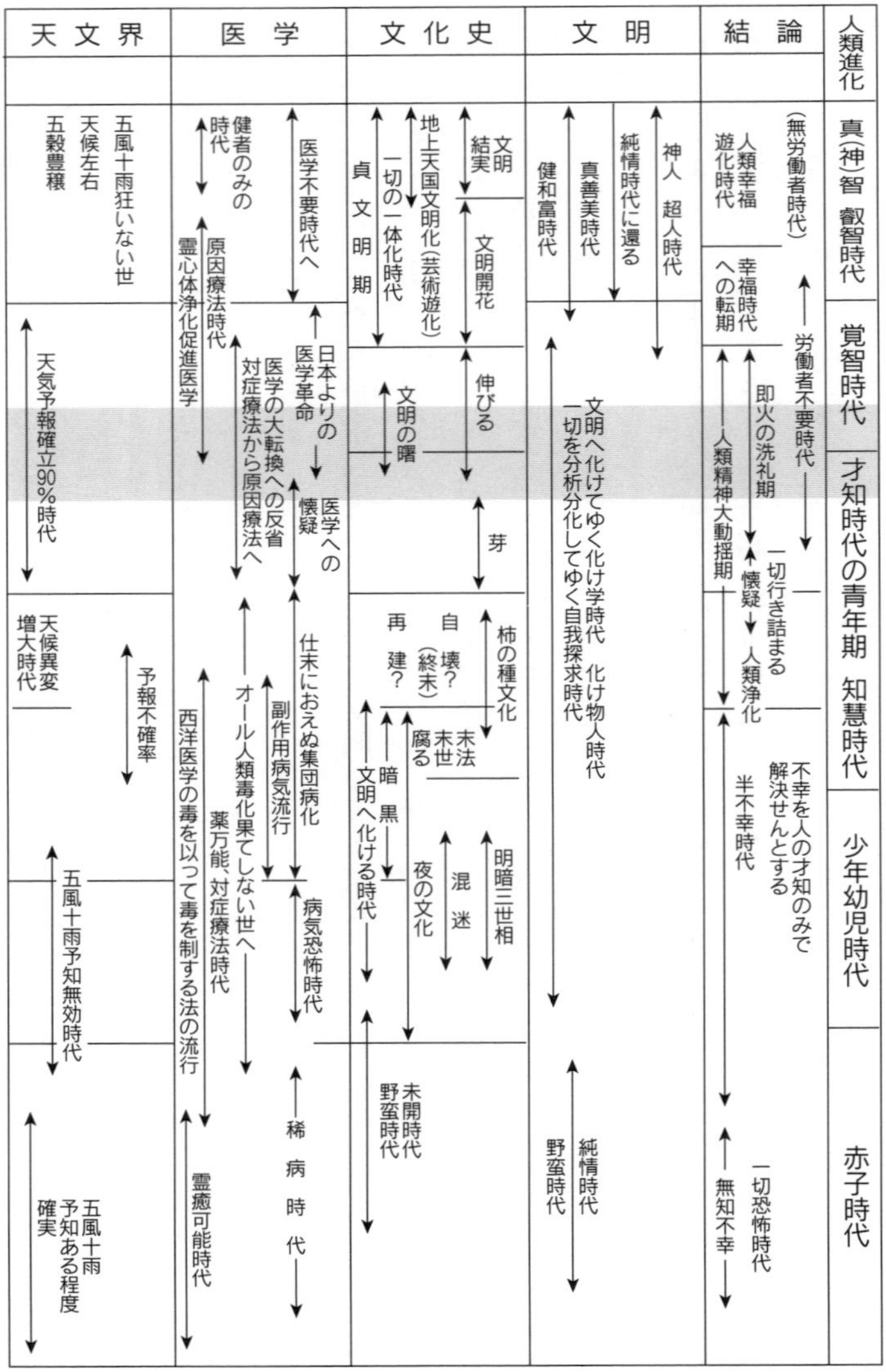
人類進化
真(神)智 叡智時代
覚智時代
才知時代の青年期 知慧時代
少年幼児時代
赤子時代
結論
(無労働者時代)
人類幸福遊化時代
幸福時代への転期
労働者不要時代
即火の洗礼期
人類精神大動揺期
一切行き詰まる
懐疑
人類浄化
不幸を人の才知のみで解決せんとする
半不幸時代
一切恐怖時代
無知不幸
文明
神人 超人時代
純情時代に還る
真善美時代
健和富時代
文明へ化けてゆく化け学時代 化け物人時代
一切を分析分化してゆく自我探求時代
純情時代
野蛮時代
文化史
文明結実
地上天国文明化(芸術遊化)
一切の一体化時代
貞文明期
文明開花
伸びる
文明の曙
芽
柿の種文化
自壊?(終末)
再建?
末法末世腐る
暗黒
文明へ化ける時代
明暗三世相
混迷
夜の文化
未開時代
野蛮時代
医学
医学不要時代へ
健者のみの時代
原因療法時代
霊心体浄化促進医学
日本よりの医学革命
医学の大転換への反省
対症療法から原因療法へ
医学への懐疑
仕末におえぬ集団病化
副作用病気流行
オール人類毒化果てしない世へ
薬万能、対症療法時代
西洋医学の毒を以って毒を制する法の流行
病気恐怖時代
稀病時代
霊癒可能時代
天文界
五風十雨狂いない世
天候左右
五穀豊穣
天気予報確立90%時代
天候異変増大時代
予報不確率
五風十雨予知無効時代
五風十雨予知ある程度確実

＊

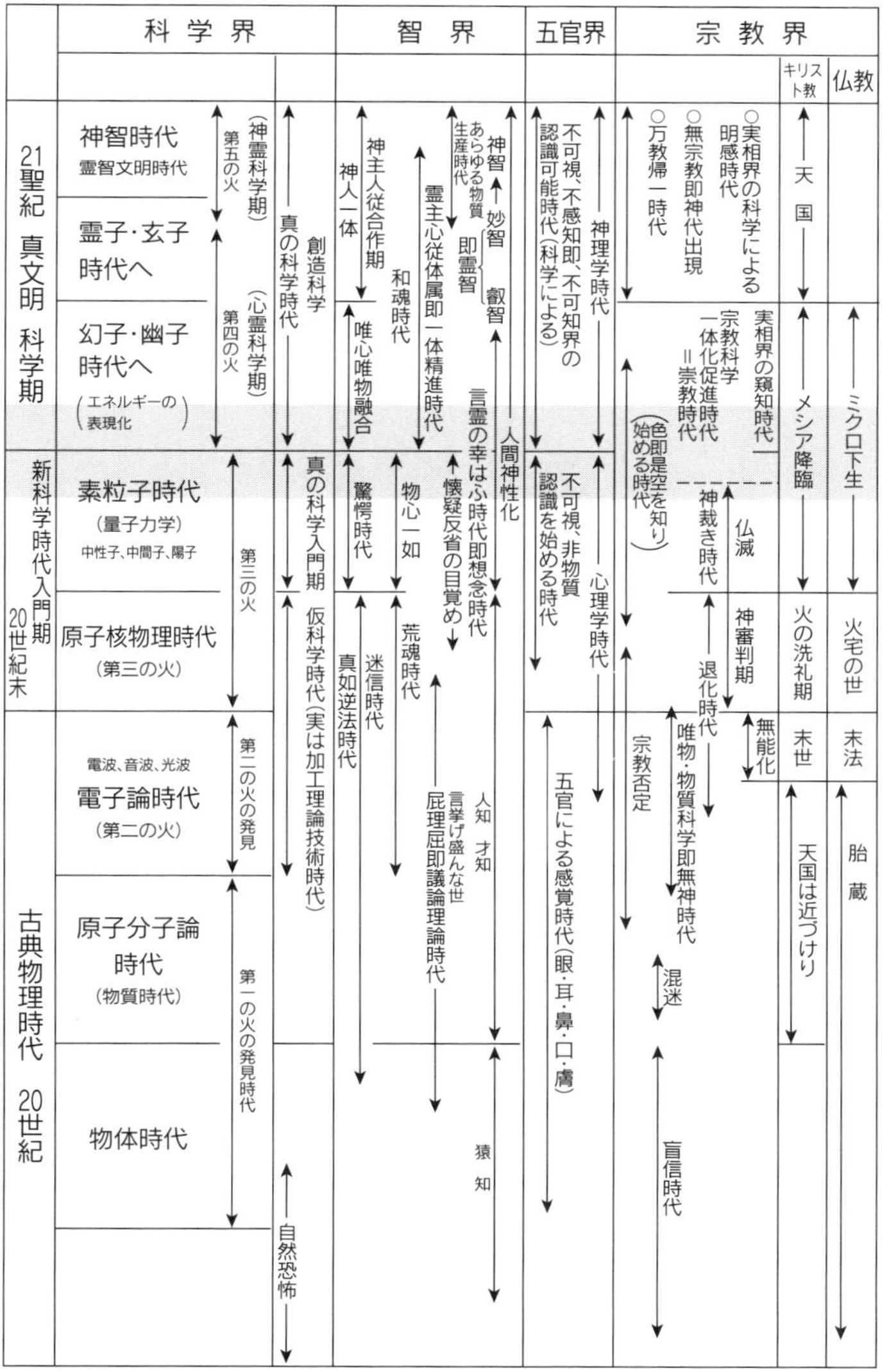

科学界
智界
五官界
宗教界
キリスト教
仏教
21世紀 聖 真文明 科学期
神智時代
霊智文明時代
霊子・玄子時代へ
幻子・幽子時代へ
（エネルギーの表現化）
第五の火
第四の火
（神霊科学期）
（心霊科学期）
真の科学時代
創造科学
神人一体
神主人従合作期
唯心唯物融合
和魂時代
霊主心従体属即一体精進時代
あらゆる物質生産時代
神智
妙智
即霊智
叡智
言霊の幸はふ時代即想念時代
人間神性化
不可視、不感知即、不可知界の認識可能時代（科学による）
神理学時代
○万教帰一時代
○無宗教即神代出現
○実相界の科学による明感時代
天国
実相界の窺知時代
宗教科学一体化促進時代＝宗教時代
（色即是空を知り始める時代）
メシア降臨
ミクロ下生
新科学時代入門期
20世紀末
素粒子時代
（量子力学）
中性子、中間子、陽子
原子核物理時代
（第三の火）
第三の火
真の科学入門期
仮科学時代（実は加工理論技術時代）
驚愕時代
物心一如
懐疑反省の目覚め
不可視、非物質認識を始める時代
心理学時代
神裁き時代
仏滅
神審判期
退化時代
火の洗礼期
火宅の世
古典物理時代 20世紀
電波、音波、光波
電子論時代
（第二の火）
第二の火の発見
原子分子論時代
（物質時代）
第一の火の発見時代
物体時代
自然恐怖
真如逆法時代
迷信時代
荒魂時代
屁理屈即議論理論時代
言挙げ盛んなせ
人知 才知
猿知
五官による感覚時代（眼・耳・鼻・口・膚）
宗教否定
唯物・物質科学即無神時代
無能化
混迷
盲信時代
末世
末法
天国は近づけり
胎蔵

人類文明未来像への道

＊

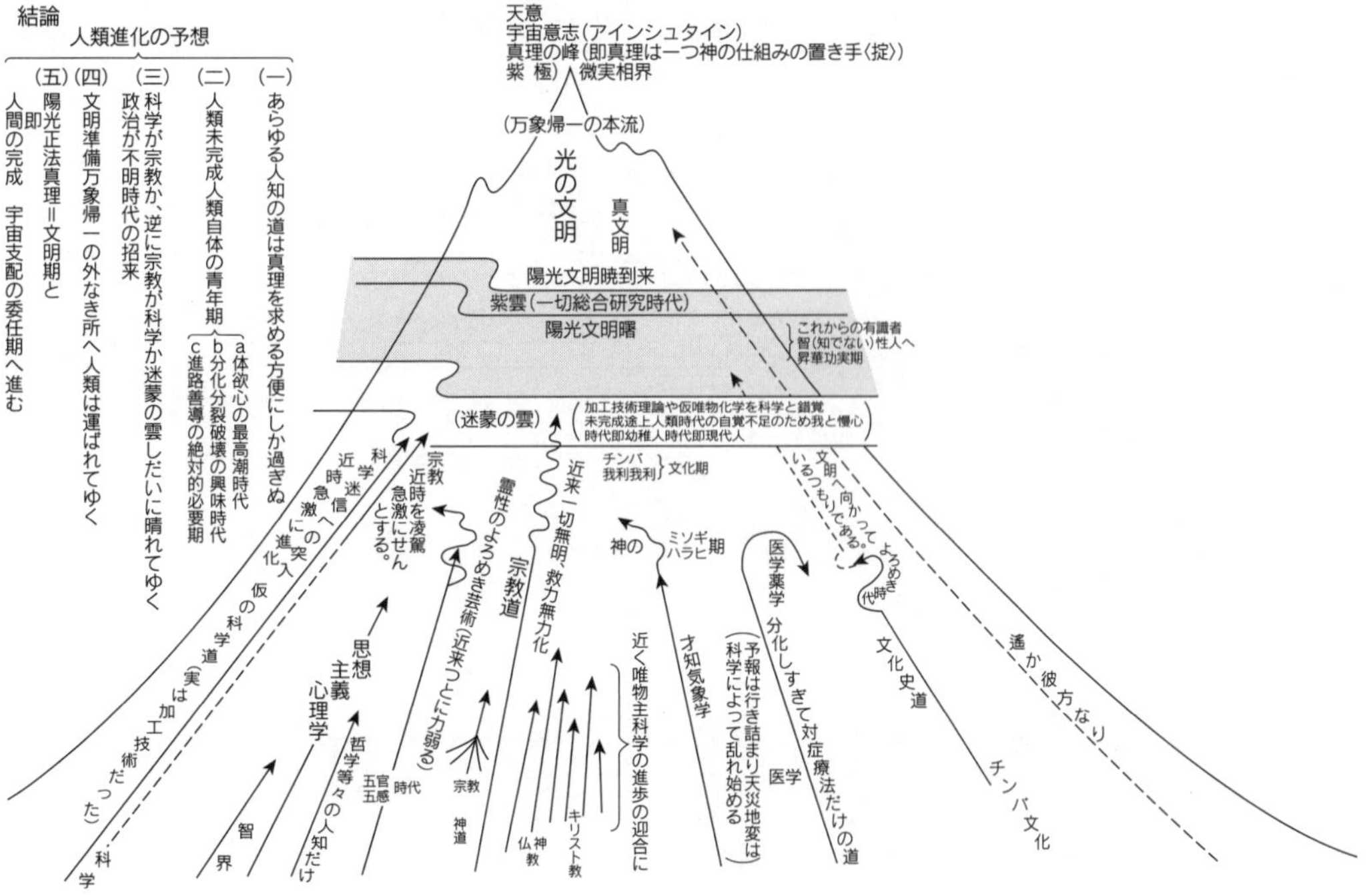
結論
人類進化の予想
(一) あらゆる人知の道は真理を求める方便にしか過ぎぬ
(二) 人類未完成人類自体の青年期
a体欲心の最高潮時代
b分化分裂破壊の興味時代
c進路善導の絶対的必要期
(三) 科学が宗教か、逆に宗教が科学か迷蒙の雲しだいに晴れてゆく
政治が不明時代の招来
(四) 文明準備万象帰一の外なき所へ人類は運ばれてゆく
(五) 陽光即正法真理＝文明期と
人間の完成　宇宙支配の委任期へ進む
天意
宇宙意志(アインシュタイン)
真理の峰(即真理は一つ神の仕組みの置き手〈掟〉)
紫 極
微実相界
(万象帰一の本流)
光の文明
真文明
陽光文明暁到来
紫雲(一切総合研究時代)
陽光文明曙
これからの有識者
智(知でない)性人へ
昇華功実期
(迷蒙の雲)
加工技術理論や仮唯物化学を科学と錯覚
未完成途上人類時代の自覚不足のため我と慢心
時代即幼稚人時代即現代人
チンパ
我利我利
文化期
科学迷信
近時急激へ
の進化突入
仮の科学道(実は加工技術だった)
科学
宗教
近時を凌駕
急激にせん
とする。
霊性のよろめき芸術(近来ことに力弱る)
宗教道
近来一切無明、救力無力化
神の
ミソギ
ハラヒ期
文明へ向かって
いるつもりである。
よろめき
時代
医学薬学
分化しすぎて対症療法だけの道
予報は行き詰まり天災地変は
科学によって乱れ始める
医学
才知気象学
近く唯物主科学の進歩の迎合に
文化史道
遙か彼方なり
チンパ文化
思想
主義
心理学
哲学等々の人知だけ
五官
五感
時代
宗教
神道
仏教
神教
キリスト教
智
界

不合《ふきあえず》朝第十一代　禍《まが》斬《きり》剣《つるぎ》彦《ひこ》天皇《すめらみこと》

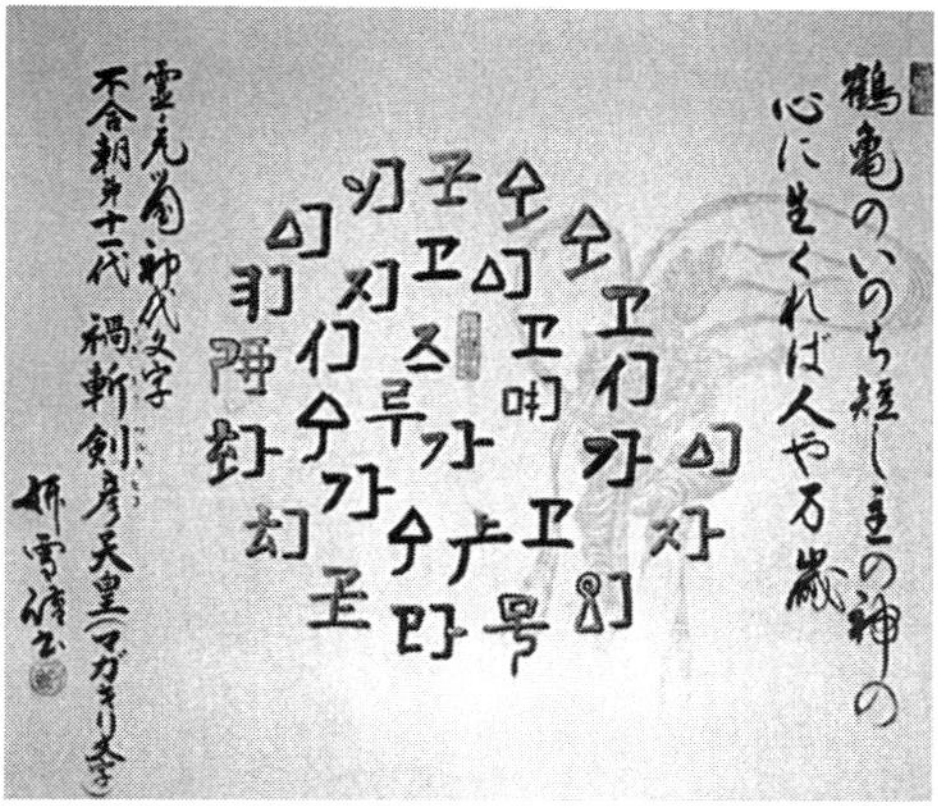

鶴亀のいのち短し主《ス》の神の
心に生くれば人や万歳

書33

万国地図（6）

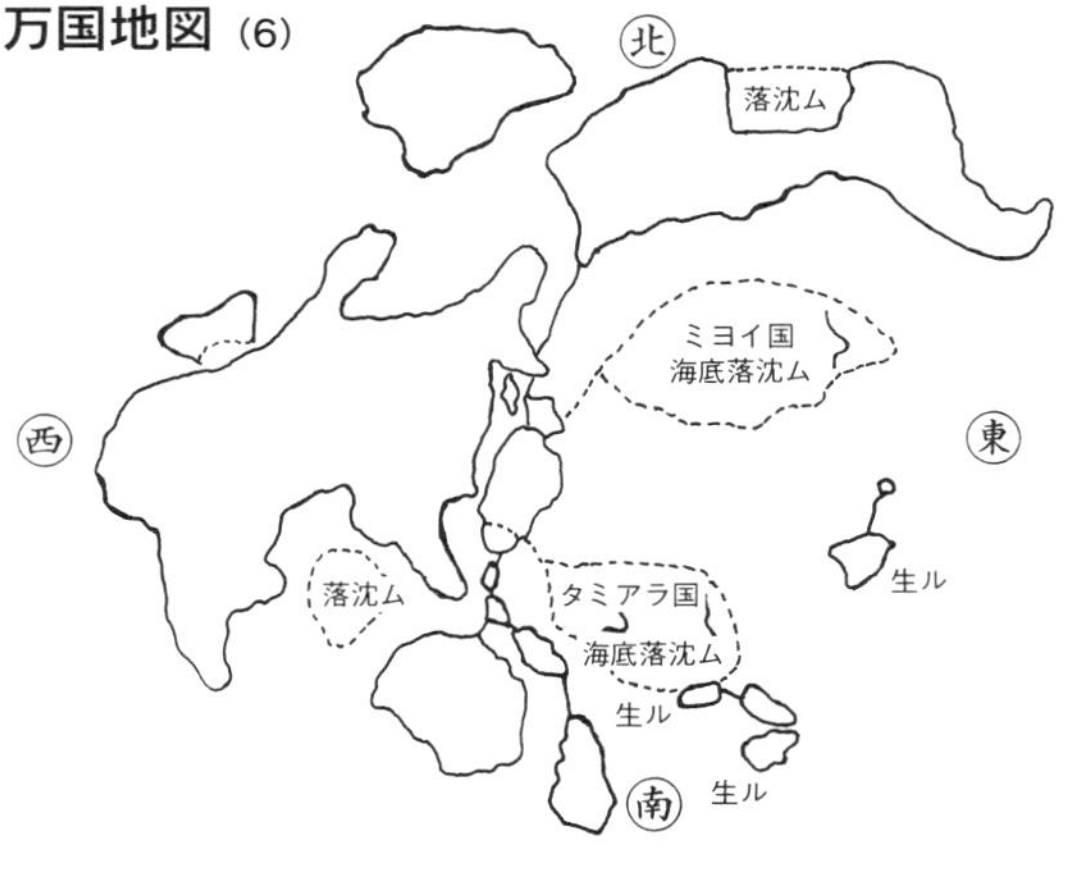

不合第十代千足媛天皇天日身光万国棟梁天皇御作成の万国地図。「天地カエラク」（天地の大変動）の痕跡が明瞭にうかがえます。

節分の由来（書33「鶴亀の」）

節分は主の大神様のご経綸にもとづいてはじめられた行事（神事・神修）です。天地を創造された神様の「体」の面をご担当になった神々は、正神でいらっしゃいました。したがって、正で、善で、真のご想念の塊りのような神様ばかりでした。無欲な神々でしたので、神霊界は天国の状態であり、競争心がありませんでした。しかし、「立て別け」が厳しいため、非常に窮屈でした。神霊界は、次第に堅苦しい風習にとらわれるようになりました。

そこで、主の大神様は、経綸の途上に「物」の世界を開発し、神界の写し絵のような世界を創ろうともくろまれ、神々が欲心を発揮するようお仕組みをされたのです。

主《す》の大神様は、正で善一途の正神を一時神霊界の統治の座から引退させました。そして、正神にかわって、副神系統（水・月神系統）の神々に神霊界の政治を直接担当させたのです。

これは、主の大神様の人類進化のためのご経綸ですから、正神は無条件で退任されていますす。しかし、ご経綸上いずれ正神が出現される時がくることになっていますから、「その時期はいつ頃か」と正神がたずねられたところ、副神の神々は「炒豆《いりまめ》に花の咲く頃になるだろう」と答えたのです。

　その日が旧暦の正月元旦の前日、新暦でいえば二月四日の前日の二月三日なのです。つまり、正神系統の神々のご引退を節《ふし》として、神霊界の政治が変革したわけですが、それを後世になって節分といったのです。「炒豆に花が咲く頃」というのはどういうことかといえば、炒豆には永遠に花が咲きませんので、「永久に出てくるな」という副神系統の呪術だったと考えられるわけです。そして、炒豆をご引退される正神の後ろからぶつけることによって、呪いを確固たるものにしようとした象徴的な神事が、今日豆まきの行事として残っているのです。

　正神のご引退が決まったので、副神系統の神々は大喜びして、「これからは、うるさい政治はなくなる」と、手を叩いて喜び、酒盛りをしました。そして、正神たちが残された金龍を切りきざんで、その臓腑まで煮て食べてしまいました。これが、今日も正月の風習として残っている「雑煮の祝い」の淵源なのです。

　またこの時、柊《ひいらぎ》の葉で龍体の目をつき刺しましたが、これが今日残っている鰯《いわし》の目に柊《ひいらぎ》の葉を刺して門前に飾る風習です。

　ご引退された国万造主大神様《くによろずつくりぬし》は、東北の方角、つまり艮《うしとら》に神幽《かみさ》られましたので、

「艮《うしとら》の金神《こんじん》」とご称名申し上げています。奥様の国万造美《くによろずつくりみ》大神様は西南の方角、坤《ひつじさる》に神去られましたので「坤《ひつじさる》の金神」と申し上げております。

国万造主大神様が第四次元神霊界でご活動される時は、龍体化していらっしゃり、また光り神でもありますから、「金龍」あるいは「金神」と申し上げるわけです。

また、国万造主大神様の神幽《かみさ》られた艮《うしとら》の方角は、本当は「貴門《きもん》」と申し上げます。これを後世になって、神封じの意味から「鬼門《きもん》」と呼ばせ、その方角はこわいというふうに人々に信じさせてきたのです。

さらに、国万造主大神様は「二二」のみ役の神様で、「二二の神」ともお呼びしたところから、「オニ＝鬼」としてしまいました。これも、この神様を人類から引き離そうとした呪術の一つなのです。鬼《おに》にまつわるイメージを植え付け、「鬼門」とからめた迷信を仕立てあげたことになります。

以上のような経緯で、今日でも節分には炒豆をまき、「鬼は外、福は内」といいながら、正神をわざわざ追い出す呪術をつづけているのです。仏閣のご本尊である正神の聖観音様や阿弥陀様の前で、炒豆をまいて「鬼は外」と平気でやっていることになります。「仏滅」「神裁きの世」「アガナヒの世」となっていくことには気がついておりません。

ふだんは、「ナムアミタブツ」といったり、「アミタブーハ」といったり、「ミロク様」「聖観音様」と呼んであがめていながら、知らず知らずのうちに鬼とののしっているのです。

このようなことが、神社でも平気で行われています。恐ろしいことです。

人類共通の神を貶める行事が、今も全国各地でさまざまな形式をとりながら行われています。それが、今日の宗教界の実状なのです。

これまでは副神系統の神々がご支配になっていた世の中でしたからまだよかったのですが、今や天意転換の時期を迎えています。正神系統の神々が、再び表に立って、神界のご政治を司る時代に入ったのです。正神系統の神々に対する、誤った行事や呪術が許されるはずはありません。

神霊界の本当の歴史を認識し直し、お詫びすべきはお詫びし、そのあかしとして神様のご神策に参加して、これまで犯してしまった罪を償《つぐな》うという考え方に、人類が切りかわらないといけない時代が来ているのです。

不合朝《ふきあえず》第二十四代　天《あめ》饒《にぎ》国《くに》饒《にぎ》黒《くろ》浜《はま》天皇《すめらみこと》

門松とは（書34「主の神の」）

門松は、「神《か》土《ど》待《ま》つ」と書きます。文字通り、神様が訪れて下さるのをお待ちするという意味をもっています。また、「神土待つや神文明への一里塚」という深意をもっていることも附言しておきます。

火の洗礼期に入り、恐ろしいことが次から次へと起きる時期になっています。正神の神様のみ意《こころ》を知り、そのみ意《こころ》通りに歩む人々は、間もなく到来する「天国文明」の種人《たねびと》にならせて頂くチャンスを与えられているのです。

たとえ、悪いと見える現象が起きても、

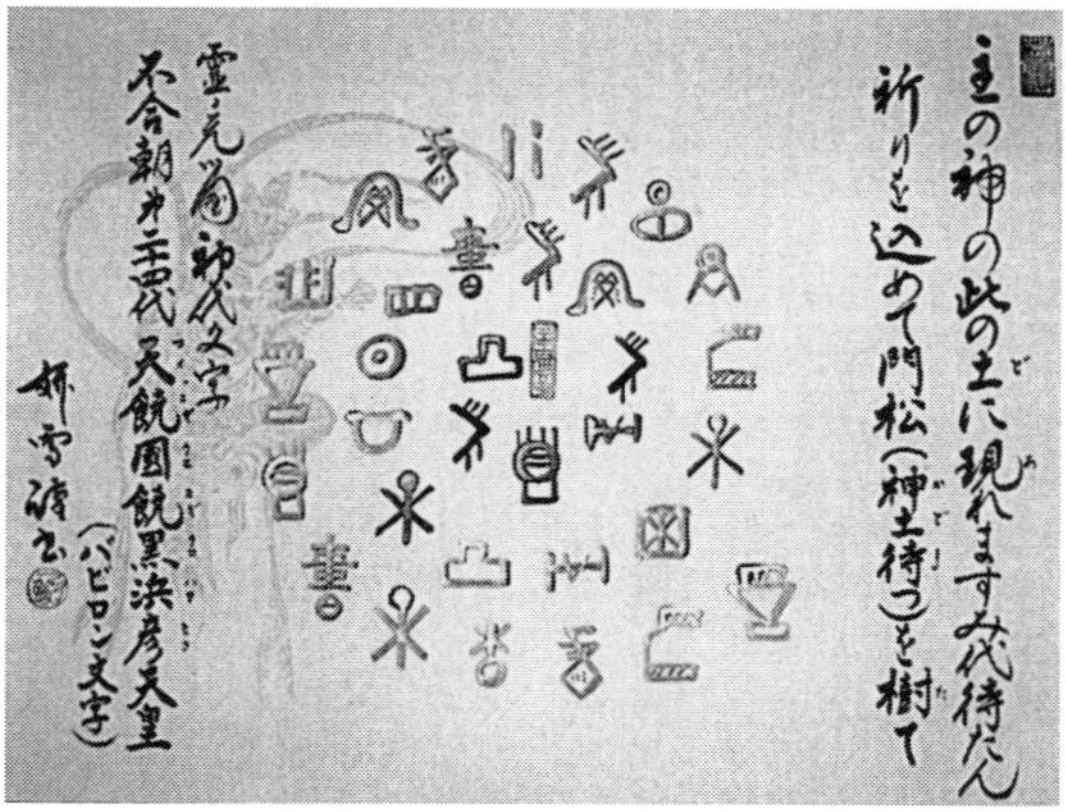

主の神の此《こ》の土《ど》に現《あ》れますみ代待たん
祈りを込めて門松（神《か》土《ど》待《ま》つ）を樹《た》て

書34

明るい覚《さと》りで感謝して、天国文明への一里塚を歩ませて頂きましょう。
宇宙の大仕組みである「霊主心従体属」を、日々の想念とするよう心がけたいものです。

鯉のぼりとチマキについて

チマキは日本だけではなく、満州や中国にもあります。日本では普通の米の粉をこねてつくります。満州ではもち米を使って、笹の葉で包みます。中国では笹の葉の上から五色の糸で結びます。

なぜ笹の葉を使うのでしょうか。竹は水を表わし、米は火を表わしています。つまり、古代人は火と水を結んだ食物を作ったのですが、その名残りが今日にも伝わっているのです。米の餅を笹の葉で巻いて、五色の糸で結び、統一の神でしめくくる――そういう古代の型、古代人の思想が残っているのです。

鯉のぼりにも、やはり五色人《いろびと》の伝承が残存しています。本当は黄色の鯉を一番上にして、赤、白、青、黒の順につけなければいけないのです。五色人のシンボルですから、順序正しくしなければ意味がありません。

「コイ」というのは、言霊では「コリコリ成す」「霊《ひ》（火）を固まらす」という意味です。霊《ひ》を固めると人類になります。

「鯉の滝のぼり」という言葉があります。この滝のぼりというのは、「タ」は高い、「キ」は氣で、高い氣＝火の神様の縦《たて》に働く氣を求めて、人類が高く登ってゆくことを示しています。それが人類の役割なのです。しかも、その中心はあくまで男《おのこ》であって、その男の子の節句が五月五日なのです。

戦国時代、男は何がなんでも勝たねばならぬ、勝利はそのまま出世につながるという発想が強くなり、出世を祈るために鯉のぼりを立てる風習が定着しました。しかし、本当はコイというのは魚の鯉ではありません。五色の魚（ご即位式の錦のみ旗にある五色の魚）＝五人の皇子様が世界の五大文明を興《おこ》しました。皇子様ですから、男の神様が中心になっておりましたので、その業績を称えるために、五色人にちなむ鯉のぼりの祝いの儀礼が誕生したのです。しかも、五色人は永遠に一つにならなければいけません。一つになったとき天国文明ができ上がるのです。それで、鯉のぼりの上に五色の旗＝吹きながしを付け、金の玉を一つ付けるようになったのです。

日本が五色人発祥の地であったことの証跡は、チマキや鯉のぼり風習の中にも残っています。この風習が中国にも伝播されていったのです。中国から日本に来たのではありません。

不合《ふきあえず》朝第二十六代　種淅彦《たなかしひこ》天皇《すめらみこと》

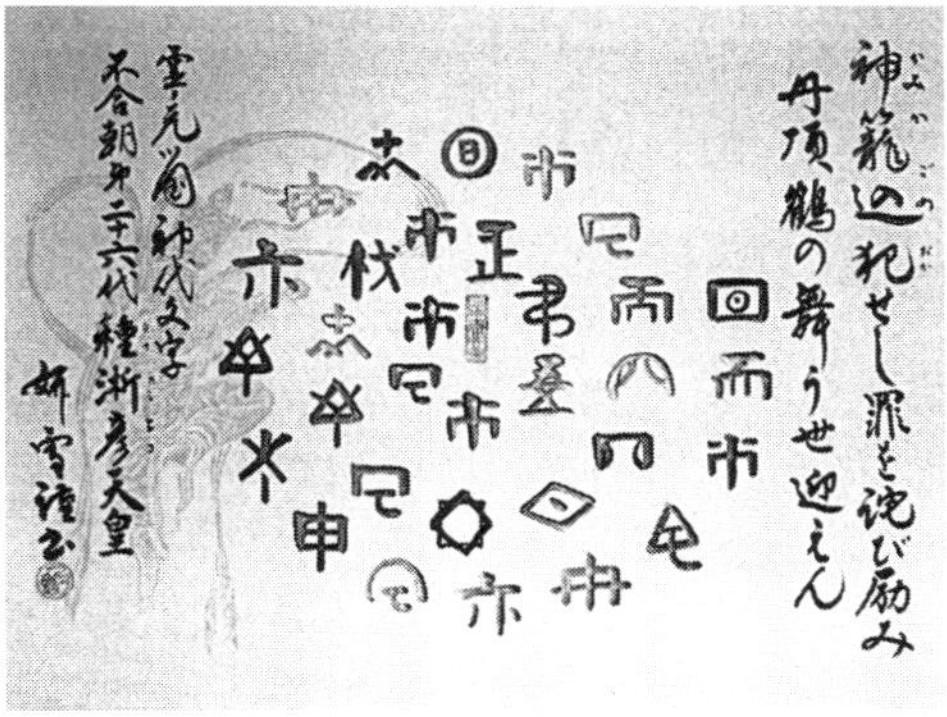

書 35

神籠《かみか》込《ご》め犯《お》かせし罪《つみ》を詫《わ》び励《はげ》み
丹頂鶴《たんちょうづる》の舞う世迎えん

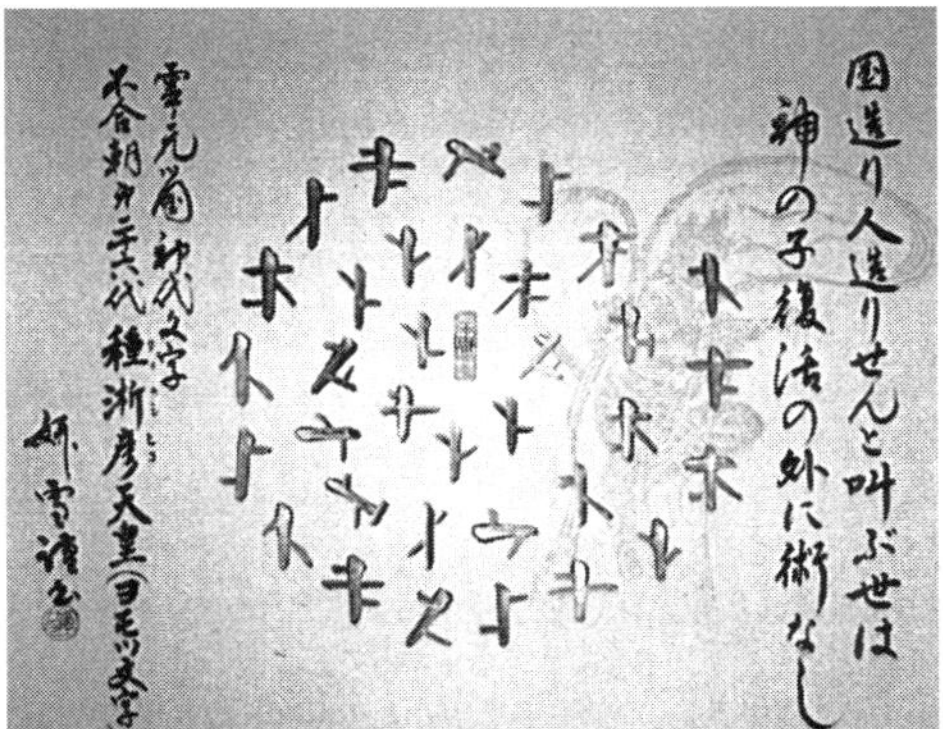

書 36

国造り人造りせんと叫ぶ世は
神の子復活の外に術《すべ》なし

カゴメの唄について（書35「神籠込」）

昔からよく歌われる「カゴメの唄」の「カゴメ」は、万象の弥栄《いやさか》えと万華繁茂の姿を表わしています。また、太平洋に沈んだ太陽帝国ムーの紋章であり、「モウシェの紋章」とも同じなのです。この唄の中には重大な秘密が隠されております。そこで、まず「カゴメの唄」の秘め事を明かしていきましょう。はじめに「カゴメの唄」の全文を掲げ、ついで逐条的に歌詞を解釈していきます。その際、同文である部分は省略いたします。

カゴメの唄

⑴カゴメカゴメ　籠の中の鳥は
いついつ出やる　月夜の晩に
ツルとカメが　ツーるんだ
うしろの正面　だーれ

⑵カゴメカゴメ　籠の中の鳥は

いついつ出やる　月夜の晩に
ツルとカメが　ひっかいた
うしろの正面　だーれ
⑶カゴメカゴメ　籠の中の鳥は
いついつ出やる　十日の晩に
チヤラチャラ　出やる
（せった〈雪駄〉はいて出やる）
うしろの正面　だーれ

カゴメカゴメ　籠の中の鳥は

仕組みのみ力がいかに発揮されているかを表したものです。✡=カゴメを操っていらっしゃるお方は、天地の中心の芯、ヽの神であり、それを✡（カゴ）の中の鳥にたとえているのです。

図示すると✡の形になり、中心のヽがスの神様になぞらえられています。さらに、ス神（日の神、ミロク神、メシアの神）は天の岩戸に閉じ籠められたままでいらっしゃいますが、この神界の故事をも秘め事として暗示しているのです。

いついつ出やる

天の岩戸に押し籠め奉った天照主日大神様《あまてらすひの》（男神）は、いつお出ましになるのでしょうか。

月夜の晩に

月系統の神々の統治が終わる時期、末法末世の世（濁悪《じょくあく》の世、五逆五濁五乱《ごぎゃくごじょくごらん》の世）に、ようやくお出ましになるでしょう。

ツルとカメが　　ツーるんだ

文字通り、ツルとカメが仲良くするという意味です。ツルはアメリカ大陸、カメはシベリア大陸を暗示しています。アメリカとロシアが手を結んで、日本をひっくり返してしまうぞ、ということです。

後ろの正面だーれ

一体誰がこの世界を操っていらっしゃるのでしょうか？

今は、月系統の神々が支配している「月神の世」です。目を開けてもそこは月光の夜。真如《しんにょ》の月は出ていても、寂光《じゃっこう》の世、明暗三世、迷いの世であることにかわりはありません。やはり、日の神の支配統治する昼の世にならなければ、真理正法は見えてこず、すべてが当てずっぽうなのです。ちょうど目隠しをされたような状態ですが、日の神様がお出ましになり、光明赫々《こうみょうかくかく》とした昼の世、陽光の御代が訪れると、目隠しをとったように正法の何たるかが明瞭になるよ、ということが詞の中に託されているのです。

✡の真中のヽは、主の大神様、ミロク、メシアのことです。この神様は、ご降臨して七度目の天の岩戸開きをなさいますが、それはいつでしょうかと問いかけているのです。ただし、その前にツルとカメが仲良くして、神様を籠《かご》の中に押し籠《こ》めてしまい、一旦押し籠められるとなかなか出てはこれないよ、ということを歌っているわけです。

ツルとカメが　　ひっかいた

ツルとカメが対立して、引っかき合いをするという意味です。

アメリカとロシアが共謀して日本をつぶしても、結果的には両国が対立し、直接引っかき合いをしなければならないような世の中になるぞ、という予言です。それを、アメリカ・ロシアという二大大国のおかれている当時の状況から暗示したものです。

十日の晩に

十日の十は「カ十ミ」を指しています。「神力の世」の晩に、神様がお出ましになる前夜になると、ということです。

チャラチャラ　　出やる

「チヤラチヤラ」（チ＝霊、ヤ＝タテ・火、ラ＝陽の回転）と「セッタ」（雪駄）をはいてお出ましになるという意味です。

「カンノン」（神）、「転輪聖王《てんりんじょうおう》」（インドの世界を統一支配する帝王の理想像。武力を用いず、正義のみによって統治する）などと尊称されている主神《ぬし》が、金摺《きんず》れの音も高らかに、ちゃらちゃらとお出ましになるということです。

つまり「カゴメの唄」とは、神経綸の仕組みをあらわにすると迫害を受けるため、暗に意味を伝え、さらに御神策の進展と日神《ひのかみ》ご出現の世を待望する祈りをこめた唄だったのです。

「カゴメの唄」の秘め事についてもう一度まとめておきましょう。

「月夜の晩」は、月系統の神の世、月光菩薩の御代《みよ》、胎蔵像法《たいぞうぞうほう》の世を指しています。釈尊が、像法の世と正法の世の「立て別け」を説き、あるいは日光菩薩が表へ出る世が来るなどと表現してきたのも、神の経綸がいかに推移していくかをよく知っていたからでしょう。

「十日の晩」は、神の御代、火の洗礼期に入る時節のことです。

「セッタ」は、下駄の裏金がチャラチャラいうのに、神のご出現を引っかけています。押し籠められた日神《ひのかみ》様のご境遇、月系統の神様が支配する現状の分析、世界状勢への予言、日神様ご出現の時期――こういった神様のご経綸を示された「ス」晴らしい秘め事が「カゴメの唄」には隠されていたのです。末法の時代における、神のご経綸がはっきりと表わされているといえます。そして、神様はこの唄を秘め唄として、人間に歌わせてこられたのです。

七夕祭りとは（書36「国造り」）

神代には節句が毎月一回ずつありました。現代に残っているのは、水の祭り（三月三日）、火の祭り（五月五日）、そして生《な》り成《な》りの祭り（七月七日）です。

もとより、現在それらの真意は忘れられ、形式だけが受け継がれてきたのですが、神代からの風習として毎月神祭りが行われてきたことは確かです。

このうち、七月七日の神祭りを七夕祭りといいます。神代、七夕祭りは天地創造・五色人創造の祭りであり、五色の旗をかかげていました。では、どうして七月七日の祭りが五色人の祭りになるのでしょうか。「七」という数字は、「生《な》り成《な》り也《な》り鳴《な》る」という天地創造の原理を秘めており、その数霊の働きをしているのです。

「七度目の天の岩戸開き」とよくいいますが、これも七という数字です。「生り成り也って鳴る」という神の出現期、これを七度目の岩戸開きというのです。

このような形で歴史をたどってみますと、天地創造・人類創造神のご出現期を待つ祈り、それが七夕祭りの本義であることがわかるはずです。

不合《ふきあえず》朝第三十三代　清《すが》之《の》宮《みや》媛《ひめ》天皇《すめらみこと》

二月四日の立春について（書37「真なる」）

天地創造（宇宙創造の絶対神）の主神《す》は、まず時間と空間の神をお創りになりました。次に、火霊《ひだま》と水霊《みずだま》の神をお創りになっています。

大霊界ができ上がると、諸々の天津《あまつ》神、国津《くにつ》神をお創りになられました。第六次元神霊界に国万造主大神《くによろずつくりぬしおおかみ》様がご出現され、大天底にいちばん近い第五次元神霊界の統治神として天降《あも》られたのです。

この神様は、主神《す》を「霊《ひ》」の面とすると、「体」の面のみ働きをされる神様です。宇

真《まこと》なる正月元旦春立つ今日は
神経綸《かみけいりん》の進む大節《おおふし》

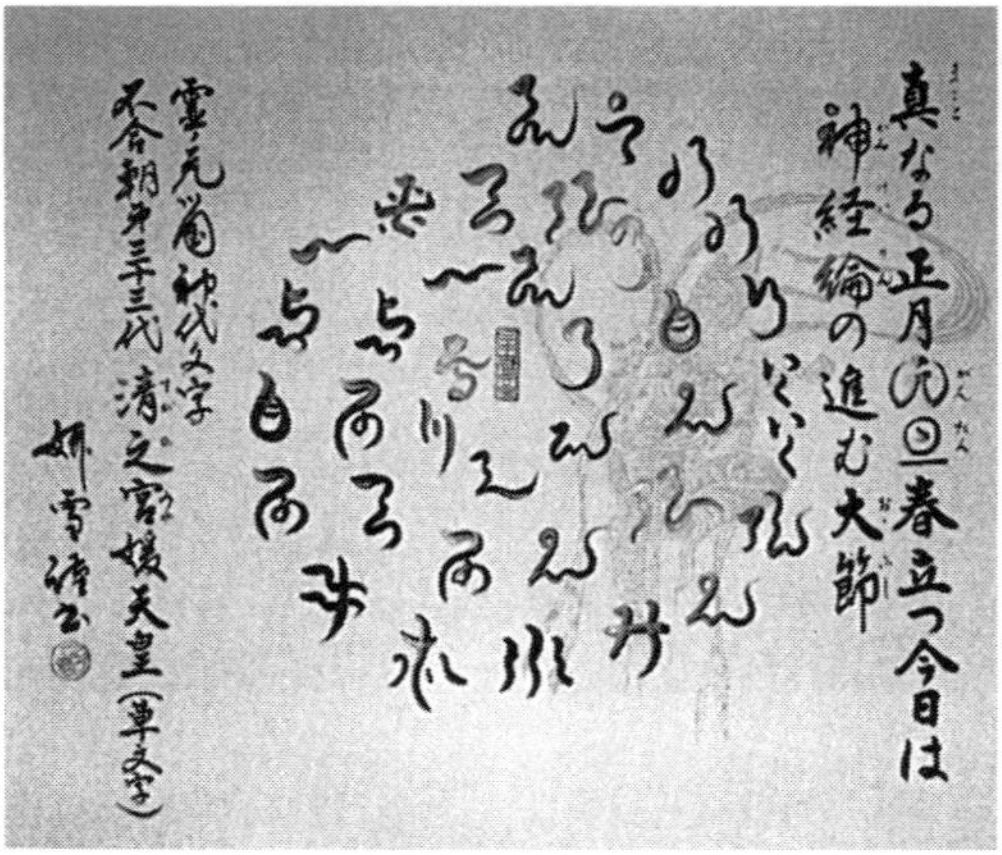
真なる正月元旦春立つ今日は
神経綸の進む大節
不合朝第三十三代　清之宮媛天皇（草文字）

書 37

宙をお創りになる時に、万象の霊成型《ひながた》造りをされています。このご神魂が、第四次元界に変《へん》化《げ》しご出現されたのが国常立大神《くにとこたちのおおかみ》様です。

国万造主《くによろずつくりぬし》大神様を、釈尊は「聖観音」といいました。モウシェは「エーイエ、アシェル、エーイエの神」といい、「エホバ」（ヤハエ）とも略称したのです。

国万造《くによろずつくり》美《み》大神様は、大天底ではじめて天祖とご先祖神をご親斎あそばされています。万象の霊成型（霊型《ひがた》）をお創りになられた神様ご自身で、最奥の大天津神を五次元神霊界へとご勧請遊ばされ、お祀りされたわけです。

この神霊界最初の祭りが、二月四日の立春祭なのです。「コノメハルタツの祭り」ともい い、「木芽春立の祭」と表記されることもあります。すべての「マツリ」はここからはじまりました。

この時、はじめて暦を制定されました。一年を三百六十日としたもので、三～四日の閏の日がすでにおかれています。

その第一日目が、今日の暦でいう立春の日に当たるのです。「コノメハルタツ一日を年の始めとなす」――つまり本当の一月一日に当てるという記録が残っています。

この祭りの前日が、ずっと後世になって「節分の日」と呼ばれるようになります。

春の初めの「このめ祭り」がいつしか途絶えてしまい、今日ではわずかに「立春」の日という呼称で暦に名を留めるばかりとなってしまいました。

二十一聖紀を迎えた今、私たち神の子＝人（霊止）は、「立春のみ祭り」を人類に魁けて復活させせなければなりません。

というのも、この「祭り」こそが、「天意の転換」によって再び正神の神々が「天の岩戸」を開かれることを意味しているからなのです。

国万造主大神様が自ら天神たちをお祀りあそばされ、人類久遠の幸せを祈念した「大節日の祭り」を今の世に復活せしめることは、真に意義深きことといわねばなりません。

超太古の国万造主大神様の主宰あそばされましたみ世は、争いもなく、平和で安泰な生活が続いておりました。人びとに物欲はなく、物質的側面の開発は遅々として進むことはありませんでした。

しかし、物主逆法に低迷し、物欲に堕ちました人類界は、聖雄聖者の教えに耳をかすどころか、彼らを迫害し、自主自利愛の道をひた走りに走り続けてまいったのであります。

二十一聖紀に突入した今日、世界は正に澆《ぎょう》季《き》末世《まつせ》の世と化しています。人類界は天津罪・国津罪をほしいままにして、地の上を穢しに汚し、親神様より拝借いたしました霊体・幽体・肉体をも穢し続けてきたのです。

私たちには、この「人類共通の罪穢」を幾重にも詫び奉る「謙虚さ」が必要とされています。

かねてから、「人類はこのままでは自滅してしまうであろう」とご憂慮あそばされておいでになられました主の大御神様は、一九六二年（昭和三十七年）を期に「天意の大転換」のご神勅を発せられました。ここを境として、「世界維新」への一大潮流はいやがうえにも進展を遂げ、現在もとどまることなく進行し続けております。

コノメハルタツとは

太古、一年の四季は、「コノメハル」（春）、「クニアツ」（夏）、「タナツアキ」（秋）、「コノネフユ」（冬）と呼ばれていました。また、一年十二カ月の呼称は、一月から順にムツヒ月、ケサリ月、イヤヨ月、ウベコ月、サナヘ月、ミナツ月、フクミ月、ハヤレ月、ナヨナ月、カナメ月、シブル月、シハツ月といっていました。

お正月のことを「元旦」といいますが、「旦」というのは太陽が水平線を昇った形（⊙）で、これが文字になったものです。

神代では、現在の二月頃が正月元旦になっていました。元旦というのは、宇宙万象の弥栄《いやさか》えを祈る一番の大元《おおもと》になる日、すなわち日の神様の祭りをする日ということになります。

「コノメハルタツの祭り」は、人類史上はじめての神祭りです。しかし、この祭りは人類が祀ったものではありません。神々が天祖の神を祀られた祭りなのです。

世界人類の発祥に最も深くかかわりをもった一番の元の神様、人祖でしかも光の神様、それをお祀りするのが本当の元旦祭なのです。したがって、この祭りはどこまでも神代に合わせまして、二月四日でなくてはならないのです。

不合《ふきあえず》朝第七十一代　天照《あまてる》国照《くにてる》日子《ひこ》百日《ももひ》臼杵《うすきね》天皇《すめらみこと》

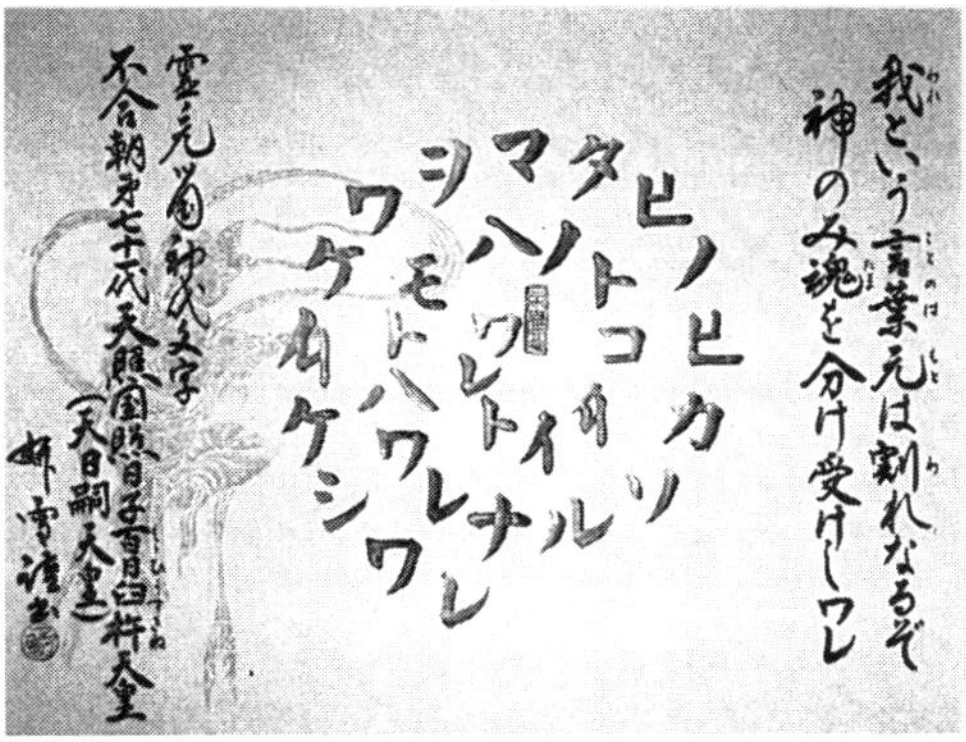

我《われ》という言葉元《ことのはもと》は割《わ》れなるぞ
神のみ魂《たま》を分け受けしワレ

書 38

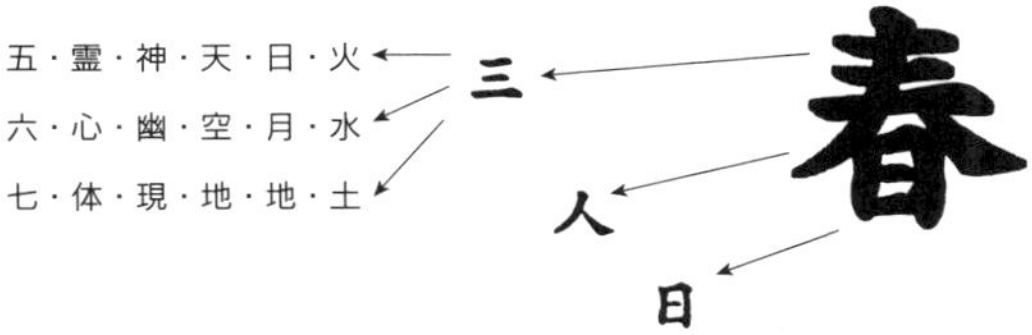

春という漢字は、「三」「人」「日」から成り立っています。この漢字の構造を分析していくと、五六七《ミロク》のエネルギーは、日の神によって人を支えているということがわかります。したがって、人は太陽に象徴される自然界によって生かされている存在なのです。

春とひな祭りについて（書38「我という」）

「春」の文字を分解すると、「三」は火・水・土、日・月・地、天・空・地、神・幽・現、霊・心・体、五・六・七というように、宇宙の成生化育、繁茂の原理の元である三大霊界を表わしていることがわかります。釈尊はこれを「三千世界」といいました。

次に、この「三」＝「三大霊界」を、神の子＝「人」（霊止）が貫き通す形で支えております。おまけに「人」は、常に「日の心」「陽の心」を抱いているのです。

「日」は、「日・地・月」の中では主体になります。「霊・心・体」では「霊」が主体です。また、「神・幽・現」では「神」が主体となります。「日」はこのように順序正しい、主体となるべきものなのです。

このような「日」を抱いている「人」は、秩序を守る主体となり、明るく、暖かい存在です。神道では、これを清・明・正・直といい、明るい心で物事を正しく見る人、正しい判断を下す人としております。仏教的にいいますと、正澄・正覚ということになります。神の光がよく入る「人」といいかえてもよいでしょう。そういう人が、神・幽・現の三界の法則を遵法《じゅんぽう》して地上に春の文明を輝かすのです。

それを暗示したのが春という文字です。

三という字は、数霊でいうと「一」と「二」がないと三にならないという特質をもっています。

一というのは、一番上、頂上、元始めという意味をもっています。霊的には、神であり、単純化すると丶になります。数学的にいいましても、点（丶）の連続が一の棒になるのです。

この一は、実は陽と陰が合体したものです。

合体がほどけると二になります。上が陽で下が陰、火と水になるのです。

三という字は、二の「陰陽」「火水」に土が加わり、「火・水・土」が成立します。物理学的にいえば、素粒子、電子、細胞体の三つが一体になって物が完成するのと同じです。

人も、霊細胞・幽細胞・肉細胞が三位一体になって現界人の働きができるのです。

家庭でも、父と母と子が三位一体化しなければ愛和の家庭にはなりません。このように、三位というものは万象を実らせる基になっています。

神界・幽界・現界を結ぶ火のタテの働きに対し、三は水のヨコの働きをいたします。つまり、火と水が十字に結ぶのです。ここに、天地創造の神の原理である「火は水によって燃え、水は火によって流動する」という法則が働きはじめ、物質界が成立し、文明も成就していくのです。

「二」は火と水、陽と陰に分かれていきます。ほどけてくるのです。それがほどけないと発展しないように、神の置き手はなっているのです。

ハルの「ハ」も、陽と陰にほどいてあります。よい方でいえば発展の「ハ」になりますが、悪い方でいくと破滅の「ハ」になるのです。

「二」や「ハ」にはどうしても不安定な要素が残り、よい方に行けばいいのですが、悪い方に行くと破滅が起きてしまいます。

ですから、完成した文明というのは必ず三位でなくてはならないのです。私たちの身体をとりましても、肉体だけいくら発育しても、心の世界が発育しなければ、破滅への道しか残されていません。また、肉体や精神力が強くなっても、魂が清まっていなくては、何事も成就しないのです。魂も心も肉体も清・明・正・直でなくては、本当の健なる姿になることは永久にできません。

三位には、先ほど述べましたように、タテの棒はタテの棒として、ヨコはヨコとしてのそれぞれ独特の使命や働きがあり、そして順序があります。すべてに対し、霊主心従体属を貫き、順序だけは整然としておかなくてはならないのです。そのためには、お父さんはお父さんらしく、お母さんはお母さんらしく、子供は子供らしくというように、本然の姿に忠実に生きることが大切です。これを実践していけば、家庭であろうが、社会であろうが、民族であろうが、人類は春の文明を楽しく起こすことができるようになるのです。

このような深い意味が込められているのが、「春」という字なのです。

春というと三月三日、桃の節句を思い起こします。実はこの節句は、太古から霊《ひ》の元《もと》つ国《くに》（日本）にあったのです。節日祭りの一つです。

毎月一回、天祖・皇祖・人祖を祀る祭りを、太古では節句と総称していました。一月一日・二月二日・三月三日・五月五日・七月七日というように、月々によって日は違いますが、独特のお供えをして、神様ご自身が天祖・皇祖・人祖神を祀っていたのです。

この祭りは現界に移されました。その形が残っているのが高山の鎮守のまつりです。

高山の総社の神様に、一二四の神社の神様がおまいりされるのです。各神社ごとに何百人という氏子が上下《かみしも》を付けて、神様のお伴をいたします。神様はそれぞれ親神様へのお玉串やお供えを心を込めて造り、それを持参しておまいりに行かれます。太古の神まつりの姿が残っています。

毎月一回の節句は、現在では一月一日・三月三日・五月五日・七月七日の四節句しか残っていません。三月三日は女の人の祭り、五月五日は男の人の祭り、七月七日は七夕です。七夕には、火と水の神様が天の安河原をはさんで年に一度逢われるのです。

三月三日は「ひな祭り」で、女の節句ということになっています。どうして「ひな祭り」というのでしょうか。女の人の節句であれば、「ひ（火）な祭り」ではなく、「み（水）な祭り」でなくてはいけないことになるはずです。

三月三日には、「火」「女」という意味と、「実る」の「み」の意味があります。三をタテにすると「川」になります。川＝水ですから、「み（水）な祭り」ではないかという疑問が生じるのです。

確かに、ミを水とすると女の人の祭り、すなわちオノコではないオミナの祭りになります。「おひな祭り」というはおかしいということになってしまうのですが、これについて説明したいと思います。

天地創造・万象弥栄えの原理に、「火は水によって燃え、水は火によって流動する」というものがあります。火と水を十字に結びますと、産霊《むすび》の力が出てくることを表現したものです。

男と女が十字に結びますと子供が生まれます。産土《うぶすな》力が出ているのです。社長と社員とが十字に結びますと円満な会社になり、業績が伸びるという妙が発生することになります。

しかし、ここで忘れてならないのは、火というものが主で、水が従という原則があるということです。

「三」の文字解のところで説明した通り、「火・水・土」の三位一体でも、火が主体になっています。火がよく燃えるためには、水の働きである空気が必要なのです。逆に、水はタテの火の働きがないと流動しません。火と水が調和しないと産土力《うぶすな》は出ないのです。また、女の人が人生にプラスされないと男は燃え上がりません。このような理由から、神様は経綸（計画）上において、恋愛欲を付与し、競争心を起こさせて物質界を発展させてきたのです。

一家が繁栄するには、お父さんがしっかりして、お母さんがお父さんを盛り上げ、燃え上がらせて、活動させてあげなくてはいけません。それが水の働きで、その役を果たす人が必要とされているのです。

「霊《ひ》の世界」「火の世界」「男の世界」を成り立たせ、燃え上がらせていく、水の氣の働きがきわめて重要な意味をもってくるのです。

そこで「ひな祭り」ですが、この「祭り」は「火を成らせる」「男を男として成らせていく」祭りになるのです。

だからといって、男の方が慢心していいというわけではありません。男の方は、女の方に敬意を表さねばならないのです。普段は馬車馬のように働いてきた人もあるはずですから、三月三日ぐらいは奥様や女の姉妹をいたわり、感謝の心を表わすべきなのです。これを実践していけば、民族としても富に恵まれ、生存競走に堪え得る国家ができ上がるはずです。

男が主体だから女はどうでもいいという考え方になってはいけません。火を成らせてくれている水に対して感謝する月、女尊の月、反省の月をもつことが大切なのです。これが、「ひな祭り」のもっている最大の意味なのです。

おひな様を飾る時、左にオビナ、右にメビナをならべます。ならべ方を変えたり間違えたりしてはいけません。火と水の結びの根本原則を犯しますと、文明におきましても逆の現象が起きてしまいます。

天地創造の万象が弥栄《いやさか》えてゆく「ミチ」にのっとらなければ、人間の世界でいかに理屈が合ったところで、いつかは限界が来てしまうことを「ひな祭り」の故事は知らせてくれているのです。

以上のような、ひな祭りの深遠な意味をよくくみ取り、女の方は水としての神から与えられたすばらしい力をますます清め、高めていって、世の中のために大きく役立っていただきたく思います。

第三章　二十一世紀を生きる人々へのメッセージ

二十一聖紀高次元文明期を迎える種人《たねびと》に！

岡田聖凰師　伝授

二十世紀から続く闘争に人々が明けくれ、文明人から文化（分化）人になり、生きながらの地獄世の中で苦しんでいるのは、人類共通の芯をもっていないからであると考えられます。では、人類共通の芯を何に求めるのでしょうか？

それは、「地球は元《もと》一つ」ということであり、「人類の源《みなもと》は一つ」ということをよく理解することにあると思います。

地球にしても、表面は海と陸にわかれているように見えますが、地底は一つにつながっていて、全部陸であります。また、人類の発生をみましても、黄、青、白、黒、赤の五色人にわかれてはおりますが、元は一つでございます。

このようなことも分からずに、バラバラになって対立抗争をしている現代の人類を救うには、宇宙の創造の原理、万象を創造化育運営しております意志（み意《こころ》）に帰一して行くよりほかないのです。いくら立派な哲学や主義を唱えてみても、また平和運動をやってみたところで、世界に天国のような平和は来ません。それはもう結果として出ていますので、わかると思います。

しかし、それを解決すべき考えが、宇宙創造の原理から外れてしまったのでは、いくら理論をもてあそんでも行き詰まるしかありません。

それすら悟れないのが迷いのなかの現代人です。

全人類は、今ちょうど「天意の転換期」にぶつかってしまっているという実相を「サトラねば」なりません。したがって、一日も早く宇宙万象を創られた「スの原理」「神理の峰」に統一し、自己愛を捨て「利他愛」「救え、然《しか》らば救われん」の想念をもつべきなのです。自分が救われていないうちから他人を救う、という心の波動は神の波長と合いますから、神意と人意が乗り合って「イノリ」（意乗り・祈り）が通ずるということになります。

さらに、一切を感謝してゆく想念が必要であり、その感謝の心から真《まこと》の報恩が出てくるのではないでしょうか。

たとえば、手一本動くことにしても、不思議でなくてはなりません。さらに目にしても、普通の物は見えますが、バイ菌や原子核までは見えないように創られています。耳も、ラジオやテレビの声は聞こえても、霊界人の声や亡霊の喧嘩をしている声、怨んでいる声は聞こえないよう、ちゃんと騒音防止をしておいてくださっています。そのうえ、さらに人間は

「イノチ」（命）というものを与えられているのです。

その命がどこからくるのか、などと考えたらきりがありません。まさに至れり尽くせりというほかありません。このように、私たちの周囲を見渡しても、人間の力で作れるものは何一つないのです。全部拝借《はいしゃく》ものか、戴《いただ》きもので、人間はただ加工しているにすぎないのです。

しかし、その加工する知恵はどうして得られるのでしょうか？

このような基本的な次元から人類は今一度見なおし、次期高次元文明に向かって「神大芸術」の目的を悟り、それを人類として完成させるべくあらゆる分野から努力すべきだと考えます。そして、神の代行者として、輝かしい次期文明への種人として活躍されますことを祈ります。

次期文明の展開の仕方

神様の御経綸からはじめまして、次の文明がどのように展開してゆくかということについて述べていきたいと思います。

後出の表にその概略を書いておきましたので、ご参照いただきたいと思いますが、もしこの未来像が崩れるようなことがあるとすれば、人類は滅亡以外にないと断言せざるをえません。したがって、どんなことをしても、われわれは主の神様の具体的な経綸をおし進め奉るべく、必死にならなくてはなりません。これが現代人の使命であります。

それでは、超古代から説明してゆきます。超古代においては、人間は、霊性《れいせい》においては神人、ついで半神半人、超人的時代がありました。しかし、唯物科学の面では未開発でした。未開発といっても、すでにムー大陸の研究などから明らかなように、ある部門では現代文明より進んだ科学文明をもっていた時代があったということが判明してきています。そのことからみれば、現代の唯物科学文明をもち出して誇るわけにはゆきません。超古代人の再生者人間であったからこそ、現在異常なまでに唯物科学（仮科学《か》）が進歩したともいえるのです。

超古代というのは、そのはじめは何百億年も以前だと思いますが、人類の歴史としては、古文献などからみても、まず百億年とみればよいのではないでしょうか。ムー大陸を基準にしても、一億数千万年前ということになります。

超古代における人類は、たしかに霊性では神人であり、超人の時代がありました。また、唯物科学の世界では、相当に発達した時代はあったにしても、究極的には現代の程度にしか進歩していなかったのです。

今日われわれが狂信している現代の唯物科学は、いくら発達したといっても、たとえば生物の研究、特に神の子である人間の生体研究ということにおいてはゼロに等しいような未熟さです。まだ、肉体細胞のところしかわかっていませんし、解剖学は進歩したとはいえますが、それにしても肉物質細胞の解剖しかできていないのが現状です。

そこで、表の超古代の⑴⑵⑶に書いておきましたように、新生霊、すなわち神性のある時代から、種族保存上、肉体界人類の繁殖に専念させられる時代、すなわち「生めよ殖えよ地に満てよ」と『聖書』に表現されている時代がきます。

これは、地上征服体力本位時代にあたります。なぜかというと、人類は猛獣や巨獣を打ち倒してゆかなければならないし、また火の文明期へ入って人類も増えて集団化し、物の取り合いをする、また物質開発途上においては、いわゆる侵略戦争もしてゆかなければならないというようなことになり、体力を強くしなければならない時代となったのです。

それが、唯物思想を起こすそもそもの元になっております。

したがって、次の⑷のように、智性（知でない）、すなわち神性智がしだいに薄らぎ、遠ざかってゆき、それに代わって物質界の才知、人間の肉体を通した体験による才知、浅知の方が芽をはやす時代が訪れてきます。

その結果、⑸⑹にありますように、元は霊感（勘力）というものは非常に高度時代であっ

＊　創造《宇宙》主の意志の経綸と未来像

超古代	野蛮時代 文化時代（文明人に化けて行く） （分化時代＝バラバラ文化）	文明期 （地上天国文明期）
霊性では神人超人時代 → 唯物科学では未開	←	←
(1) 新生霊即神性のまま時代。 (2) 種族保存より繁殖に専念せしめられた時代（生めよ殖やせよ）。 (3) 霊力による体力時代、地上征服体力本位時代。 (4) 智＝神性智→物界の才知、体験による才知・浅知の萌芽時代。 (5) 霊＝霊感は高度時代（近代から迷信視された所以）。 (6) しだいに物知への才知発育時代。	(1) 才知発達時代＝天恵地上富の開発使命期に入る。 (2) 仮想科学（実は加工技術理論だけ）時代（古典科学時代）。 (3) 加工技術理論と創造のまねごとを科学と錯覚。 (4) 錯覚発生時代、唯物現象一辺倒時代の現出。 (5) ますます欲心強化され、真の科学探究より唯物の仮の化学に向かわしめられた時代＝行き過ぎて末法末世の現実化。 (6) 人類初めて真の科学界への入門期（文明の萌芽二十世紀の末葉）。 (7) 科学的懐疑、人類反省時代へ向かう。仮の科学自覚時代（古典科学時代のあらゆる面での行き詰まり招来期）。 (8) 真の（創造）科学への一大進展期に不知不識に突入せしめられよう（二十世紀終末期）。 (9) 人生観世界観の一八〇度の転換期招来期近し。 (10) 霊文明への晩到来し新真文明への邁進、科学と宗教の一体化が必然となる。	(1) 宗教と科学と政治の一体化時代＝無主義時代へ進入する。 (2) 無対立一体化、総合文明期の発祥。 (3) 真・善・美、健・和・富三位一体の芸術的平和楽土が可能。 (4) 神出現の準備完了。 (5) 宇宙支配への人類昇格期の到来。 (6) 神性文明即文明の完成即科学的神代の顕現期。 (7) 神出現期世界は一つ時代。
人間像デッサン期 { 無知蒙味 純情時代 }	地球開発期 （欲心高度化期） 才知時代の終わり 人間の発育未完成期 { チンバ文明 偽の文明 逆理時代 胎蔵の世 明暗三世相 真如時代 悪の栄える時代 進化への方便時代 } ／ 霊心科学勃興　誘発の要 ／ 文明原理確立の　必然性 ／ 精神文明ルネッサンス	人間完成期 { 昼の文明（真理に立脚） 善の栄える文明 正法の世　水晶世界 芸術と平和人類 遊化時代 叡智時代 }

たのですが、しだいにそれを凌ぐような物知、才知、低次元の五官主の発育時代へと移っていったわけです。

そこで人類には、才知発育時代に基づく、野蛮時代が発生することになります。それが文化時代です。いわゆる、「文明人へ化けてゆく」文化人時代で、あらゆるものを分化分析してみたいという、幼稚人類時代への考え方が強化され重要視されました。

その結果、分化分析が盛んになりましたが、それをしっ放《ぱな》しにしてしまったままなのが現代です。したがって、唯物文化は絢爛《けんらん》豪華に咲き乱れ、便利この上ないほど発達したものの、一つも統一がとれないでいます。バラバラの文化、チンバの文化しか現代にはないのです。

このことを、「野蛮時代」のところで順を追って説明してまいりますと、まず才知の発達時代がきます。いわゆる、天恵地上富の開発使命を達成してゆくための時代ですが、それが「サトリ」に基づいた開発であれば問題はなかったのですが、ただ欲心を満足させるという方の体の面から発した開発に向かってしまったのです。

神様からみれば、たしかに大地の物の開発役としては、一面の使命を達成しているといえるわけですが、しかし人間の方はしだいに神から離れてきてしまい、ついにただ自分だけが儲かればよい、という考え方になってしまったのです。ちょうど、西部劇みたいな時代が出てきたわけです。

科学においても、一切が儲けることが主体となって発達してしまったので、仮科学、加(化)工技術理論だけの科学をもって、歪偏の「科学」と錯覚するような時代まで起こすようになってしまいました。現代の物理学者が、古典科学とさえ分類するような仮科学に夢中になってしまったのです。

たとえば、材木の問題を例にとりますと、松や檜《ひのき》が高いというように、天然ものの価格が上がってくると、建材なら化学合成品でよかろうということになって、プラスチックなどを使った、いろいろな化け物建材ができます。また、着色ということで毒色素を加えて建材を作ってしまいました。こういうものが建材の主流となってしまいました。

ところが、このような建材は火災などで焼けると毒ガスを発生します。そのために、焼けて煙が出てくると、まずその毒ガスで人間はやられてしまい、後から火がついてきて焼け死ぬというようなことになってしまいました。

また、ビルでの生活が多くなれば、セメントから出る一酸化炭素などの影響によって、いわゆるビル病というのが流行《はや》ってくるのです。

このように、神に代わって物界の開発をはじめた人類は、神の子としての使命感と責任を見失ってしまい、ただ儲け主義の開発を行なったために、結局、人類の生存、生命の存在という面からゆくと、あらゆるものに悪影響を及ぼすということになってしまったのです。

にもかかわらず、加工技術の理論と技術が、一つの「創造」であるかのような迷信に陥ってしまったのです。それが(4)に書いてあります「錯覚発生時代」、いわゆる、唯物現象一辺倒を現出してしまったのです。それが現代です。

そうなってきますと、人類はますます互いにその生存のために競争をしてゆかなくてはならず、欲心が一層強化され、生存は脅かされて、真の科学探求をしている暇がなくなります。そこで、目前の事業なり商売なりを懸命に続けてゆかねばならなくなります。

切実な経済問題になりますから、人間はじっくり考える余裕がなくなります。科学の本体を考え、宗教の本体を考えるという暇もなくなり、ただあくせくと日々追われてゆく、それが(5)にあります「行き過ぎて末法末世が現実化」してしまった時代なのです。

わずかに幸せなことは、科学が、一方では原水爆を研究して殺人兵器を作ったりしておりますが、他方においては科学の夜明けがきたということがいえることです。

いい換えますと、原子核物理学や量子力学から、Unseenの世界を探究しなければ、もう科学の行く先がなくなってきているという、切羽詰まった状態になってきております。

そこで、人類界には、ようやく禾偏の科学（神学《かがく》）の入門期がきて、これが人類界の今後の曙であると私は考えているわけです。そして、もうすこしたちますと、これまでの科学に対して、「マコト」の科学的な懐疑が、しだいに広範に起きてくるわけです。

農薬、医薬にしても、化学合成品にしても、近頃は新聞などでその毒性をやっとやかましくいってくれていますし、農林水産省や厚生労働省でも、実はイヤイヤとしか思えないながらも、警告を発しなくてはならないようになってきはじめているということは、その一つの証拠だと思います。

「マコト」の意味の科学的な懐疑が起きてきて、やがて人類の反省時代が起きてまいります。そうなると、たとえば力学というものを取り上げてみても、これは本当の意味での禾偏の科学ではなかったということに気がつきはじめます。

そのように、これからは従来の古典科学の行き詰まり現象が、あらゆる面にわたって出てくることになります。医学界にも、薬学界にも、いろいろな面で出てくるでしょう。宗教界でも、霊を否定していた宗教は成り立たないようになってきます。経済の面でも、霊的経済学によらなければ、いくらやってみたところで、行き詰まってしまうでしょう。なぜかというと、人類全般が集団霊障にやられる時代がくるからです。

そうなってきますと、(8)に書きましたように、人類はとにかく、仮科学から「真の創造の科学」への一大進展期へと、知《し》らず識《し》らずのうちに突入せざるを得ないように、神に仕組まれることになってゆきます。これが、神一厘の救いの業のはじまるころだと考えているわけです。

そして、いやおうなしに、あらゆる学問（我苦悶《がくもん》）や人生観、世界観が百八十度の一大転換期を起こすようになり、「文明」の文字にふさわしい霊文明《ひ》の暁《あかつき》が到来するという順序で進んでゆきます。そうなってきますと、宗教界も一体化する以外に手がなくなってきます。

唯物科学が進歩して、いわゆる目に見えない世界へ入ってゆく速度と、霊的宗教の復活というものとが一体化してきますと、これがはじめて政治に顕現されるようになってきます。そこで「宗教と科学と政治の一体化時代」が出現してくるのです。そうなってはじめて、無対立一体化の人類総合文明原理期へ入ってゆくことになり、総合文明の発祥期となります。

そうなれば、真・善・美、健・和・富の三位一体の芸術的平和楽土が可能になってきまして、究極は、統一される力の世界を求めざるをえなくなります。それが、神の降臨されるに適する時期ということになってきます。そして、神が直接宇宙を支配される時代が到来し、また人類が宇宙を直接運営することすら許される時代もくるはずです。

このようにして、神性文明、すなわち神様が神経綸として最初に考えられました、いわゆる神の大芸術の世界を物質で地上に顕現しよう、神界の相《すがた》を地上に物質で顕現しようという、目的通りへの顕現時代に入る時期が訪れてきます。

それが人間の完成期になるわけです。

イエスが、神のみ意《こころ》を地にならしめ給えと祈ったのも、ここのことです。

神のご経綸は、以上のような順序で進められてゆきますから、それに合う人間へと、今から切り換えてゆかなければ、人間界の方が遅れてしまい、それが人間界の責任となってきます。

したがって、この神のご経綸に合致する限りにおいて、宗教も科学も人間の想念も、全ては神のご経綸に役立ってゆくはずです。

反対に、この神のご経綸にマッチしないような宗教であり、科学であり、医学であり、また哲学であるならば、これは一切滅び去るより仕方がないし、またそのようなものに関わり合っていたならば、人類は悲惨な運命となってしまいます。そこに気づいてゆかなければならないのが、今の時代なのです。

今日の世界状勢をみますと、何といってもアメリカ文明が中心となっています。唯物主文明の色彩の強いもので、その大部分はユダヤ人が掌握していますが、精神的にはすでに崩壊期にきています。

ご存じのように、アメリカ文明というのは、近頃ではニッチもサッチもならないような状態になりつつあります。アメリカ人の思想や態度を精神的にもりかえすには、今日までのやり方ではどうしようもなくなってしまっています。

そこで、日本の茶道や華道を入れてみたり、柔道を入れてみたり、あるいは日本の庭園を作ってみたり、という風に日本の古代思想を採り入れ、アメリカの精神文明の改修を図ろうと懸命になっています。しかし、もう前へつんのめった文明で、ただ金が動くといった文明でしかありません。

その真っ只中に放り出されているのが、この霊《ひ》の元《もと》つ国《くに》となります。その日本をどのようにもってゆくか、それが今後の日本の政治でなくてはならないと思っております。

また、今日すでに火の洗礼期に入っております。その証拠の一つは、憑《ひよう》霊《れい》現象があまりにも多いということです。これは明らかに神の裁きであるし、正法を伝えても聞かないし、わかろうともしないことから明らかです。

したがって、神様の方は、人間の魂《たま》霊《ひ》が曇ったところへ憑霊現象が起きるという仕組みを利用されて、その憑霊現象によって一切の裁きをされるわけです。それから、物的な「アガナヒ現象」も起きてきます。つまり、いくら対策を講じても、次々と社会には物的な「アガナヒ現象」が起きてしまうことになります。

国際関係をみても、世界各国の状態をみても、その現象がいたる所に出ています。それらに加えて、「地のユリユレの現象」が、昭和三十九年頃より世界一連のものとして起きてきています。という具合に、いわゆる仏滅現象や、神裁き現象がはっきり始まっているのがわかります。この神裁き現象が、だんだんと少なくなってゆくのならよいのですが、全世界的にしだいにひどくなっていっています（毎日のテレビ・新聞の報道で理解できると思います）。

このことを、今後いったいどうやって切り抜けてゆくかということになりますが、幸い科学原理の世界には、一方において「霊文明《ひ》の曙《あけぼの》、マコト科学の曙期」が到来してきており、これがせめてもの神大愛の残り火であると思います。

われわれは、その残り火を燃え上がらせてゆかねばなりません。この残り火を基準にして、それを次の文明の火としなければならない、いわゆる「第五の火の文明」へもってゆくのが現代人のつとめでもあります。

ところが、現代は酔生夢死《すいせいむし》というよりは、むしろ互いに狂騒《きょうそう》の乱舞を続けているのが全世界の状態です。したがって、その乱舞している者に「オシズマリ」をかけて、こちらへ向け、次の文明への出発者を一日も早く増やしてゆかなくてはなりません。それに対する天命と宿命を与えられているのが、神理（真理）正法を学び、体験し、実践業務に入っていく皆さんでございます。

真の科学への人類入門期

神様の世界は、現段階において人類の探知できる最小単位である「素粒子」の、奥の奥のそのまた奥の、極めて高次元で微細な光の息吹《いぶ》きの世界なのです。

一九九六年二月九日付米科学雑誌『ザ　サイエンス』によりますと、今まで「物質の基本粒子」とされ、これ以上分割できない最小の単位であると考えられていた「クオーク」が、さらに小さな粒子から構成されている証拠が見つかりました。人間の仮（科）学が、一歩神の科学に踏み込む成果として注目されます。

この発見をしたのは、米国フェルミ国立加速器研究所の国際共同実験グループで、原子核の構成要素である陽子に、それにそっくりで電荷が反対のマイナスになっている反陽子をぶつけて得ることができました。

クオークに内部構造があるという理論は以前からありましたが、その存在を裏付けるような実験結果が見つかったのはこれがはじめてです。

この実験結果は、これまで作り上げられてきました素粒子物理学や宇宙物理学の基本的な考えとなっている「標準理論」を、根底から覆《くつがえ》す可能性のある大変衝撃的なものです。

標準理論によると、「物質は六種類のクオークの組み合わせと、電子など軽い粒子（レプトン）六種類でできており、これらは分割できない究極の粒子である」とされているのですが、もしクオークがもっと小さな粒子からできているとすれば、この標準理論は完全に崩れ去ってしまうのです。

神様は今、「輝かしき霊文明」へと続く「幽子《ゆうし》科学時代」への入口をハッキリと指し示しておられます。それは、目に見えない「極微の世界」を主体とする霊主科学であり、宗教と科学が一体化した高次元の「神《か》（科）学《がく》」でもあるのです。

人類が「争わざるの想念」になった時、神様はその「神（科）学」の扉を、大きく開け放って下さることでしょう。

＊

真の科学の暁へ

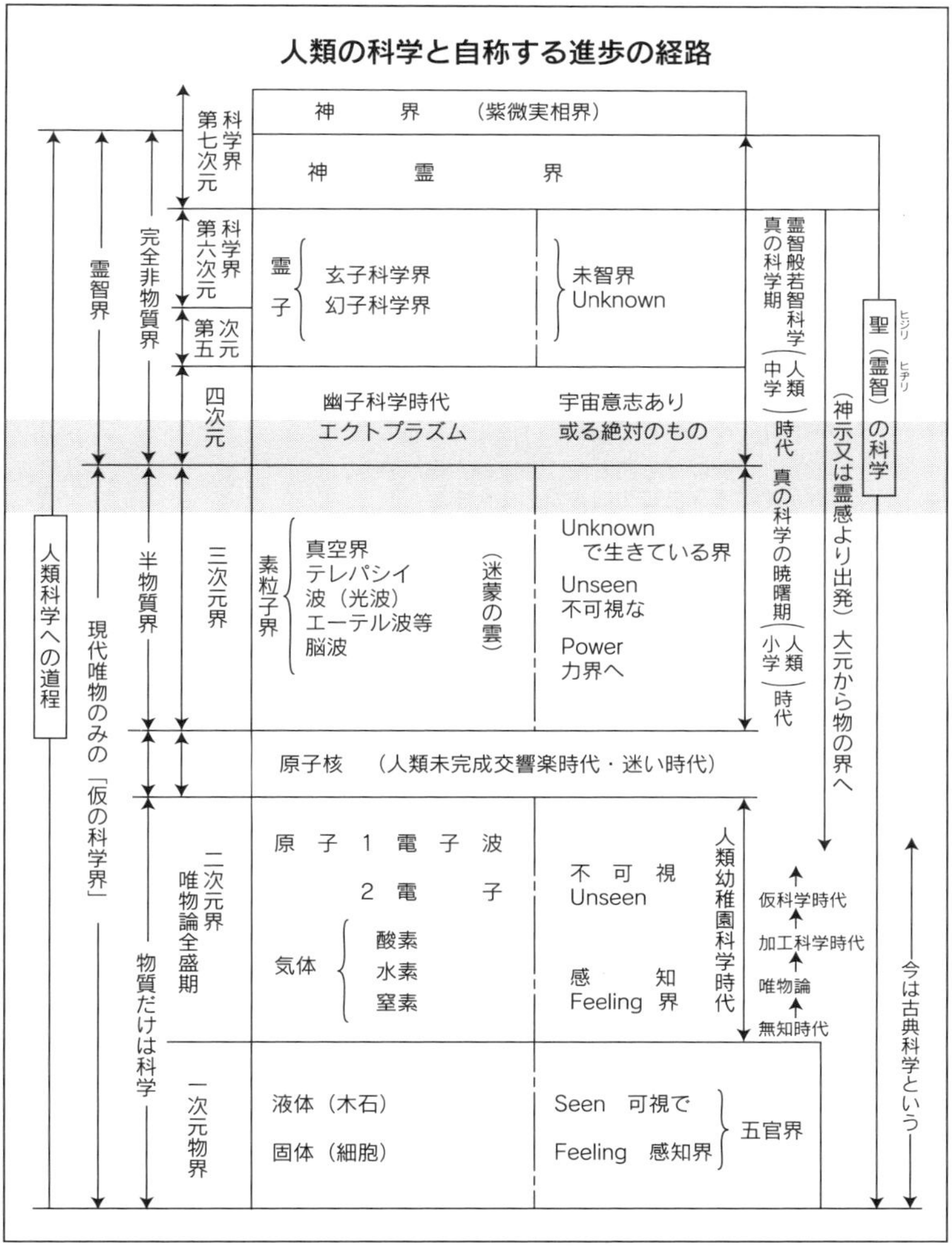
人類の科学と自称する進歩の経路
神　界　（紫微実相界）
神　霊　界
科学界 第七次元
科学界 第六次元
次元 第五
四次元
三次元界
二次元界 唯物論全盛期
一次元物界
霊子
玄子科学界
幻子科学界
未智界
Unknown
幽子科学時代
エクトプラズム
宇宙意志あり
或る絶対のもの
素粒子界
真空界
テレパシイ
波（光波）
エーテル波等
脳波
（迷蒙の雲）
Unknown
で生きている界
Unseen
不可視な
Power
力界へ
原子核　（人類未完成交響楽時代・迷い時代）
原　子　1　電　子　波
2　電　子
気体
酸素
水素
窒素
不　可　視
Unseen
感　知
Feeling　界
人類幼稚園科学時代
液体（木石）
固体（細胞）
Seen　可視で
Feeling　感知界
五官界
霊智般若智科学 真の科学期（人類中学）時代
真の科学の暁曙期（人類小学）時代
（神示又は霊感より出発）大元から物の界へ
聖《ヒジリ》（霊智《ヒヂリ》）の科学
仮科学時代
加工科学時代
唯物論
無知時代
今は古典科学という
人類科学への道程
霊智界
現代唯物のみの「仮の科学界」
完全非物質界
半物質界
物質だけは科学

*

極微の世界

1. 極微（又は紫微）

仏教　時間の最小限を刹那　物質の最小限を極微

極　微

1　極　微　×　7=1　微
1　微　×　7=1　金　塵
1　金　塵　×　7=1　水　塵
1　水　塵　×　7=1　兎毛塵
1　兎毛塵　×　7=1　羊毛塵
1　羊毛塵　×　7=1　牛毛塵
1　牛毛塵　×　7=1　隙遊塵

1　隙遊塵÷823,543=1極微

$\frac{1\text{隙遊塵}}{823{,}543}$ =1極微（仏書より）

窓から日光が射し込む時、部屋の中にウヨウヨ
動いているほこりの如きものの大きさ。

2. 素粒子の大きさ

素粒子は以前は、陽子、中性子、電子と、π中間子、μ中間子、ニュートリノ、それに光子の７種類でしたが、今では32種類にも増し、さらに発見される数が増しつつありますが、未だ不明な点が多く、さらにさらに小さなものが、その中にあることが予想されていますし、上記素粒子の中にも大小種々あり、その中のあるものが、さらに小さなあるものであるかも知れません。

その様に「大きさ」がつかみにくいものですが、次の表は大きさの概念をうる参考資料になるかと思います。

いろいろな世界での長さ、時間、質量のスケール

	素粒子	原子	日常の世界	宇宙
長さ	$\sim 10^{-13}$ cm（陽子の拡がりの半径）	$10^{-7}\sim 10^{-8}$ cm（色々の原子の拡がりの半径）	1cm	$\sim 5\times 10^{22}$ cm（銀河系の半径）
時間	$\sim 10^{-23}$ sec（素粒子の衝突の起こる時間）	$\sim 10^{-18}$ sec（水素原子中の電子の運動の周期）	1sec	$\sim 1.5\times 10^{12}$ sec（銀河系を光が横切る時間）
質量	$\sim 2\times 10^{-24}$ gr（陽子の質量）	$\sim 2\times 10^{-24}$ gr（水素原子の質量）	1gr	$\sim 10^{44}$ gr（銀河系の質量）

ムスビ

「文字の源流」「文字の進化とその背景」、そして岡田聖凰先生の御伝授までお読み下さった方には、天地の理（自然の摂理）のことがよくおわかりいただけたかと思います。

ここからの問題は、人としての生き方はどうすればよいのか、ということになります。

母親は、まず子供を子宮というお宮に宿らせていただきます。子供は生まれてくる時には、産道（参道）を通り、左回転（自然のエネルギー型ラ線＝ひらく）をしながら出てまいります。

赤ちゃんの産声は、すべてドレミの「ラ」の音です（神の分魂《チャクラ》の音）。

このような出産や誕生にまつわる神秘は、「赤ちゃんは神の子なのですよ！」と知らされているに等しいのです。女性はありがたいことに、出産の体験で神々の世界を体験させていただけるのです。

自然界の「ス晴らしさ」を体験するのですから、そこで神の愛（天意）に気づかなければなりません。ましてや、神の子を育てさせていただきながら、自分自身もだんだんと成長していくのですから、全身全霊をこめて喜びと感謝の心の波動を子供に送るのが自然の姿なのです。それが子供の栄養となり、智慧を育むことにつながっていきます。母親が子供に感謝の心を送れば、感謝の心しか返ってまいりません。子供を自分より見下し、粗末にすれば、粗末にされることになります。

この世はすべて、「返り玉の理」と申しまして、「円」「縁」であり、因果関係でできているのです。自分の出さないものが返ってくることはないのです。

子供への教育は、男は男らしく、女は女らしく、ということ……。

それぞれが自分の姿を鏡に映し、姿勢を正し、考える。そして、それに近づく……。

そのために鏡は鏡の役目をしているし、存在しているのです。

そして、それを教えるのが母親の役目でもあるのです。

家庭・家族の核は、母親の存在と愛にあると思います。

「ス晴らしく」男性を成長させ、女性を育てますのも母親のお役目であり、家庭という小さな核が社会となり、国家となり、世界となります。

今後、女性は母性愛を燃え上がらせ、女性という立場を明瞭にさせなければなりません。男女同権はこの世には存在いたしません。男と女は、それぞれの生き方に責任をもってこそ、同じ価値があるのです。

改魂《かいこん》へのレッスン！

気がつかないうちに、運命が狂わされている今日この頃……。

私たちは今、明日は我が身に降りかかるかもしれない数多くの事件に直面しながら、日々生活しています。

私たちは、「運命を好転させるにはどのようにしたらいいのだろうか」と真剣に考えなくてはなりません。それは、運命を変えるのは他人ではなく、自分自身の意志だからです。

現在、世の中のすべてが、だんだんと本物の時代に入ってきておりますことにお気づきになりませんか？

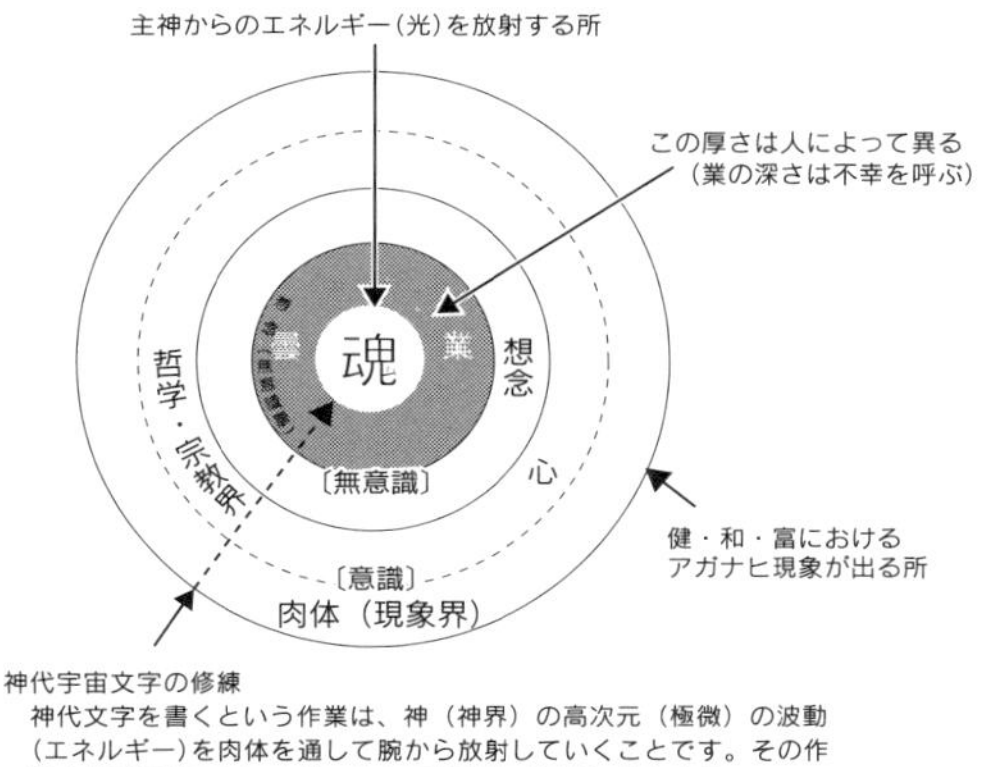

神代文字を書くという作業は、神（神界）の高次元（極微）の波動（エネルギー）を肉体を通して腕から放射していくことです。その作業を繰り返すことにより、魂までが浄化（昇華）されます。

魂がどこに存在するかを概念的に説明した図です。魂と想念の間にある無意識の世界（曇った魂＝業）によって、人の人生は左右されます。この無意識の世界＝曇った魂＝業を浄化し、取り除くことによって、人は愛に目覚め、それが大きくは地球の浄化にもつながっていくのです。

この二十一聖紀、ますます科学（化学）・学問・宗教・医学・政治などすべてにおいて、「インチキ」は通じなくなるでしょう。

何故なのか？

それを見極めるためにも、自然界の真理（神理）を学び、それをよく理解し、超高次元天国文明期へと進んでまいりましょう。

あとがき

日本の文化の源である言霊と文字は、世界の文化の源でもあります。

本書で私が述べようとしたことは、この一言につきるといっても過言ではありません。

言霊をそのまま文字にしていく作業は、たとえようもないくらい強力な、高次元のエネルギーを受けながらの業となります。そうでないと、文字は人知となり、神様の叡知の表現とはならないのです。昔の人、とくに世の中を変革させた人たちはこのことをよく知り、またよく学んでいました。そして、その結果として自然な形で神様に書かされていたのです。

この二十一聖紀、日本（霊《ひ》の元《もと》つ国《くに》）の人々は、全人類の魂を救っていかねばならない、重要な因縁で存在させられているのだと思います。なぜかといいますと、日本の国に生まれたこと自体が、魂レベルでの、長い長い旅路を歩んできたことを示しているからなのです。

これは、それだけ体験豊富ということになりますが、反面では、それにともなう善悪混交した経験も、多く積んできたということになるでしょう。現代社会の状態をみていますと、それが如実にわかります。

なぜ今、あらためて言霊と文字の重要性が問い直されているのでしょうか。それは、「すべてを原点に戻すほかない」という自然界のエネルギーが働いているからなのです。つまり、これは神様の御意《みこころ》にそった働きなのです。神様は、原点に立ち戻った、新しい人類の誕生を期待しておられます。今こそ人類は、一日も早く宇宙・自然界に存在するすべてのものに感謝し、その存在意義を理解する（覚る）必要があると思います。

しかし、残念ながら文字の世界は自らが書かせていただかなければ体験できません。文字の研究をして下さっている先生方はたくさんいらっしゃいますので、「これからはただ実践あるのみ」と申し上げておきたいと思います。

「文字を書く」という実践を積み重ねていきますと、はじめは過去世における諸々の事柄（魂の垢といっていいと思います）が表面化いたします。そして、その後に自分自身の一切を露出し、見つめることができるのです。自らが存在していることの意義を知らされるわけです。

人間は、自らが神の子であることに気づかされた時、はじめて正しい行動がとれ、神様のお役に立たせていただける光栄に感涙するものだと思います。天国文明の到来とは、善も悪も神様のご意志であったことを悟り、善悪双方が手を握りあい、神様のご計画に乗って行くことの幸せを、味あわせていただく時だと考えています。

今回、出版の運びとさせていただきました拙著でございますが、「言霊」「文字」という立場から、かつてご恩を受けました世界人類救い主・岡田聖凰様のご意志を一人でも多くの人々の心に浸透させ、魂を振動させることができたらと念じつつ、筆を執らせていただきました。

聖凰様の願いは、教えに「垣根」をつくることではありませんでした。聖凰様は、「世界の人々よ、一日も早く神の子へ帰れ！」と、世界的な視野から、根元に立ち戻る必要性と、その基礎を説いて下さいました。聖凰様の教えを実践することは、それぞれの神様から下されたオ能を最大限に発揮させていただきつつ、真理の峰をめざして歩んで行くことになると理解しております。

私が日々精進しております、書道の道にも同様のことがいえるような気がしております。近年、書道界は技巧の巧拙をあげつらうことにのみ終始しています。これでは書道は早晩すたれてしまうことでしょう。「書の道」は「書の霊智《みち》」なのです。文字を書くことは、永遠の叡智に接することにほかなりません。書道も根元に立ち戻らなければなりません。それには、本当の日本の文字が、いかなるものであるかを学ぶ必要があるのです。

「ラリルレロ」の次は「ワ」の世界に入ります。心の中に「輪」の光をもち、皆さんとともに次元を高めてまいりましょう。文字の修錬の実践が、少しでもそのためのお役にたちますことを祈っております。

安藤　妍雪

平成十三年三月三日

百年以上の歴史を誇る東京書道院の

書の霊智《みち》塾とは

言霊から息吹かれる文字のエネルギーとともに
霊的に目覚め縄文の時を体感するところ
人格（神格）の源を引き出すことも可能なり！
（四代文明の文字および世界の文字の源を修練出来ます）

神代文字修練所および改魂のレッスン所

本　部＝書の霊智《みち》塾
岐阜県高山市一之宮町一四七一―一
位山アートギャラリー
電話〇五七七―五三―三三六六
＊第一・第三金曜日　午後一時～七時

名古屋＝熱田神宮文化殿二階
毎月一回　午前十時三十分～午後四時
土・日曜日ですが、日にちは毎月異なりますので、
本部に電話を入れて確認して下さい。

［著者略歴］

安藤　妍雪（あんどう　けんせつ）

東京生まれ。祖父・父の衣鉢を継ぎ書道家３代目として活動。３歳より書の道に入り、16歳から上野美術館における展覧会で活躍したが、現在すべての会を脱会。独立以後、年数回個展を開催し独自の書の霊智《みち》を尋討している。書を通じた国際親善交流を行うかたわら、商標・CDジャケット・ポスターなどにも作品を提供するなど積極的な創作活動を展開。現在、文字の源を求めて古代文字研究に専心し、神代文字修練所「書の霊智塾」を主催。

著書に『元一つ』（私家版）、『新しい始まりのために 今！』『スベての命は元ひとつ』（今日の話題社）がある。

世界の言語は元ひとつ

2001年５月20日　初版第1刷発行
2002年12月24日　初版第2刷発行
2005年11月21日　初版第3刷発行
2013年12月20日　初版第4刷発行

著　者　安藤　妍雪

装　幀　谷元　将泰

発行者　高橋　秀和

発行所　今日の話題社
東京都港区白金台3-18-1八百吉ビル4F
TEL 03-3442-9205　FAX 03-3444-9439

印刷・製本　平河工業社

ISBN978-4-87565-513-8